Dokumente zur modernen Schweizer Architektur

Hans Leuzinger (1887–1971) – pragmatisch modern

HANS LEUZINGER
1887–1971

PRAGMATISCH MODERN

gta

art-ig Büro für Kunstgeschichte, Zürich: Annemarie Bucher, Christof Kübler

Kunsthaus Glarus, Glarner Kunstverein

In Zusammenarbeit mit der Eidgenössischen Technischen Hochschule, Institut für Geschichte und Theorie der Architektur gta, Zürich

Katalog

Konzept/Idee
Annemarie Bucher
Christof Kübler

Planung/Realisation
Annemarie Bucher
Christof Kübler
Annette Schindler

Gestaltung
Philippe Mouthon

Redaktion
Inge Beckel
Annemarie Bucher
Christof Kübler
Verena Rentsch

Umzeichnungen
Fredi Doetsch

Ausstellung

Konzept/Idee
Annemarie Bucher
Christof Kübler

Planung/Realisation
Annemarie Bucher
Christof Kübler
Annette Schindler
Fredi Doetsch

Gestaltung
Fredi Doetsch

Umzeichnungen
Fredi Doetsch

Mitarbeit
Inge Beckel
Philippe Carrard
Matthias Roth (Modelle)
Christine Blaas (Modelle)
Astrid Fritschi

Satz
Picaphot AG, Zürich
Lithos
Reproatelier E. Höhn, Oberhasli
Picaphot AG, Zürich
Druck
Buchdruckerei Schwanden,
Walter Feldmann AG, Schwanden

© 1994, 2. überarbeitete Auflage
art-ig Büro für Kunstgeschichte, Zürich, Kunsthaus Glarus, Autorinnen und Autoren,
gta Verlag, ETH Hönggerberg, 8093 Zürich, Tel. 01/633 28 96, Fax 01/371 28 19

ISBN-3-85676-056-3

Dank

Für die grosse Unterstützung und Hilfe, die unserem Projekt zukam, möchten wir folgenden Institutionen und Personen einen herzlichen Dank aussprechen:

Herrn und Frau Hans Georg und Elisabeth Leuzinger für ihre speditive Kooperation

Herrn Prof. Peter Jenny für sein engagiertes Mentorat

Herrn Prof. Werner Oechslin und Frau Therese Schweizer vom gta für die offene Zusammenarbeit

Herrn Dr. Jürg Davatz, Museum des Landes Glarus, für kundige Beratung

Landesarchiv Glarus

Herrn Posthalter Flury, Braunwald, Herrn Heinrich Strickler, Zürich, und Herrn Jakob Zweifel, Zürich, für wertvolle Hinweise

Für die Leihgaben:

Herrn Hans Georg Leuzinger, Zollikon
Institut für Geschichte und Theorie der Architektur gta
Museum des Landes Glarus, Freulerpalast Näfels
Landesarchiv Glarus
Herrn Rudolf Brunschweiler, Kinderkrippe, Ennenda
Herrn René Kern, Schulpräsident, Niederurnen
Christina Sonderegger, Zürich
Frau R. Fischer-Tschudi, Magden
Herrn Balthasar Zopfi, Gemeindeverwaltung, Niederurnen
Frau Evi Sarasin, Glarus
Daniel Jenny & Co., Haslen

Für finanzielle und materielle Unterstützung:

Kanton Glarus
Gemeinden Glarus und Näfels
Pro Helvetia, Schweizer Kulturstiftung, Zürich
Zweifel & Leins, Architekturbüro, Glarus
Dr. Gustav-Schneeli-Fonds, Glarus
Glarnerische Vereinigung für Heimatschutz
Schweizerische Vereinigung für Heimatschutz
Herrn und Frau Hans-Georg und Elisabeth Leuzinger, Zollikon
Migros-Genossenschaftsbund, Zürich
Eternit AG, Niederurnen
Hauser & Marti, Architekturbüro, Glarus
Gesellschaft der Freunde des Freulerpalastes
F. & C. Jenny AG, Ziegelbrücke
Markus Wohlleb, Foto Schönwetter, Glarus
Möbelfabrik Horgen-Glarus, Glarus
Therma AG, Schwanden
Frau Dr. S. Kindlimann
Interpane Glas AG, Wikon

Annette Schindler, Kunsthaus Glarus
Annemarie Bucher, Christof Kübler, art-ig Büro für Kunstgeschichte, Zürich

9 Vorwort
Annette Schindler, Konservatorin, Kunsthaus Glarus

10 Zur Aktualität von Hans Leuzinger
Kaspar Marti, Präsident, Glarner Kunstverein

15 Gedanken zum Thema
Annemarie Bucher, Christof Kübler
art-ig Büro für Kunstgeschichte

17 Eine architektonisch-biografische Skizze
Annemarie Bucher

33 Der Widerspruch ist eingebaut
Christof Kübler

51 Das Kunsthaus Glarus: eine Alternative zu Le Corbusier
Adolf Max Vogt

57 Regionalbezug – Bindeglied zwischen Tradition und Innovation
Walter Zschokke

67 Erforschung und Bewahrung glarnerischer Baukultur
Jürg Davatz

87 Der Heimatschutz zwischen Tradition und Moderne
Marion Wohlleben

103 Von Architekt zu Architekt
Jakob Zweifel

117 Ausgewählte Bauten
Bearbeitet von Inge Beckel
Texte von Inge Beckel, Jan Capol, Christof Kübler,
This Oberhänsli, Christina Sonderegger

156 Werkverzeichnis
Bearbeitet von Inge Beckel, Christof Kübler

162 Schriftenverzeichnis
Bearbeitet von Jürg Davatz

Vorwort

Ein Unbekannter ist er nicht – offensichtlich ist die Diskussion um Hans Leuzinger alles andere als verstummt: hitzige Debatten um die Erhaltung seiner Bauten, weitgestreute Zitate aus seinen Aufsätzen über die Inventarisierung von Kulturgütern, Empfehlungen in Architekturführern, Artikel in Fachzeitschriften und Studienarbeiten zeichnen das eindrückliche Bild eines nach wie vor wachen Interesses an Leuzingers architektonischer Position. Viele beobachten, dass der stille Schweizer Architekt der zwanziger bis fünfziger Jahre bereits damals überzeugende Lösungen präsentierte zu Themen, die heute im architektonischen Diskurs erneut an Aktualität gewinnen. Zu erwähnen wäre etwa Bauen in den Bergen, die Diskussionen um das Verhältnis von Zentrum und Peripherie, um den Einbezug neuer Architektur in die Region oder die Verwendung von Holz im zeitgenössischen Bauen. Eine heroische Wiederentdeckung des in Vergessenheit geratenen Architekten kann demnach nicht die Absicht dieser Publikation und Ausstellung sein – sie erübrigt sich ohnehin.

Das Interesse an Hans Leuzinger gründet vorwiegend auf der Bekanntheit einiger seiner Bauten: dem Ortstockhaus, dem Kunsthaus Glarus, der Planurahütte. Diese Bauten üben eine besondere Faszination auf ihre Besucherinnen und Besucher aus – längst nicht nur auf Fachleute – und lassen aufmerksam werden auf Qualitäten von Innen- und Aussenräumen, auf die feinfühlige Verwendung der Materialien, auf die präzise Klarheit der Form. Das Objektivieren dieses Fasziniertseins erwies sich bisher jedoch als schwierig: Leuzingers Werk war kaum aufgearbeitet, das meiste Material unpubliziert und schwer zugänglich. Hier setzt – naheliegenderweise – das Bestreben der vorliegenden Publikation sowie der Ausstellung ein. Es gilt demnach, an dieser Stelle weder Hans Leuzingers «Ausgrabung» noch die Aufarbeitung seines Werkes zu rechtfertigen, sondern wenn schon, deren langedauernde Unterlassung zu begründen.

Als ich meine Arbeit als Konservatorin am Kunsthaus Glarus aufnahm, stand auch ich schon im Bann dieses Leuzinger-Baues. Die Idee einer Leuzinger-Ausstellung von Christof Kübler und Annemarie Bucher war derart naheliegend, dass – wohin ich mich damit auch wendete – ein Stichwort genügte, um die Vorbereitungsarbeiten unverzüglich ins Rollen zu bringen. Der Wunsch nach einer derartigen Ausstellung war – gemäss den Sitzungsprotokollen des Glarner Kunstvereins – lange genug gehegt worden. Es war aber schliesslich das engagierte Mentorat von Prof. Peter Jenny, die Offenheit und das Entgegenkommen des Institutes für Geschichte und Theorie der Architektur gta, sowie die Kooperation von Hans-Georg Leuzinger, das unser Unterfangen erst realisierbar werden liess. Was nun als Resultat vorliegt, soviel gilt es vorwegzunehmen, erhebt nicht den Anspruch, Hans Leuzinger abschliessend zu beurteilen. Wir hoffen vielmehr, damit zu weitergehender Auseinandersetzung mit ihm herauszufordern.

Dass die Ausstellung im Kunsthaus Glarus ihren Ausgang nimmt, ist mehr als ein schöner Zufall. Dieses Gebäude, das als eines seiner besten betrachtet werden kann, eignet sich wie kein anderes, sein Werk zu zeigen. Die Kunst, für die diese Räume in den frühen fünfziger Jahren erbaut wurden, ist schnell und radikal durch neue Kunstformen abgelöst worden. Indem auch diese neuen Formen zugelassen und aufgenommen werden, stellen die Räume ihre eigene Qualität eindrücklich unter Beweis. Sie strahlen den Formwillen ihres Urhebers aus, ohne zu dessen Selbstinszenierung zu verkommen. Sie ziehen sich nicht in die Position gänzlich neutraler Museumsräume zurück und vermögen wohl gerade dadurch ein Umfeld zu schaffen, das auch junge Kunstschaffende zur Auseinandersetzung, zur bewussten Bezugnahme auf den Raum anregt. Um so legitimer scheint es mir, diese Museumsräume nun nicht nur als Hülle für unsere Ausstellung zu verwenden, sondern sie darüber hinaus zum wichtigsten Ausstellungsobjekt zu machen: Ein Kunsthaus stellt sich selber aus.

Annette Schindler,
Konservatorin, Kunsthaus Glarus

Urs Lüthi, 1991
(Foto P. Marti).

Ch. T. Hunziker, 1992
(Foto Ch. Hunziker).

Andrea Wolfensberger, 1993
(Foto A. Troehler).

Elsbeth Kuchen, 1990
(Foto R. Kuchen).

Zur Aktualität von Hans Leuzinger

Unsterblichkeit zu erlangen ist nur ganz wenigen Personen oder Werken vorbehalten. Hans Leuzinger darf unbestritten als der bedeutendste Glarner Architekt und Heimatschützer des 20. Jahrhunderts angesehen werden. Dennoch hat auch er, beziehungsweise sein Werk, zu kämpfen, nicht in Vergessenheit zu geraten. Das Erlangen der individuellen Unsterblichkeit ist kulturgeschichtlich betrachtet unserer westlichen Kultur eigen und daher selbst als Ziel zu relativieren. Der vorliegende Katalog und die Ausstellung mögen diesen Termin hinausschieben, ob sie ihn aufhalten, ist ungewiss. Diese Einschätzung soll mich und Sie – liebe Leserinnen und Leser – keineswegs hindern, die Qualitäten dieses Lebenswerkes zu erkennen und in unsere persönliche Arbeit und unser Denken einfliessen zu lassen.

Wäre ich vor wenigen Monaten nach mir bekannten Bauten von Hans Leuzinger gefragt worden, die Liste hätte aus wenigen Objekten bestanden: Kunsthaus Glarus, Ortstockhaus in Braunwald, Kindergarten Löwen in Glarus, Planurahütte in Linthal. Dabei habe ich als Architekt ein spezielles Augenmerk auf Gebautes. Wen erstaunt es also, dass selbst kulturinteressierte Glarnerinnen und Glarner den Namen Hans Leuzinger im diesjährigen Programm des Glarner Kunstvereins nicht einordnen konnten. Wenn ich nun die Werkliste mit den über 600 Titeln von Hans Leuzinger ansehe, wird mir erst bewusst, welch immenses Lebenswerk von ihm vorliegt. Ich bin erstaunt zu sehen, dass ich täglich an Hauptwerken Hans Leuzingers, den Büro- und Kantinegebäuden der Therma AG in Schwanden vorbeifahre, dass viele mir bekannte Gebäude wie z. B. das Pförtnerhäuschen der F. und C. Jenny AG in Ziegelbrücke von Hans Leuzinger stammen, ja – ich wusste bis anhin nicht, dass ich in Engi in einem Haus (ehemaliges Mädchenheim) von Hans Leuzinger wohne. Beim genauen Durchsehen dieser Werkliste zeigt sich weiter, dass Hans Leuzinger nicht nur ein Architekt für Berghütten und öffentliche Bauten war, sondern scheinbar alles baute, was an ihn herangetragen wurde. Insbesondere die vielen Aufträge aus der Industrie[1] stechen hervor. Doch – nur wenige Bauten sind es, die aus der Masse herausragen und den Namen des Architekten in die heutige Zeit tragen. Es hat sich gezeigt, dass selbst in den Archiven der institutionellen Bauherren nur schwer feststellbar ist, wer was gebaut hat. Unsere Zeit ist schnelllebig.

Alle Bauten sind vorerst Gebrauchsgegenstände, andererseits ist jegliches Bauen auch ein Teil unserer Kultur – Kultur hier im engeren Sinn verstanden. Alle Bauten sind somit Produkte mit einer Funktion. Dieser zugewiesenen Funktion haben sie zu genügen. Unter «Funktion» subsumiere ich auch die Gestaltung; Gestaltung formal als auch in ihrer semiotisch, semantischen Bedeutung. Anders gesagt: Es genügt nicht, nur die materiellen Bedürfnisse abzudecken, die immateriellen sind ebenso mitzuberücksichtigen. Wenn im Laufe der Zeit die Bauten ihren Funktionen nicht mehr genügen, sollen sie umgenutzt, umgebaut oder abgebrochen werden können.

Nur einige wenige seiner Bauwerke werden noch mit Hans Leuzinger in Verbindung gebracht.

Vom Umgang mit historischer Bausubstanz, wobei ich unter «historisch» alles Gebaute verstehe.

Kinderkrippe Ennenda, 1931. Vor und nach dem Umbau (1985).

Auch an den Bauten von Hans Leuzinger nagt der Zahn der Zeit. Wie soll nun mit diesen Gebäuden umgegangen werden? Grundsätzlich nicht anders als mit Bauten «anonymer» Architekten. Beim Sanieren wie bereits beim Erstellen von Bauten ist auf das Vorgegebene einzugehen. Von Fall zu Fall wird anders vorzugehen sein. Bei hervorragenden Gebäuden vorsichtiger als beim Durchschnittsbau. Aber keinesfalls darf es zu mumifizierenden Rekonstruktionen kommen. Selbst das Ortstockhaus, der Kindergarten Löwen oder das Kunsthaus Glarus müssen heutigen nutzungsmässigen Vorstellungen angepasst werden können. Nur darf die qualitative Ebene des Vorhandenen beim Neugeschaffenen nicht unterschritten werden. Der Aufbau eines Satteldaches wäre eindeutig eine Verletzung dieses Grundsatzes.[2]

Ja, ja. Es ist ganz wichtig, dass Gebäude auch sterben dürfen.

Der Umbau[3] der Kinderkrippe Ennenda kann weitgehend als gelungenes Beispiel einer Anpassung an die neuen Bedürfnisse angesehen werden, auch wenn wesentliche Eingriffe vorgenommen wurden und der Verlust der Terrasse zu bedauern ist. Zwar wird unumwunden zugegeben werden müssen, dass der Bau von Hans Leuzinger architektonisch besser war. Was nützt uns jedoch ein schön restauriertes Gebäude, das nicht mehr funktionstüchtig ist.

Jegliches Sanieren ist gleichzeitig zerstören und neues Leben schaffen.

Das Dilemma der Provinz-Architektur

In seinem Aufsatz «Kunst im Glarnerland»[4] zitiert Jürg Davatz Professor Rahn: «Der Canton Glarus ist kein Trift für solche, die nach Kunstwerken und Alterthümern fanden»[5] Dies hat sich leider bis zum heutigen Tag auf dem Gebiet der Architektur nicht geändert. Es sind nur wenige Bauten, die sich aus der Masse herausheben.[6] Schon gar nicht kann von einer Architektur-Kultur berichtet werden. Zwar ist nicht zu erwarten, dass der Kanton Glarus in seiner räumlichen Begrenztheit eine *eigene* Architektur-Kultur vorweist. Doch es ist kaum zu bestreiten, dass der Kanton Glarus bezüglich seiner Architektur nicht an den Stand der übrigen Schweiz anknüpfen kann. Dies scheint schon zu Hans Leuzingers Zeiten nicht anders gewesen zu sein. Immerhin wissen Zeugen der Zeit zu berichten, dass er den Kanton Glarus nicht zuletzt wegen dem hierzulande fehlenden Architekturverständnis verlassen habe.

Die Architektur in der Provinz hat auch ihre Chancen. Als Optimist sehe ich gerne Zeiten entgegen, in denen diese Chancen voll genützt werden.

Die Gründe für die nicht vorhandene Glarner Architektur-Kultur müssen wohl vorerst innerhalb der Gilde der Architekten gesucht werden. Es ist bekannt, dass aus dem Kanton Glarus ein Brain-Drain[7] stattfindet. Nach dem Studium fällt vielen Architekten die Rückkehr in den Kanton Glarus schwer. Hans Leuzinger bildet dabei keine Ausnahme. Möglicherweise liegen die Gründe zur Auswanderung auch darin, dass man glaubt, nur in der Metropole die erhoffte gesamtschweizerische Beachtung und Anerkennung zu finden. Ein letzter Grund mag darin liegen, dass im Kanton Glarus die Baukonjunktur keinen massiven Schwankungen unterliegt. Die Beschäftigungslage in den Architekturbüros ist dementsprechend gut, so dass die Arbeit kaum hinterfragt werden muss.

Die Werkliste von Hans Leuzinger zeigt, dass sich die geografische Zusammensetzung seiner Bauherren nach seinem Auszug 1931 nach Zürich (Zollikon) kaum geändert hat. Dies konstatiere ich mit einer leisen Enttäuschung, nahm ich doch an, dass diese geografische Öffnung auch zu einem erweiterten Wirkungs- und Anerkennungsfeld hätte führen können.

Für das Bauen sind nicht allein die Architekten verantwortlich. Es fehlen im Kanton Glarus seitens der Bauverantwortlichen – handle es sich um private oder öffentliche – die Förderer zeitgenössischer Architektur, das Wettbewerbswesen liegt im Argen, der Mut für Experimente fehlt, das Mäzenatentum bleibt aus. Zudem wird die Gesetzgebung recht eng gehandhabt. Alles Gründe, die dem Aufkommen einer Architektur-Kultur entgegenstehen. Das Erreichen eines anstrebbaren Zustandes hängt in einem kleinen Kanton stark vom Einsatz und der Position weniger Personen ab. Dazu ist festzuhalten, dass im Kanton Glarus so wichtige Stellen wie die des Kantonsbaumeisters, eines Stadtbaumeisters oder Denkmalpflegers schlichtweg fehlen oder «unterbelegt» sind. Kulturbewusste Unternehmer scheint es nur noch bei den alteingesessenen Firmen zu geben, wie dies auch die geringe Unterstützungsbereitschaft zur Aufarbeitung des Werkes von Hans Leuzinger zeigte. Es mag ein Zeichen der Zeit sein, dass der Kultur allgemein weniger Beachtung geschenkt wird und dass sich besonders die Stellung der Architekten als Kulturträger weiter verschlechtert hat. Während Hans Leuzinger von seiner etablierten Position aus durchwegs avantgardistische Ideen einbringen konnte, sind deren Vertretern heute fast unüberbrückbare gesellschaftliche Barrieren gesetzt. Es ist andererseits jedoch auch feststellbar, dass die Architekten ihrerseits sich ausserhalb ihres Arbeitsbereiches öffentlich wenig kulturell und gesellschaftlich einsetzen.

All dies mag dazu beigetragen haben, dass vorhandene gute Ansätze in den vierziger und fünfziger Jahren nicht wahrgenommen wurden und sich infolgedessen im Kanton Glarus nicht weiterentwickelt haben. Es seien hier stellvertretend die Kaserne Glarus von Daniel Aebli und Albert Affeltranger, die Studie von Jakob Zweifel für das Buchholzareal aus dem Jahre 1953 sowie der Bericht über die Notwendigkeit einer Ortsplanung für Glarus von D. Aebli, H. Leuzinger und E. Streiff aus dem Jahre 1948 erwähnt.

Ich wage zu behaupten, dass die – vordergründig ökonomisch begründete – Abkoppelung der Wirtschaft und der Politik von der Kultur längerfristig schwerwiegende Folgen zeitigen wird.

Albert Affeltranger und Daniel Aebli, Kaserne Glarus, um 1940.

Jakob Zweifel, Ansicht Areal Buchholz. Im Vordergrund das Schwesternhaus von Glarus.

Hans Leuzingers nachhaltige Wirkung

Nur schon die Tatsache, dass diese Aufarbeitung des Werkes von Hans Leuzinger an die Hand genommen wurde, ist ein Indiz für seine nachhaltige Wirkung. Die einleitend erwähnte Vergänglichkeit in unserer schnellebigen Zeit muss für den engeren Kreis von Interessierten ausgenommen werden. Das jetzige Interesse an einer Aufarbeitung des Werkes von Hans Leuzinger kam von zwei Seiten. Einerseits wollte sich die Ausstellungskommission des Glarner Kunstvereins schon seit geraumer Zeit an das Werk des Erbauers ihres Kunsthauses heranwagen. Hier sind es also die «einheimischen» Kunst- und Architekturinteressierten. Unabhängig davon stiessen andererseits «auswärtige» Kunsthistorikerinnen und Kunsthistoriker auf das Werk von Hans Leuzinger. Ihnen sei gedankt. Erst sie ermöglichen das Zustandekommen der vorliegenden Arbeit. Dazu kommt, dass diese Aufarbeitung voll im Trend der Zeit liegt. Die Aufarbeitung der Moderne ist zum Beispiel in Deutschland voll im Gange. Der ersten Garde der Schweizer Architekten der Moderne (um eine eher fragwürdige avantgardistisch ausgerichtete Klassifizierung vorzunehmen) ist nichts mehr Neues abzugewinnen. Die zweite Garde – und dazu ist Hans Leuzinger als Architekt wohl zu zählen (seine Arbeit auf dem Gebiet des Heimatschutzes ist sicher noch höher einzuschätzen) – ist noch weitgehend unerforscht. Unter einem regionalen oder subthematischen Aspekt lassen sich neue interessante Erkenntnisse erarbeiten.

Die nachhaltige Wirkung von Hans Leuzingers Werk will ich zum Abschluss auf ganz verschiedenen Ebenen aufzeigen, ohne dabei systematische Vollständigkeit anzustreben.

Direkte Nachhaltigkeit – die Weitergabe von Wissen: Wenn ich mich in die Zeit von Hans Leuzinger begebe, fällt auf, dass in der damaligen Architekturszene des Kantons Glarus enge personelle Verbindungen stattgefunden haben. Hans Leuzinger hat mit Daniel Aebli und Jakob Zweifel zusammengearbeitet, Daniel Aebli mit Albert Affel-

Auszug aus dem Vortrag von Markus Bamert, kantonaler Denkmalpfleger des Kantons Schwyz, vom 2. Juni 1993 an einer Tagung zum Thema «Neues Bauen in alter Umgebung» in Pfäffikon/SZ: «Was heisst nun aber Integration? Festhalten darf man sicher zunächst eines; es ist nicht die anbiedernde, rekonstruktionsnahe Gestaltung, die an barocke oder klassizistische Bauten erinnert. Die Eigenständigkeit der Bauzeit darf und soll durchaus zum Ausdruck gebracht werden. Dies kann sich sowohl auf Material wie formale Ausgestaltung beziehen. Gefährlich wird es aber, wenn gekünstelte Formen gesucht werden, aufwendige Gestaltungsprinzipien zur Anwendung gelangen. Weniger ist oft mehr. Auch hängt die Qualität eines gut integrierten Baues nicht an der Zahl der Fenstersprossen oder an der Verwendung antiker Biberschwanzziegel ...»

tranger, Heinrich Hefti und René Noser haben bei Hans Leuzinger gearbeitet und so weiter. Diese direkte Zusammenarbeit und vor allem die Lehrtätigkeit und damit verbunden das Austauschen und Weitergeben von Wissen findet heute im Kanton Glarus kaum mehr statt. Eine *direkte* nachhaltige Wirkung ist bei den Bauten daher kaum aufzeigbar, respektive ist in den vergangenen zwanzig Jahren abgebrochen worden.

Indirekte Nachhaltigkeit – das Kunsthaus Glarus: Das Gebäude strahlt noch heute seine volle Kraft aus. Die ausstellenden Künstlerinnen und Künstler sind über die räumlichen Qualitäten dieses Kunsthauses, das als eines der wenigen in der Schweiz auch als Kunsthaus gebaut wurde, des Lobes voll. Sie lassen sich immer mehr zu Arbeiten inspirieren, die direkt auf das Haus zugeschnitten sind. Gerade darin zeigt sich eine erhebliche indirekte Nachhaltigkeit von Hans Leuzingers Arbeit auf.

Ideelle Nachhaltigkeit – der Geist lebt weiter: Gerade auf dem Gebiete des Heimatschutzes scheint Hans Leuzinger seiner Zeit voraus gewesen zu sein. Seine abschliessenden Worte im 1952 erschienenen Heimatschutzbüchlein, das ganz auf die «Schönheiten unseres Glarnerlandes» und «wie es sich lohnt, ihre Schönheit zu bewahren» ausgerichtet ist, haben nichts von ihrer Aktualität verloren. Markus Bamert, als kantonaler Denkmalpfleger des Kantons Schwyz, hat vierzig Jahre später in seiner Haltung zum Denkmalschutz und Heimatschutz sowie zum Neuen Bauen viele Elemente von Hans Leuzinger aufgenommen, wohl ohne Hans Leuzinger und sein Werk näher zu kennen.

Diese nachhaltige Wirkung ist mir am liebsten.

Kaspar Marti, Präsident, Glarner Kunstverein,
dipl. Arch. ETH/SIA

[1] Schuler und Co., Rüti, Möbelfabrik Horgen-Glarus, Therma AG, Schwanden, Schweizerische Teppichfabrik, Ennenda, Baer-Söhne, Glarus, F. und C. Jenny AG, Ziegelbrücke, Eternit AG, Niederurnen, Vereinigte Webereien Sernftal, Engi usw.

[2] Die Glarnerische Vereinigung für den Heimatschutz hat sich in verdankenswerter Weise gegen geplante Satteldachaufbauten beim Ortstockhaus und beim Kindergarten Löwen erfolgreich gewehrt.

[3] Umbau 1985 durch Architekt Heinrich Hefti, Ennenda, einem ehemaligen Mitarbeiter von Hans Leuzinger.

[4] Jürg Davatz, in: *Glarus und die Schweiz*, 1991, S. 247.

[5] J. R. Rahn, in: *Schweizerische Bauzeitung*, 26. Januar 1889, S. 20.

[6] Vgl. dazu die einschlägigen Architektur- und Kunstführer. Notabene: Die Rezeption in einem Architekturführer sagt nur zum Teil etwas über die Qualität der aufgenommenen respektive der nicht aufgenommenen Bauten aus, sondern mehr über das Beziehungsnetz der jeweiligen Verfasser. Im übrigen ist interessant festzustellen, dass die in den schweizerischen Architekturführern aufgeführten guten Bauten des Kantons Glarus grossmehrheitlich von auswärtigen Architekten gebaut wurden, von auswärtigen Architekten mit Glarner Herkunft: Hans Leuzinger / Werner Aebli / Bernhard Hösli / Thomas Schmid / René und Walter Noser / Jakob Zweifel / Roland Leu / Peter Kamm.

[7] Begriff aus der Dritt-Welt-Diskussion für «die Abwanderung von Wissenschaftlern». Definition nach Duden.

Hans Leuzinger, Ferienhaus
Fuhrhorn, Braunwald, 1930
(Foto Schönwetter, Glarus).

Annemarie Bucher und Christof Kübler, art-ig Büro für Kunstgeschichte, Zürich
Gedanken zum Thema

Die Kenntnisnahme als pragmatisches Interesse

Glarnern und Architekten – besonders solchen mit Augenmerk auf Bauen in den Bergen und Holzbauten – ist der Architekt Hans Leuzinger wohl bekannt. Er hat durch seine Neubauten der zwanziger bis fünfziger Jahre dieses Jahrhunderts nicht nur die moderne Glarner Architekturlandschaft wesentlich mitgeprägt, sondern er ist immer auch für die Bewahrung glarnerischer Bautradition eingestanden: Er gehörte zu den Gründern des Glarner Heimatschutzes, hat inventarisiert, restauriert und publiziert und damit die Wertschätzung und wissenschaftliche Bearbeitung der einheimischen Tradition wesentlich vorangetrieben. Diese Aktivitäten scheinen auf den ersten Blick unvereinbar und lassen es nicht zu, ihn den «Grossen» der Architektur zuzurechnen. So wie uns bislang viele Vertreter des Neuen Bauens präsentiert wurden (deren Werk – im umfassenden Sinn des Wortes – beizeiten gewürdigt worden waren), kann Hans Leuzinger nicht vorgestellt werden. Auch die Fragestellung muss eine ganz andere sein. Es geht nicht darum, ein neues, bisher verkanntes Genie in die Reihe grosser Architekten zu stellen. Avantgarde (Vorhut im militärischen und künstlerischen Sinne) steht immer in Beziehung zu einem Heer von Nachfolgern; die Vorhut erscheint zuerst im neuen Licht; deren Schatten wurden noch wenig ins Visier genommen; nun gilt es, sich darin umzusehen. Die Avantgarde hat ihre Dienste geleistet, künstlerisch vorgebahnt: Was folgte, ging meist im impliziten Innovationsanspruch und in den heftigen Distanzierungsbestrebungen unter. Unser Interesse ist nicht primär auf Avantgarde in diesem Sinne beschränkt, denn mindestens so spannend sind für uns die Verbindungen, die die Vorhut und die Nachhut immer aufrecht hielten.

    Diese Ausstellung möchte ein Spektrum der schweizerischen Architekturlandschaft auszuleuchten versuchen, in dem auch Hans Leuzinger eine nicht zu unterschätzende Rolle spielt. Es betrifft die Seite der Tradition, der moderaten Moderne, wie sie von Vittorio Magnago Lampugnani für Deutschland im ersten Teil einer Ausstellungstrilogie in Frankfurt (1992) vorgestellt worden ist. Gezeigt wurde Architektur mit einer gewissen Breitenwirkung, die nicht formale Spitzenleistungen und Spitzfindigkeiten anbietet, aber dennoch viele Qualitäten aufweist. Was nun motiviert gerade heute dieses Interesse an einer breiteren Kenntnis, die eine Bewertung vorerst zurückstellt? In letzter Zeit stiess die Architekturbetrachtung, was die Übereinstimmung von Programm und Bau, von Ideal und Realität, anbelangt, immer öfter an Grenzen. Doppeldeutigkeiten und Nebeneinandor haben eindeutige Hierarchien in Frage gestellt. Sowohl-als-auch wurde zum internationalen neuen Schlagwort der Architekturszene. Dass dies in der Praxis schon länger der Fall war, hat die Theorie durch Ausblenden der einen oder der anderen Position allzulange zu verdrängen vermocht. Und die Entdeckung neuer architektonischer Formen und Qualitäten – vor allem bei randständigen Vertretern der Moderne – lässt an den althergebrachten Gegensätzen wie Heimatschutz und Werkbund, Neues Bauen und Tradition, zweifeln. Eine Zusammenschau dieser scheinbaren Antagonismen hingegen verspricht neue Perspektiven. Unter diesen Gesichtspunkten ist Hans Leuzinger ein Thema; die vorgefundenen Fakten über ihn waren verblüffend. Zum Vorschein kam eine Menge und eine Vielfalt sowohl an materiell als auch an gedanklich Hinterlassenem. Für eine erste Präsentation ist eine monografisch orientierte Vorgehensweise naheliegend. Trotzdem darf der Blickwinkel nicht den allzu geläufigen und bislang in der Architekturgeschichte eingebürgerten Dissens zwischen Moderne und Tradition beibehalten, sondern er sollte auch die Prämissen der Begriffe in ihre Betrachtungsweise miteinbeziehen. So seien hier einige Bemerkungen zum Thema erlaubt.

Pragmatisch modern?

Der Begriff «modern» ist glitschig, undeutlich geworden. Ursprünglich als Haltung, die in Verbindung etwa mit der Ästhetik der technischen Funktion stand, wurden seine Grenzen immer mehr ausgefranst. Im Versuch ihn zu fassen, wurde der Begriff «verdefiniert». Zum Teil gilt heute noch als modern, was sich aus anderem Blickpunkt als historistisch entlarvt hat. «Funktionalismus» ist längst nicht mehr gleichzusetzen mit Zweckmässigkeit und konstruktiver Ehrlichkeit. Andererseits ist beispielsweise die konstruktive Logik und die Zweckmässigkeit eines Appenzellerhauses nicht eine Angelegenheit des 20. Jahrhunderts und seiner Avantgarden. So gebrauchen wir die Begriffe «modern» und «funktionalistisch» weniger im formalen Sinn, sondern setzen sie mehr auf der strukturellen Ebene an und verstehen sie als Haltung, die eine Formensprache zwischen Modernität und Tradition erlaubt – und auch in der Ästhetik der Tradition eine Funktion erkennt.

Leuzinger zeichnete für viele Bauten verantwortlich, die heute noch den Bauplatz Glarus prägen. Quantitativ ist er in der Glarner Talschaft und auf den Bergen gut vertreten. Seine Haltung ermöglichte ihm, vielerlei Bauherrenbedürfnisse zu befriedigen: Er baute für Sportler und Künstler, für Bauern und Industrielle, immer im Bestreben, den individuellen, adäquaten architektonischen Ausdruck anzustreben und mit vielen individuellen Zugeständnissen an den Bauherrn. – Ein pragmatischer Ansatz.

Die Qualität der Leuzingerschen Bauten zeigt sich auf den zweiten Blick. Mit den wenigsten liegt er auf der radikalen Linie des Neuen Bauens, was unweigerlich zu Beschreibungs- und Einordnungsproblemen führt – dort kommen mitunter seine gestalterischen Qualitäten zum Ausdruck. Weder nur dem Neuen Bauen verpflichtet, noch vorbehaltlos der Tradition zugewandt, vermittelt er den Eindruck des Verhaltenen, Moderaten, Pragmatischen – und vielleicht die Erkenntnis, dass die «gute Form» auch in der traditionellen Form zu finden ist. Ähnliches gilt für seine Haltung bezüglich Denkmalpflege und Heimatschutz; zwar bezieht er Stellung für die Tradition, aber niemals tritt er nur für sture Erhaltung ein. Zweifellos versteht er es, sowohl die Moderne, mit ihren rationalen und funktionalistischen Grundsätzen und ihrer rigorosen Formensprache als auch regionalistische Authentizität und deren spezifischen Ausdruck zusammenzubringen. Die Ebene, auf der sich die beiden Haltungen zu treffen vermögen, ist die pragmatische – die nicht nur nach dem *Was?*, sondern ebenso nach dem *Wie?* fragt.

Der Ausstellungstitel mag zwar aufs erste theoretisch programmatisch und einigermassen schlagwortartig klingen, gemeint ist er aber durchaus im Wortsinn und ohne den oft beigegebenen wertenden Unterton von opportunistisch: Pragmatisch meint moderat, realitätsbezogen im Hinblick auf die Region Glarus, auf den Bauherrn, aber auch im Bezug auf ein architektonisches Programm (jenes der Moderne). Damit wird die Moderne nicht ausgeschlossen, doch – obwohl auch in Gefahr, festgelegt zu werden – nimmt der Begriff «pragmatisch» eine formale Fixierung aus.

Ausstellung und Katalog

Das Ziel dieses Unternehmens ist es, Hans Leuzinger insgesamt – als Architekt, Planer, Bauernhausforscher, Heimatschützer – vorzustellen. Beurteilung und Erforschung seines Nachlasses sind nicht abgeschlossen, sondern angefangen – aus unterschiedlichen Blickwinkeln und mit unterschiedlichen Hintergründen.

Die summarische Werkbeschreibung und die lockere Situierung Leuzingers lässt vieles offen; auch die Werkdokumentation erhebt nicht den Anspruch der Vollständigkeit. Trotzdem: Katalog und Ausstellung wollen in erster Linie Kenntnis geben über die Person, deren Haltung, deren Themen und Bauten.

Annemarie Bucher
Hans Leuzinger – eine architektonisch-biografische Skizze

Hans Leuzingers Biografie ist nicht nur die eines Architekten, sondern streckenweise auch die eines Kunstwissenschaftlers, und sein Nachlass besteht nicht nur aus Bauten und Plänen, sondern ebenso aus Schriften und Vorträgen. Die rege Vortragstätigkeit, verstanden als Aufklärung in Sachen Tradition, Moderne, Heimatschutz und Planung dokumentiert die pädagogische Seite Leuzingers aufs deutlichste. Er selbst verstand seinen beruflichen Auftrag als einen zweifachen: als praktischer Architekt und als Forschender auf dem Gebiet der Kunstgeschichte und Volkskunde. Für die Person Hans Leuzingers stellt dieses Nebeneinander verschiedener, auf den ersten Blick unvereinbarer Engagements ein wichtiges Charakteristikum dar.

Die vorliegende biografische Skizze erhebt nicht den Anspruch einer vollständigen Datensammlung und einer strikten Chronologie (dafür siehe Ausgewählte Bauten, Werk- und Schriftenverzeichnis); sie möchte vielmehr jene Schwerpunkte hervorheben, die sich aus der Verknüpfung von Biografischem, Architektonischem und deren Rahmenbedingungen gewissermassen von selbst ergeben.[1]

Das Elternhaus – ein geistiges und architektonisches Gehäuse

1887. Hans Kaspar Leuzinger wurde am 11. Februar 1887 im Oberdorfhaus in Glarus geboren. Familie und Geburtsort sind Kernstück für seine grossräumig angelegten Traditionszusammenhänge, auf die er sich in vielem berief. Für sein Herkommen, für die engere und weitere Familie, hegte er immer schon grosses Interesse, und er erforschte die Geschichte seiner Ahnen mit ebensolcher Gründlichkeit und Sorgfalt wie die Geschichte der Glarner Kultur insgesamt.

Die Leuzingers, eine alteingesessene Glarner Familie, ursprünglich aus dem Weiler Leuzingen/Netstal stammend, waren mit zahlreichen Ämtern und Würden ausgestattet gewesen. Im Zusammenhang mit der Bautätigkeit in Glarus spielte der Name Leuzinger schon im 19. Jahrhundert eine massgebende Rolle. Schon Leuzingers Grossvater, Kaspar Leuzinger (1816–1871), war ein bekannter Baumeister; er hatte eine Berufslehre bei seinem Onkel Salomon Leuzinger absolviert, der um 1860 das angesehenste Baugeschäft im Kanton besass. Der Grossvater zeichnete für verschiedene Bauten verantwortlich: zum Beispiel die Pantenbrücke, die katholische Kirche Oberurnen und eine Erweiterung des Bades Stachelberg. Nach dem Brand von Glarus im Mai 1861, bei dem auch sein neu erbautes Heim zerstört wurde, war er mit seinen tessinerischen und italienischen Maurern massgeblich am Wiederaufbau des Ortes beteiligt. Aus seiner Ehe gingen drei Söhne und zwei Töchter hervor: Die beiden älteren Söhne, Kaspar und Niklaus, übernahmen das Baugeschäft und kauften 1883 von der Familie Trümpy das sogenannte Paravicini-Haus im Oberdorf. Der jüngste Sohn Jean (geboren 1848), Leuzingers Vater, wurde Kaufmann; er arbeitete in verschiedenen Anstellungen im Ausland, bis er nach Glarus zurückkehrte, sich verheiratete und 1890 das Haus im Oberdorf von seinen Brüdern erwarb, um sich dort mit der Familie niederzulassen. Dies alles mag familiengeschichtliche Nahrung für Hans Leuzingers Interessen gewesen sein. Eine andere wichtige Grundbedingung jedoch war architektonischer Art: sein Elternhaus im Oberdorf.

Leuzingers Elternhaus im Oberdorf in Glarus, Gartenseite und Innenräume.

Hans Leuzinger wuchs zusammen mit seiner jüngeren Schwester Marie auf im alten Oberdorfhaus am Strengenbach. Er bewohnte das Haus 44 Jahre bis zu seinem Umzug nach Zürich 1931. Seine Erinnerungen daran waren besonders stark auf räumliche, bauliche und ausstatterische Aspekte fixiert und verweisen auf frühe architektonische Interessen. «Das grosse Haus im Oberdorf, in welchem ich geboren bin, hat von frühester Zeit an meine Phantasie beschäftigt, mir wohl auch erste Liebe und Interesse für alte Häuser eingeflösst.»[2] Nach und nach hatte Hans Leuzinger die Geschichte seines Elternhauses erforscht. Er interessierte sich für Datierungen, für die Ausstattung und die früheren Besitzer und Bewohner des Hauses: «Wer etwas davon verstand, hätte es (das Haus) nach seinem ... Äusseren in den Anfang des 19. Jahrhunderts datiert. Dem widersprach ein stattlicher blauer Kachelofen mit vielen Bildern, der damals noch im ersten Stock im grossen Schlafzimmer der Eltern in der NO-Ecke des Hauses stand.»[3] Über Kaufbriefe und alte Dokumente gelangte Hans Leuzinger zu einem ungefähren Baudatum um die Mitte des 16. Jahrhunderts – das Haus im Oberdorf war im ersten Glarner Häuserverzeichnis von Gilg Tschudi (1560) als Haus In der Wies verzeichnet. Als Bauherrn identifizierte er den Glarner Söldnerführer in französischen Diensten, den Hauptmann Peter Wichser. Das Haus erfuhr verschiedene Umwandlungen und Umbauten, die er wohl nicht besonders schätzte, aber auch nicht total rückgängig zu machen suchte. Wann immer sich Gelegenheit bot, kaufte er einstige Ausstattungsgegenstände (beispielsweise einen bebilderten Kachelofen) zurück, mit der Absicht, sie wieder am ursprünglichen Ort einzubauen. Seine Erinnerung an dieses Haus vermitteln eine zeitgebundene Zustandsbeschreibung, eher eine Gebäudebiografie als ein architektonisches Idealprojekt.

Hans Leuzinger, Zeichnung der Egidius-Trümpy-Fabrik, um 1920 (Landesarchiv Glarus).

Die Wahl des Architektenberufes war gewissermassen vorgezeichnet: «Ich glaube, dass einerseits unser altes Haus, das mit den Jahren mich immer mehr interessierte und vieler Aufenthalt auf den Werkplätzen und Baustellen meiner Vettern, mich schliesslich zum Architekten-Beruf hingezogen hat.»[4] Hans Leuzinger zeigte während seiner Gymnasialzeit schon Neigungen zum Künstlerischen und zum Historischen zugleich: Die zeichnerische Begabung und die Familientradition aber bewog ihn nach der Matura schliesslich, Architektur zu studieren.

Die Ausbildung

1906-1912. Hans Leuzinger begann 1906 das Studium der Architektur an der Eidgenössischen Technischen Hochschule in Zürich. 1907 zog es ihn nach Stuttgart, wo er an der Königlichen Technischen Hochschule seine Ausbildung zu Ende führte. Er belegte unter anderem Bauformenlehre bei Professor von Reinhardt und Entwurfsunterricht bei Paul Bonatz. 1911/12 schloss er mit dem Diplom ab. In einem Empfehlungsschreiben attestierte Paul Bonatz seinem Studenten «selbständige Begabung und gute Auffassung».[5]

Seite aus Hans Leuzingers Schulheft «Bauformenlehre», Stuttgart um 1910; Seite aus dem Skizzenbuch, um 1912.

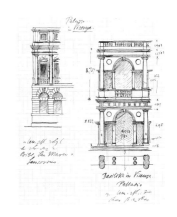

Leuzinger kam in den Genuss jener Stuttgarter Lehre, die mitunter die Bindung an Heimat und Boden, das heisst landschaftsbezogenes Bauen, in den Vordergrund stellte. Vorsichtiger Traditionalismus, zögernde Modernität und charismatische Lehrerpersönlichkeiten (Theodor Fischer und Paul Bonatz) prägten die Schule, und neben fachspezifischer Wissensvermittlung war auch die persönliche Haltung wichtig. Diese Nachjugendstil-Architektur formte eine ganze Architektengeneration, auch in der Schweiz: zum Beispiel der im Engadin tätige Nicolaus Hartmann und die Glarner Streiff und Schindler, die in Zürich ein gutgehendes Büro unterhielten. Bei letzteren absolvierte Hans Leuzinger 1909/10 sein fünfmonatiges Studienpraktikum. Streiff und Schindler vertraten in ihren Neubauten, darunter viele Villen in Glarus und in der Region Zürich, eine Art Heimatschutzarchitektur, zeichneten aber auch für Bauaufnahmen, namentlich der Glarner Bürgerhäuser, verantwortlich. Hier wurde Leuzinger mit der zeichnerischen Inventarisierung vertraut gemacht. Im Praktikumsnachweis sind seine Arbeiten aufgelistet: darunter auch die im Baubüro beim Neubau des Volkshauses in Zürich.

1912-1914. Zur weiteren Ausbildung von Hans Leuzinger gehörten nach Abschluss des Studiums Arbeitsaufenthalte in Berlin und Zürich. In den Jahren 1912 und 1913 war er erneut für Streiff und Schindler tätig. Seine Arbeit ist nicht näher bekannt, aber aus seinem Skizzenbuch, datiert 1912, wird sein damaliges Formenvokabular ersichtlich. Von 1913 bis 1914, bis Kriegsausbruch, war Hans Leuzinger in Berlin-Charlottenburg beim Architekten Professor Bruno Schmitz in Stellung und hatte bei der Bearbeitung des Reichsmuseums Mannheim mitgewirkt.

1914–1918. Der Erste Weltkrieg führte ihn zurück in die Schweiz, wo er als Offizier der Genietruppen Militärbrücken baute – jene über die Roflaschlucht/GR besteht heute noch (vgl. Jakob Zweifel). Von 1914 bis 1918 leistete er lange Aktivdienst, und gleichzeitig nahm er die Planung seiner beruflichen Zukunft an die Hand.

Das Suchen nach einem gültigen architektonischen Ausdruck und die Gründung eines eigenen Büros

1917. Noch während seiner Aktivdienstzeit, gründete Hans Leuzinger sein eigenes Architekturbüro in Glarus. In einem kleinen Prospekt zur Eröffnung des Büros umschrieb er sein Tätigkeitsfeld: «Dipl. Architekt Hans Leuzinger empfielt sich für die Projektierung v. Wohnhäusern und Industriebauten, für die Ausführung von Neu- und Umbauten jeder Art, für die Lieferung von Gutachten, Kostenanschlägen.»[6] Im weiteren bot er die architektonische Gestaltung von Gärten, Zierbauten, Brunnen, dekorativer Plastik, Wohnungseinrichtungen, Einzelmöbeln und Grabmälern an.

Hans Leuzinger als Oberleutnant im Aktivdienst, 1915; Prospekt zur Büroeröffnung, 1917; Pfrundhauswettbewerb, Perspektive, 1916; Handwerkerschule in Glarus, 1919 (Foto Schönwetter, Glarus); die Familie Leuzinger im Ferienhaus, um 1930.

Das Bauherrenverzeichnis, das Leuzinger von 1917 bis 1958 fein säuberlich erstellt hatte (siehe Werkverzeichnis), gibt Auskunft über seine ersten Realisierungen: Grössere Bauaufgaben waren in den ersten zwei Jahren nicht verzeichnet, dafür diverse Wohnungseinrichtungen, Umbauten und Bauaufnahmen, ferner Magazine, Baracken, Grabmäler, Brunnen, Interieurs, Möbelentwürfe und viele andere gestalterische Kleinaufgaben. Auch beteiligte er sich gelegentlich an Wettbewerben: 1916 für das Pfrundhaus Glarus, um 1917/18 für ein Postgebäude in Netstal, für das Stadthaus Solothurn und das Stadthaus Luzern. Sein erstes grösseres Bauvorhaben war die Handwerkerschule in Glarus von 1919, ein repräsentativer öffentlicher Bau, den er in einer klassizistischen Formensprache ausführte.

1919. Zwei Jahre nach seiner Büroeröffnung dachte Hans Leuzinger an die Gründung einer Familie: 1919 heirateten Hans Leuzinger und Amalie Schuler, und 1925 wurde ihr Sohn Hans Georg geboren. Amalie Leuzinger engagierte sich im öffentlichen Leben von Glarus; sie setzte sich mit der Kindererziehung und insbesondere mit den Ideen der Pädagogin Maria Montessori auseinander. Zeitweise führte sie in ihrem eigenen Haus im Oberdorf einen Montessori-Kindergarten. Das Thema der Kindererziehung im Vorschulalter war mit der Umstrukturierung der Arbeit durch die Industrie ein gesellschaftliches Anliegen geworden, und die Einrichtung von Institutionen für eine gesunde Entwicklung der Kleinkinder wurde sowohl in den Städten als auch auf dem Land in Angriff genommen. Das Kind als Benutzer von Architektur beschäftigte Hans Leuzinger längere Zeit. Zwischen 1918 und 1948 projektierte er mehrere Neubauten und Umbauten für Kindergärten und Kinderkrippen. Beispielhaft für seine frühen Kinderstätten ist die 1920 realisierte Kleinkinderschule in Ennenda (vgl. Ausgewählte Bauten). Der Bauauftrag ging aus einem Wettbewerb hervor, der unter dem Motto «Schlicht» eingereicht wurde. «Schlicht» war jedoch nicht gleichzusetzen mit modern – damals inszenierte er das Spiel der Kinder noch in einem biedermeierlich anmutenden architektonischen Rahmen; dies sollte sich später grundlegend ändern. Zwei weitere Kleinkinderschulen entstanden 1925 in Engi und in Winkel.

Das Berghaus als Bauaufgabe

Zu Leuzingers wichtigsten Bauaufgaben gehörten die Berghütte und die Skihütte (vgl. Ausgewählte Bauten). Als passionierter Bergsteiger und Skiläufer betrachtete er die umliegenden Berge nicht nur als Kulisse, sondern setzte sich auch psychisch und physisch damit auseinander. Die erwanderte oder per Ski eroberte Alpenwelt entlockte ihm immer wieder Ausrufe der Begeisterung: «Unvergesslich die abendliche Fernsicht in den Strahlen der letzten Sonne, währenddem unser Ziel und Weg schon in den Schatten der Winternacht tauchten. Ein kameradschaftliches Band schlang sich um alle.»[7]

1918-1922. Für die Sektion Tödi des Schweizer Alpen-Clubs (S.A.C.) spielte Leuzinger als Architekt eine wichtige Rolle. Er besorgte verschiedentlich Umbauten und Neubauten: 1918 befasste er sich mit dem Umbau der Grünhornhütte, was noch keine eigentlichen gestalterischen Probleme aufwarf. 1921/22 entstand als Erweiterung der S.A.C.-Unterkunft die zweite Fridolinshütte auf dem Biefertenälpeli. Die Faszination des Gebirgsmassives legte nahe, die traditionelle Holzhütte durch einen steinernen Massivbau zu ersetzen.

1926. Auch Hans Leuzingers Engagement für den Glarner Ski-Club[8] stand unweigerlich mit Bauaufgaben in Verbindung.[9] Er hatte die Entwicklung des Sportes aus der Nähe erlebt – von den norwegischen Schneeschuhen bis zum Volkssport und zu den ersten Skirennen – und teilte viele Aktivitäten des 1893 gegründeten Ski-Clubs. Von 1917 bis 1926 hatte er als dritter Präsident die Leitung inne. Unter seiner Planung wurden Hüttenbaupläne in die Tat umgesetzt: «Und dann die Pläne für eine eigene Skihütte! In den bescheidensten Anfängen stellte sich uns zuerst das Problem. Schon 1917 suchten wir einen geeigneten Standort für unsere Skitouren.»[10] Dieser Standort war schliesslich das Gebiet der Ennetberge, mit dem alten Berghäuschen Elmerberg. Waren früher Schattenhänge als Skigebiete gefragt, gab die neue Wachstechnik schliesslich den Sonnenhängen den Vorzug. Das alte Hüttchen am Elmerberg zeigte sich dem Andrang bald nicht mehr gewachsen, so dass eine Erweiterung ins Auge gefasst wurde. «Mit Feuereifer machten sich die Mitglieder an die Vorarbeiten; mit Steinrüsten und Erdaushub, zuletzt mit dem Transport des Inventars wurde mancher Franken eingespart.»[11] Das Ergebnis dieser Eigenleistung der Clubmitglieder konnte 1926 eingeweiht werden.

Hans Leuzinger auf einer Skitour; Einladung zur Eröffnung des Skihauses Elmerberg, 1926.

Bauten im Tal

Ein weit grösseres architektonisches Aufgabenspektrum bot sich Leuzinger im Tal. In den zwanziger Jahren bestückte er die Talschaft mit unzähligen grösseren und kleineren Bauten (siehe Werkverzeichnis). Seine Auftraggeber stammten sowohl aus den Kreisen der Glarner Unternehmerschaft als auch von privater Seite, oft war es auch die öffentliche Hand, der Kanton oder die Gemeinden.

1919-1927. Von Leuzingers vielen Wohnbauten seien beispielsweise das Wohnhaus für die Therma AG von 1919, das Wohnhaus für F. und C. Jenny in Ziegelbrücke von 1920 und im gleichen Jahr ein Wohnhaus für Geometer Schmid in Niederurnen, sowie 1923 das Wohnhaus Ressnig in Niederurnen, das sogenannte Eternithüsli (vgl. Walter Zschokke), erwähnt. Ein wichtiger Auftrag für Leuzinger war aber auch die Villa Zum Sonnenhügel in Glarus, die er 1927 für Dr. med. E. Fritzsche entwarf (vgl. Ausgewählte Bauten). Die unterschiedliche Formensprache dieser Wohnhäuser ist schwer auf einen Nenner zu bringen, sie reicht vom klassizistischen Landhausstil bis zum traditionellen Bauernhaus.

Hans Leuzinger, Wohnhaus für Geometer Schmid in Niederurnen, 1920 (Foto Schönwetter, Glarus).

1923. Hans Leuzinger wurde schon sehr bald nach seinen ersten Bauten in den BSA (Bund Schweizer Architekten) aufgenommen.

1928-1930. Während einiger Jahre befasste sich Leuzinger zusammen mit dem Architekten Truninger mit dem Umbau und der Erweiterung der Kantonalen Krankenanstalt in Glarus. 1922 wurde der Wettbewerb ausgeschrieben; die Projekte von Hans Leuzinger aus Glarus und Paul Truninger aus Wil/SG wurden mit dem ersten Rang ausgezeichnet und in einer Arbeitsgemeinschaft realisiert. Die Bauarbeiten begannen 1924 und wurden 1928 beendet. Der Auftrag umfasste eine Erweiterung des Hauptgebäudes sowie den Neubau des Tuberkulosehauses (vgl. Ausgewählte Bauten). Das Projekt ist eingebunden in einer Reihe von öffentlichen Aufträgen, die Leuzinger selbstverständlich in einer klassizistischen Formensprache ausführte. Mit ebensolcher Selbstverständlichkeit benutzte er aber auch das moderne Vokabular, beispielsweise beim Altersheim in Schwanden: Der Bau entstand 1929/30 und besteht aus einer Anlage mit drei Baukörpern, von denen einer, flachgedeckt, als Sonnenterrasse dient.

Hans Leuzinger, Altersheim Schwanden, 1929–1939.

Interieurs

Von Beginn an befasste sich Leuzinger mit der Gestaltung von Interieurs und Möbeln, und Innenausbau gehörte für ihn zur selbstverständlichen Aufgabe des Architekten. Teils entwarf er jedes Detail selber und liess die Möbel vom Schreiner Hans Kummer (SWB) in Glarus ausführen, teils setzte er Einrichtungen aus bestehenden Möbelprogrammen verschiedener Hersteller zusammen. So stammen die Kindermöbel für den Montessori-Kindergarten seiner Frau Amalie aus seiner Hand.

1927. In diesem Jahr fügte Leuzinger ein neues Esszimmer in ein altes Glarner Haus in Schwanden ein. Seine Konzeption umfasste sowohl Farbe als auch Funktion und Form, reichte vom Teppich bis zur Stellung der Möbel. Leuzinger wollte die Einrichtung des 19. Jahrhunderts ersetzen, mit neuen Möbeln eine Stimmung der Behaglichkeit und Gemütlichkeit schaffen und gleichzeitig eine vielfältigere Nutzung erreichen. Das zurückhaltende Ornamentieren und die verwendeten Materialien stehen im Zeichen eines guten und soliden Handwerks. Diverse Teppichentwürfe, Möbel, Lampen, schmiedeiserne Gitter, Gartentore aus Leuzingers Hand zeugen für seine Nähe zum Kunsthandwerk.

1928-1933. Mit der Zeit und unter anderen Bedingungen wurden aber auch die Gesichtspunkte des modernen Funktionalismus einbezogen, und Leuzingers Einrichtungen wurden sachlicher. In diesem Sinne entstand 1928 ein Gartenhaus in Ennenda: Das Äussere blieb formal zurückhaltend, das Gartenzimmer hingegen war ausgestattet mit einem Linoleumboden, farbigen Wänden und Möbeln von der Möbelfabrik Horgen-Glarus. Auch die Einrichtung der Siedlung Sonnenhügel, 1928, entsprach zunehmend rationalistischeren Anforderungen. Die modernen Grundrisse der Häuser liessen die Glarner an deren Bewohnbarkeit zweifeln. Deshalb wurden Musterwohnungen eingerichtet, um der Kritik den Wind aus den Segeln zu nehmen. Betten und Sitzmöbel wurden von der Möbelfabrik Horgen-Glarus zur Verfügung gestellt und waren auch in der Ausstellung «Das Neue Heim» im Juni 1928 im Kunstgewerbemuseum Zürich zu sehen. Diese Interieurs

Hans Leuzinger, Siedlung Sonnenhügel, 1928, Küche, Wohn- und Schlafzimmer, Ansicht (Foto Schönwetter, Glarus).

standen im Vorfeld der seriellen Produktion der Wohnbedarf AG, die ihren Laden erst 1932 öffnete. Zu dieser Ausstellung im Kunstgewerbemuseum steuerte Leuzinger ein selbst entworfenes Möbelstück, ein Kinderbett mit abnehmbarem Spielgitter[12] bei. Modern – im programmatischen Sinne des Wohnbedarfs – wurden Leuzingers Interieurs erst mit der Einrichtung seines eigenen Wohnhauses in Zollikon 1933. Hier erst fand die industrielle Formgebung Einzug: Er wohnte in einer Wohnbedarf-Ausstattung, die mit einigen antiken Möbeln aus dem Familienbesitz erweitert worden war.

Leuzinger bezog seine Möbel und Einrichtungen nicht ausschliesslich aus den Lagern der industriellen Produktion, aber auch nicht allein aus den Werkstätten der Handwerker. Seine Interieurs bewegten sich zwischen der Repräsentation eines gewissen Wohlstandes und der rationalistischen Einfachheit von Siedlungswohnungen, doch niemals waren es «verordnete» Wohnverhältnisse.

Der formale Schritt in die Moderne

Um die Mitte der zwanziger Jahre setzte in einem weiteren Kreis von Architekten eine intensive Auseinandersetzung mit den Ideen der Moderne ein. Es war die Zeit der Rezeption der ersten modernen Bauten, und die kulturelle Neugestaltung machte sich institutionell und auf dem Gebiet von Publikationen bemerkbar. 1926 erschien die Zeitschrift *Das Neue Frankfurt* (nach einem missglückten Startversuch 1922), und zwei Jahre später wurde der Schweizer Joseph Gantner ihr Chefredaktor. Im selben Jahr, 1926, kam Le Corbusiers *Vers une architecture* (1922) auf Deutsch heraus. 1926 wurde das Bauhaus in Dessau unter der Leitung von Walter Gropius eröffnet, nachdem es den Umzug von Weimar und eine grundlegende Umstrukturierung erfahren hatte. Ein Jahr später, 1927, gab die Weissenhofsiedlung in Stuttgart Anlass zu heftigen Diskussionen, und in Zürich begann Max E. Haefeli mit dem Bau der Rotachhäuser. 1928 fand auf Schloss La Sarraz die Gründung der CIAM (Congrès Internationaux d'Architecture Moderne) statt.

1928. Auch Leuzinger sah sich veranlasst, auf diese Manifestationen zu reagieren: In seinen Schriften und Vorträgen aus dieser Zeit (vgl. Schriftenverzeichnis) nahm er vermehrt Bezug auf die gebauten Zeugen und auf die programmatischen Gedanken und Formen der Moderne. Er versuchte die Ideen und Formen der Moderne auch für das Glarner Publikum plausibel und fruchtbar zu machen. Grundlegend in dieser Hinsicht war sein Vortrag über die Weissenhofsiedlung vor dem Glarner Gewerbeverein 1928. Darin vertrat er in einsichtiger Argumentation folgende Haltung: Neues Bauen sei gerechtfertigt wegen der technischen und sozialen Veränderungen der Zeit, welche neue Bedürfnisse weckten. Das Neue Bauen ginge besser auf diese modernen Bedürfnisse ein, sei funktionaler und gelte als ihr besserer Ausdruck. Der Kernpunkt der Moderne für Leuzinger ist struktureller Art. Dass nun ein neuer Kern (ausgelöst durch die modernen Wohnbedürfnisse) die alten Gehäuse allmählich sprenge, war für ihn ein unwiderrufliches Entwicklungsmoment. Die Funktion, im Sinne des Gebrauchswertes, hatte erste Priorität sowohl für neue Bauten als auch für die Erhaltung von Bestehendem. Leuzinger strebte in beidem eine ästhetisch befriedigende funktionelle Lösung an und verurteilte jegliche Fassadenarchitektur als Maskerade. «Der moderne Architekt hat es satt, als mehr oder weniger geschickter Mode-Dekorateur zu gelten, hat es satt, bedeutungslose Ornamente in obiger Variation zu erfinden und jedes Jahr wieder eine andere Stuhlbeinmode mitzumachen.»[13]

Hans Leuzingers Gedanken zur modernen Architektur sind zwar ein eindeutiges Plädoyer für das Neue Bauen, aber nicht eine vorbehaltlose Idealisierung der technischen Funktionalität. Er hatte sich nicht etwa der Meinung Alexander von Sengers angeschlossen, der 1928 eine «Krisis der Architektur» im Neuen Bauen und in der Rationalisierung und Industrialisierung sehen wollte. Gute moderne Architektur entsteht für Leuzinger als Antwort auf die modernen Bedürfnisse, jedoch unterliegt sie deshalb noch lange nicht einer festgesetzten Formensprache. Die Modernisierung der Lebensverhältnisse, die zweifellos auch in Glarus Einzug gehalten hatte und das traditionelle Bauernhaus in seiner ursprünglichen Funktion mehr und mehr hinfällig werden liess, sowie das programmatische Auftreten einer neuen Formensprache veranlassten Leuzinger auch zu formalen Konsequenzen.

1928. Zu den architektonischen Ergebnissen dieser formalen Auseinandersetzung mit dem Neuen Bauen gehört zunächst Leuzingers eigenes Ferienhaus. 1927 war Baubeginn für sein eigenes Häuschen, Uf dr Höchi, in Braunwald (vgl. Ausgewählte Bauten). Der Einzug wurde nicht nur in der Familie und im Freundeskreis mit viel Beifall aufgenommen. Das «Corbusier-Haus»[14] erregte auch im Kollegenkreis Aufsehen und wurde mehrmals in Architekturzeitschriften abgebildet (vgl. Literaturangaben im Werkverzeichnis). Das Gästebuch gibt Aufschluss über zahlreiche Besuche von Freunden und Kollegen und über die Aktivitäten in Braunwald, die vorab dem Skilaufen galten. Darin hatten sich Joseph Gantner, Egidius Streiff, Peter Tschudi, die Familien der Maler Ernst Morgenthaler und Johann von Tscharner und viele andere für die Gastfreundschaft der Leuzingers bedankt.

Das Haus des Architekten wird gemeinhin als Idealfall für die Realisierung der reinen Entwurfsideen angenommen; dies zeigt sich deutlich bei Leuzingers Ferienhaus. Denn ansonsten sind nur wenige innovationsfreudige Bauherren in Erscheinung getreten, darunter Peter Tschudi, der sich von Leuzinger das Ferienhaus Akelei in Braunwald bauen liess und der als Auftraggeber des Ortstockhauses fungierte. Ein weiterer «moderner» Auftrag war das Ferienhaus Hefti-Haab, 1940 in Rigi-Kaltbad gebaut.

Hans Leuzinger, Ferienhaus Uf dr Höchi, 1928; Haus Hefti-Haab auf Rigi-Kaltbad, 1940.

Moderne Bauten für die moderne Erziehung

1930-1943. In den dreissiger Jahren begann Leuzinger erneut eine intensive Auseinandersetzung mit Kindergärten und Kinderkrippen (vgl. Ausgewählte Bauten). In seinen Projekten ist ein einschneidender Wandel in der Formensprache zu verzeichnen. 1930 baute er für Ennenda eine Kinderkrippe, die formal ganz dem Neuen Bauen verpflichtet ist. Sie blieb nicht nur hinsichtlich des Flachdaches auf glarnerischem Boden ein Einzelfall; die folgenden Bauten, die Kleinkinderschule in Mollis, 1932, und die Kleinkinderschule in Glarus, 1933, beriefen sich wieder auf ein neues System: Sie bestanden aus einzelnen Pavillons. Das Pavillonsystem ermöglichte eine räumliche Ordnung, so dass jede Klasse ein eigenes Haus bekam. Den gleichen Prinzipien entsprach auch die Pavillonschule in Niederurnen von 1953.

Kollisionen mit der Moderne und Mischformen

1929-1930. Um 1930 entstand eine Reihe von Ferienhäusern, die nicht in dem Masse den Anforderungen der modernen Formensprache genügten wie Leuzingers eigenes. Das Umsetzen von Programmpunkten der Moderne in traditionalistisch bebauter Umgebung und die Auseinandersetzung mit Bauherren, deren

Ästhetik sich am Bild der Tradition orientierte, führte zu Kollisionen, Abweichungen und Anpassungen. Bauten, die solche formalen Mischrechnungen präsentieren, sind das Ferienhaus Stockbüchel in Ennetberg, das Berghaus von Dr. J. Mercier auf dem Grossberg, beide von 1929, ferner zwei Häuser aus dem Jahre 1930 in Braunwald, das Haus für die in Turin ansässige Familie Pallavicini und schliesslich das Ferienhaus Fuhrhorn von Dr. H. Schaeppi (vgl. Ausgewählte Bauten). Obwohl diese Bauten formal mehr oder weniger vom Neuen Bauen abweichen, gelten sie doch in ihrem weiteren Zusammenhang als funktional und authentisch und sind Produkte der Neugestaltung des Lebens in der Region.

Der neue Hüttenbau

1929–1931. Die Planung von Berghütten war nicht in dem Masse von der ästhetischen Haltung der einzelnen Bauherren abhängig wie die Ferienhäuser. Weit wichtiger schienen die konstruktiven Überlegungen und Notwendigkeiten. Nach den Hütten, die noch aus einfachen kubischen Baukörpern bestanden, ging Leuzinger mit dem Bau der Planurahütte, 1929/30 neue Wege (vgl. Walter Zschokke und Ausgewählte Bauten). Im Laufe der Projektentwicklung fand er mit dem Ortsstockhaus von 1931 zu einer expressiv modernistischen Formensprache und setzte sich auch mit neuen Materialien wie Eternit auseinander.

weiterbauen

1935–1936. Um dem Neuen Bauen in den dreissiger Jahren in der Schweiz mehr Rückhalt zu geben, bildete sich die Gruppe «Freunde des Neuen Bauens», welche als Beilage zur *Schweizerischen Bauzeitung* die Zeitschrift *weiterbauen* herausgaben. Federführend waren die Architekten Ernst F. Burckhardt, Werner M. Moser, Rudolf Steiger, Alfred Roth sowie der Ingenieur Werner Jegher und der Kunsthistoriker Sigfried Giedion. Die Zeitschrift, die 1934 bis 1936 erschien, und verschiedene Aktivitäten trugen dazu bei, das Neue Bauen und verwandte Gebiete zur Diskussion zu stellen. Ihr Ziel war, sich nicht nur auf «programmatische und akademische Diskussionen» zu beschränken, sondern auch praktische Fragen aufzuwerfen. In den Reihen dieser Vertreter des praxisbezogenen Neuen Bauens finden wir auch Hans Leuzinger mit einem Beitrag über das Holzhaus («Holzhausbau und Neues Bauen») im Heft Nr. 6 von 1936. Im selben Heft ist eine Resolution abgedruckt, die Freunde des Neuen Bauens und die Zürcherische Vereinigung für Heimatschutz 1935 gemeinsam verfassten: Um die moderne Heimatschutzbewegung, die für eine funktional begründete Erhaltung und für eine organische Neugestaltung eintrat, zu unterstützen, wurden der Spekulation und Zersiedelung der Kampf angesagt.

«Draussen Wohnen»

1935. Die Ausstellung «Land- und Ferienhaus, Einfaches Bauen und Wohnen für Wochenende, Ferien und Alltag» vom 11. Mai bis 2. Juni 1935 in Basel entstand in der Absicht, angesichts der Krisensituation die Bautätigkeit zu beleben und eine adäquate und qualitätvolle Architektur für den Aufenthalt in der Natur zu lancieren. In zweiter Linie schloss diese Förderungsabsicht auch den Holzbau ein. Veranstaltet wurde die Ausstellung vom Schweizerischen Werkbund und vom Bund Schweizer Architekten. Die Teilnehmerschaft jedoch, Architekten aus allen Landesteilen, vertrat keineswegs nur moderne Formvorstellungen und bot deshalb ein heterogenes Bild. Im Sinne des Werkbunds und im Vorfeld der «Guten Form» leiteten Karl Egender und Ernst F. Burckhardt in einer Sonderkommission die Abteilung «Das Haus» und vermochten dort weitgehend ihren Willen zur Einfachheit zu manifestieren. Da der Hauptzweck der Ausstellung darin lag, die neuen Freizeitbedürfnisse abzudecken, wurde sie gemeinhin mit «Draussen Wohnen» bezeichnet.

Hans Leuzingers Beitrag war eine Skihütte, ein typisierter und vorfabrizierter Holzbau, der sich unabhängig vom Standort überall aufstellen liess (vgl. Walter Zschokke und Ausgewählte Bauten). Das standardisierte Kleinsthaus für den Tourismus stellte aber einen Endpunkt in Leuzingers Entwicklung moderner Ideen dar: Standardisierung und Typisierung wurde von ihm kaum weiterverfolgt, da sie nicht seinem Verständnis einer angemessenen Funktion entsprachen. Vielmehr begann er die Auswirkungen des Tourismus von einer naturschützerischen Seite her zu überdenken und erkannte, dass die Schaffung einer touristischen Infrastruktur – im Sinne einer Gleichberechtigung für alle – ihre Grenzen hatte. So sehr er den Skisport liebte, so sehr sah er in dessen Verbreitung als Volkssport auch die Kehrseite. «Wir sehen die Skilifte mit ihrem Gestänge die früher unberührten Berghänge bis zum Gipfel erklettern und verunstalten, wir sehen die Menschenschlangen sich stauen vor den Talstationen, wie die grossen Cars, aus denen sich die Menschenmassen unserer Städte in unsere früher so stillen Berge ergiessen, wir sehen die luxuriösen Vergnügungsstätten, die Auswüchse unseres schönen Sports.»[15]

Auszug aus der glarnerischen Enge

1931. In diesem Jahr verlegte Hans Leuzinger sein Architekturbüro von Glarus nach Zürich, an die Olgastrasse. Er behielt aber stets einen Bürositz in Glarus, dessen Leitung sein langjähriger Mitarbeiter Jacques Speich innehatte. Mit ein Grund für seinen Wegzug mögen seine modernen Bauten gewesen sein, die in Glarus Anlass zu Konflikten geboten hatten. Viele Bauaufträge waren in dieser Zeit nicht zu verzeichnen, und er begann seine Aktivitäten vermehrt auf die Erforschung und Inventarisierung von bestehendem Baubestand zu verlagern.

1931–1934. Neben weiteren Ferienhäusern in den Bergen entstanden in den dreissiger Jahren Bauten in der Stadt Zürich (vgl. Ausgewählte Bauten). Für seinen Freund, den Maler Ernst Morgenthaler, baute er 1931 ein Atelierwohnhaus in Zürich-Höngg. Höngg war damals ein Bauplatz, den sich Künstler bevorzugt aussuchten. Ein Jahr später entstand in der unmittelbaren Nachbarschaft dieses Gebäudes das Atelierhaus von Max Bill (1932), ein schlichter Bau mit einem flachen Satteldach.

Mit seinem Umzug nach Zürich stand auch der Bau eines Eigenheimes an. Zwei Jahre später baute Leuzinger sein Haus in Zollikon an der Schlossbergstrasse. Das Grundstück hatte er schon 1932 erworben, mit dem Bau wurde 1933 begonnen. Im Gegensatz zu anderen Häusern von Architekten und zu seinem Ferienhaus in Braunwald betrat Leuzinger mit diesem Bau kein architektonisches Neuland. Die Formensprache und die Raumorganisation waren nicht Gegenstand von Experimenten, sondern schienen ganz Leuzingers damaligem Status entsprechen zu wollen.

Auch im Bereich des Siedlungsbaues entwickelte Leuzinger weitere Projekte. Die Musterhäuser an der Wasserwerkstrasse und die Siedlung Neubühl waren bereits bezogen worden, als Leuzinger – in der Fortsetzung der Siedlung Sonnenhügel in Glarus – 1934 die Reihenhäuser an der Ackersteinstrasse in Zürich zu bauen begann. Die Krise bewirkte, dass er die Bauherrschaft im Laufe der Zeit selbst übernehmen musste und damit auch deren Ansprüche selbst mitformulieren konnte. Im gleichen Jahr und fast gegenüber baute Emil Roth sein Arzthaus, ein zweigeschossiges, flachgedecktes Gebäude mit trapezförmigem Grundriss.

Der Freundeskreis

Der Maler Ernst Morgenthaler war einer seiner Bauherren, zählte aber auch zu einem Kreis von Künstlern, mit denen Leuzinger freundschaftlich verbunden war. Die Familie Morgenthaler verbrachte mehrmals ihre Ferien in Leuzingers Ferienhaus in Braunwald, wie die Eintragungen im Hüttenbuch zeigen. Hans Leuzinger pflegte Beziehungen zu einer Reihe von Künstlern, die wie er selbst eine zurückhaltende Modernität vertraten: Zu diesen gehörten die Plastiker Hermann Haller und Karl Geiser und die Maler Hermann Huber und Johann von Tscharner. Die Kunstszene im Zürich der dreissiger Jahre wurde zu einem grossen Teil durch diese Künstler geprägt, auch wenn die Ausstellungen im Kunsthaus Léger, Picasso und der ungegenständlichen Kunst gewidmet waren und die «Allianz» allmählich an Bedeutung gewann.

Durch seine Arbeit für den Heimatschutz und die Denkmalpflege kam Hans Leuzinger in Kontakt mit Kunsthistorikern wie Josef Zemp, Linus Birchler, Erwin Poeschel, Peter Meyer, Joseph Gantner und anderen.

Die Gründung des Glarner Heimatschutzes

Entgegen allen Programmaufrufen verstand Leuzinger sein Engagement für die moderne Architektur keineswegs als Angriff auf die Tradition. Im Gegenteil, er sah beide Pole als wichtige und sich ergänzende Bestandteile einer kulturellen Entwicklung, wie sie mit der Industrialisierung ihren Anfang genommen hatte. Ebensowenig wie die im 19. Jahrhundert aufkommende Textilindustrie die traditionellen Wirtschaftsformen zum Verschwinden bringen konnte, vermochte auch das Neue Bauen die Bauernhäuser nicht vollständig zu ersetzen. Dass Bewährtes auch weiterhin Bestand haben würde, bewog ihn, dieses auch zu verteidigen.

1932. Am 16. April 1932 wurde die Sektion Glarus der Schweizerischen Vereinigung für Heimatschutz gegründet. Leuzinger amtierte von 1932 bis 1955 als Obmann[16] und hatte sich massgeblich an der Formulierung und Verbreitung dieser Anliegen beteiligt. Die Mainummer der Zeitschrift *Heimatschutz* von 1932 war dem Kanton Glarus und der Gründung dieser Ortsgruppe gewidmet und umschrieb deren Absicht: 1. Denkmalkonservierung und 2. die Förderung einer «gesunden Entwicklung aller Dinge, die mit dem Landschaftsbild zusammenhängen»[17]. Leuzingers Interpretation dieser Aufgaben liess ihn zum progressiven und werkbundnahen Flügel des Heimatschutzes zählen (vgl. Jürg Davatz und Marion Wohlleben). Leuzinger «betrieb nicht den Heimatschutz des Museums, sondern den Schutz der Bauten im Sinne ihrer Zweckerfüllung»[18], wobei letzteres nicht auf technische Aspekte zu reduzieren ist, sondern stark in der lokalen Tradition verhaftet war. Auch auf nationaler Ebene war er aktiv: Er wurde 1934 Mitglied des Zentralvorstandes des Schweizerischen Heimatschutzes.

Der Freulerpalast – die Restaurierung und die Einrichtung eines Heimatmuseums

1932–1942. Anfang der dreissiger Jahre stand der Freulerpalast in Näfels für eine Restaurierung und für eine Umnutzung zur Diskussion: 1936 bildete sich ein Aktionskomitee (eine Stiftung), das den Palast kaufte und restaurierte und in seinen Räumen die Einrichtung eines glarnerischen Heimatmuseums vorsah. In der damaligen Krisenzeit stiess dieses Unternehmen nicht nur auf Verständnis – doch es konnte realisiert werden. Hans Leuzinger war Mitinitiator dieses Unternehmens; er leitete die Restaurierung materiell und konzeptuell in die Wege und begann sich intensiv geschichtlich und baulich mit dem grössten Herrschaftshaus des Tales zu beschäftigen. Die materielle Wiederherstellung setzte 1933 ein und dauerte bis 1946. Das Restaurationskonzept sah vor, nur da den ursprünglichen Zustand wiederherzustellen, wo er durch Befunde eindeutig vorgegeben war: Zuerst wurde der Dachstuhl instand gesetzt und das übrige Äussere vom «Flickwerk des 19. Jahrhunderts» befreit, ansonsten wurden nur Sicherungen vorgenommen (vgl. Jürg Davatz).

Die Erhaltung der glarnerischen Heimat in museologischer Hinsicht schlug sich indessen in Aufsätzen, Zeitungsartikeln und Vorträgen nieder: Der Vorstellung des Heimatmuseums widmete Leuzinger ausführliche Gedanken und entwickelte ein Konzept, das heute noch aktuell ist: Er wollte nicht nur Geschichte, Kriegsgeschichte, Kirchengeschichte, Kunst und die Ahnenreihe wichtiger Glarner vertreten wissen; er setzte sich auch dafür ein, einschneidende Veränderungen durch Industrialisierung ins Bild zu setzen: die Druckindustrie, Weberei, Fabriken, die technisch veränderte Industrielandschaft. Denn darin sah er die letzten massiven Vorgänge, welche die Talschaft umgeformt hatten. Unmissverständlich forderte er auch die Anerkennung von Alltagserscheinungen als Bestandteile der Heimat.

In allen Erhaltungsfragen vertrat Hans Leuzinger ein dynamisches Heimatverständnis: Heimat bedeutete für ihn ein Prozess einer permanenten Gewinn- und Verlustrechnung, nicht ein harmonisches und statisches Bild.

Die Bauernhausforschung

1935–1936. In den schlimmsten Krisenjahren führte Hans Leuzinger mit arbeitslosen Technikern im Rahmen eines Arbeitsbeschaffungsprogrammes zeichnerische Bauaufnahmen an Bauernhäusern im Kanton Glarus durch. Bauten aus dem ländlichen Bereich, aber auch einzelne Gewerbe- und Industriebauten wie die Hammerschmiede in Mühlehorn und ein kleiner Hängiturm wurden zeichnerisch inventarisiert, im Grundriss und Aufriss und mit künstlerisch und konstruktiv wertvollen Details aufgezeichnet. Mit Hilfe dieses Technischen Arbeitsdienstes (TAD) konnte die Grundlage der wissenschaftlichen Erforschung des glarnerischen Bauernhauses geschaffen werden. Die getreue Aufnahme dieser bis anhin anonymen Architektur zeigte weitreichendere Auswirkungen: Nicht nur verhalf sie der einheimischen Bauweise zu einer neuen Wertschätzung, sie machte sie auch zum Gegenstand typologischer Analysen. Durch die Industrialisierung bedroht, rückte das Bauernhaus für Leuzinger zunehmend in den Bereich der zu erhaltenden Kulturgüter. Obwohl aus seiner Sicht für moderne Lebensverhältnisse teilweise obsolet geworden, war das Bauernhaus durch die erwiesenermassen langjährige Gebrauchsfähigkeit zum regionalen Bautyp geworden, der als Vorbild für konstruktive und technische Lösungen, aber auch für konnotative Aspekte des Bauens gelten konnte. Leuzinger hatte in seinen Aufzeichnungen einige sehr alte Gebäude aus dem 15. und 16. Jahrhundert nachgewiesen. Diese ursprünglichen Zeugen der Handwerkskunst sind noch Beispiele aus der vorromantischen Einstellung zum ländlichen Bauen und dokumentieren eine Authentizität, die im Laufe der Zeit verloren gegangen ist. Für ihre Erhaltung setzte er sich vehement ein, aber deren bildliche Nachahmung lehnte er strikt ab. Durch die wissenschaftliche Bestandesaufnahme lernte er nicht nur den alten Baubestand und seine strukturellen Eigenheiten kennen, sondern diese auch für zukünftiges Bauen fruchtbar zu machen.

Leuzingers Beitrag zur Erforschung des Glarner Bauernhauses, sein Inventar und seine Aufsätze sind eine wichtige Forschungsleistung, die von einem besondern historischen Verantwortungsbewusstsein des Architekten zeugen. Sie vermögen in ein Architekturverständnis einzufliessen, das als regionalistisch gelten mag, das die Realität der traditionellen architektonischen Umgebung miteinbezieht, um damit eine Stilisierung des technischen Gebrauchswertes als Ideologie des Neuen Bauens zu demontieren, die ebenso im Formalismus zu enden droht wie die historischen Stile.

Schriften und Vorträge

Hans Leuzinger war ein begabter und wortgewandter Redner und Schriftsteller, der seine Anliegen dem Benutzer auf einfühlsame Weise verständlich zu machen suchte: Dazu gehörten der moderne Heimatschutz, moderne Architektur, Planungsfragen und generell die sinnvolle Erhaltung der Kulturlandschaft (vgl. Schriftenverzeichnis). Zwischen 1928 und 1966 hatte er mehrfach Zeitschriftenbeiträge und Vorträge verfasst.

Leuzinger hielt Vorträge vor unterschiedlichem Publikum. Er referierte sowohl vor Mitgliedern des Heimatschutzes als auch vor Gewerbevereinen. Seine Reden waren meist begleitet von Lichtbildern, die einen Vergleich zwischen gut und schlecht vor Augen führten, ein Argumentationsmuster, das zu der Zeit nicht nur unter Verfechtern der Moderne gängig war, sondern in Heimatschutzkreisen seit längerem praktiziert wurde.

Die Landi – eine Annäherung zwischen Moderne und Tradition

1939. Im Zuge der politischen und wirtschaftlichen Lage, der Isolation der Schweiz, wurde die Schweizerische Landesausstellung 1939 in Zürich (Landi) zu einem Schauplatz einer Schweizer Moderne, die eine grosse Annäherung zwischen Traditionalisten und Modernisten brachte. Obwohl der grösste Teil der Ausstellungsarchitektur von modernen Architekten stammte, hinterliess das Landi-Dörfli in der Erinnerung der Besucher einen bleibenden Eindruck. An diesem Dörfli entzündete sich eine Heimatschutzdiskussion, die deutlich einen Riss in der Vereinigung zutage treten liess. Leuzinger schlug sich ganz klar auf die Seite der Dörfli-Gegner, die aus dem Werkbundlager kamen, und wandte sich vehement gegen das Kopieren von ländlichen Ensembles, trat gegen den Heimatstil und für eine zeitgemässere Manifestation des Heimatschutzes ein.

In einem Brief an Armin Meili, Direktor der Schweizerischen Landesausstellung, forderte Leuzinger diesen auf, dahinzuwirken, «dass der Heimatschutz bei dieser einzig günstigen Gelegenheit (Landi) in absolut fortschrittlichem, dem neuen Bauen zugeneigten Geist vertreten ist, und dass damit ein für alle Mal die nur rückwärts blickende Einstellung verschwindet».[19]

Leuzinger war an der Landesausstellung auch als Architekt beteiligt: Er betreute die Gestaltung der Abteilung «Bauen und Wohnen» und zeichnete für die Entwürfe der Halle für die Keramikindustrie und der Zementindustrie verantwortlich – zumindest ist dies einigen Zuschreibungen zu entnehmen. Wie weit dieser Verantwortungsbereich in Tat und Wahrheit ging, ist schwer nachzuweisen. Die Zementhalle wurde bis anhin allein dem Ingenieur Robert Maillart zugeschrieben, Zeitgenossen[20] und Forscher wie Jacques Gubler und G. E. Kidder Smith[21] hingegen führen Leuzinger als Architekten an. Skizzen und kolorierte Zeichnungen aus seiner Hand zeigen, dass die Herleitung der Form durchaus eine andere als die ingenieurmässige von Maillart hätte sein können. Leuzingers Zeichnungen dokumentieren eine formale Entwicklung, eine fast gotisch anmutende Auflösung der Wand, die vom Bild einer römischen Thermenarchitektur hin zu einem reinen Parabelbogen geht.

Hans Leuzinger, Halle für die Keramikindustrie, Projektskizze, April 1938; Vorstudie, datiert März 1938.

Hans Leuzinger, Vorstudie für Zementhalle, Januar 1938; Ansicht während des Baus, 1938 – Ingenieur: Robert Maillart (Foto Wolf Bender).

Ortsplanung und Siedlungsfragen

Hans Leuzinger hatte sich immer mit grösseren Zusammenhängen beschäftigt. Die Bauten sah er in einen «Lebensraum» eingebunden, der ihre Gebrauchsfähigkeit wesentlich mitprägte und der durch Planung begriffen werden kann. In den vierziger Jahren war er für verschiedene Ortsplanungen zuständig: Bebauungsplan für Schwanden (1939), Bebauungspläne und Studien für Netstal und Glarus (1943); von 1944 bis 1946 beschäftigte er sich mit der Ortsplanung Zollikon; 1947 entstand der Bebauungsplan für Mollis und 1948 derjenige für Niederurnen (vgl. Jakob Zweifel).

Im ständigen Einsatz für die Erhaltung

Nach Abschluss der Restaurierung des Freulerpalastes wurde Hans Leuzinger 1942 Mitglied der Eidgenössischen Kommission für Denkmalpflege und blieb fünf Jahre in diesem Gremium. 1946 nahm er die Renovation des Schlosses Greifensee in Angriff. Die damalige Restaurierungspraxis wurde weitgehend von Linus Birchler festgelegt, der im Zuge vieler missverstandener Restaurierungen propagierte: «Der Bau restauriert sich im Grunde selber.» In den fünfziger Jahren engagierte sich Leuzinger erneut für die Eidgenössische Kommission für Denkmalpflege und wurde 1957 korrespondierendes Mitglied bis zu seinem Tod.

1952. Hans Leuzingers *Heimatschutzbüchlein* wurde von der Glarnerischen Vereinigung für Heimatschutz zur Feier ihres zwanzigjährigen Bestehens herausgegeben. Es hatte zum Ziel, dem Laien eine kurze Einführung in Wort und Bild in das Gedankengut des Heimatschutzes zu bieten. Auch darin vertrat Leuzinger einen ausgesprochen progressiven Heimatschutz, der sinnvolles Erhalten als Folge der guten Funktionserfüllung sah. Schönheit war für ihn primär funktional begründet und sehr weit zu fassen. Die «Schönheiten» der ganzen Talschaft Glarus sind Gegenstand des Heimatschutzes, von Menschenhand geformte Natur wie Alpweiden, Bäume, anonyme Architektur sowie wichtige Einzelmonumente und die Industriekultur.

1961. Die Frage nach dem Aussehen von Alt-Glarus hatte Hans Leuzinger seit jeher beschäftigt. Zum hundertsten Jahrestag der Brandkatastrophe übergab er den Glarnern im Kunsthaus ein in langer Arbeit rekonstruiertes Modell der Stadt Glarus vor dem Brand von 1861, das er aufgrund von Fotos, Stichen, Zeichnungen und Planmaterial hatte anfertigen lassen; das Ergebnis dieser Forschungen präsentierte er in einer vielbesuchten Ausstellung. Das Modell befindet sich heute im Gerichtsgebäude in Glarus.

Reisen

Von Leuzingers vielen Reisen, Ferienreisen, Studienreisen im In- und Ausland sind schriftliche Erinnerungen, Fotos und Skizzen und viele Aquarelle überliefert.[22] Diese oft flüchtig festgehaltenen Erinnerungen enthalten vor allem Landschaftsimpressionen, Gebäude und Denkmäler, geben Aufschluss über seine genaueren Reiseziele: Es waren bekannte Sehenswürdigkeiten, Museen, Kirchen; aber auch Wanderungen und Naturerlebnisse wurden geschildert.

Die Leuzingers verbrachten häufig Ferien im Wallis oder im Bündnerland. Grössere Ferienreisen führten sie in ganz Europa herum. Zwischen 1928 und 1931 bereiste Leuzinger mehrmals Italien (1929: Siena, Rom, Orvieto; 1931: Sizilien).

Drei Griechenlandreisen (1951, 1955, 1958) führten ihn an die Wiege der abendländischen Kultur. Auf seiner ersten Reise, 1951, hielt er fest, dass er genau hundert Jahre nach Johann Jakob Bachofen, dem Erforscher des Mutterrechtes, Griechenland bereiste, dessen Werk er kannte und das ihm wohl auch bei der Interpretation der griechischen Antike geholfen hatte: Gesehen hatte Leuzinger Tempel, Plastiken, Säulen, die das einstige Wesen des Göttlichen und das Einssein von Kunstwerk und Natur bezeugen und «weit weg von unserer mechanischen Anschauung und Vermassung»[23] sind.

In den dreissiger Jahren war Leuzinger, zusammen mit dem Bund Schweizer Architekten, bereits einmal in Skandinavien gewesen. Im Zug der Planung des Kunsthauses Glarus machte Hans Leuzinger 1950 erneut eine Skandinavienreise, die ihn in alle Museen zwischen Oslo und Stockholm führte: Uppsala, Norköping, Linköping, Malmö.

Weitere Reisen in den fünfziger Jahren führten ihn 1952 nach Spanien und Südfrankreich, 1953 in die Provence – dort besuchte er Le Corbusiers Unité d'Habitation in Marseille. Immer wieder zog es ihn nach Italien: 1954 ins Veneto, 1957 nach Neapel, Ischia und Paestum, 1965 und 1968 in die Toskana.

1955, als der Gemeindesaal in Niederurnen geplant wurde, reiste Leuzinger nach Ronchamp, um Le Corbusiers Kapelle Notre Dame du Haut zu besichtigen. In einem seiner Hefte, die Reisenotizen enthalten, finden wir einen Kommentar, der seiner Irritation aber auch seiner Begeisterung Ausdruck gibt: «Man muss alles vergessen an Gotik, Baukunst, etc. Einbruch des Barbarischen, Afrikanischen, aber wie raumbildend sind diese ... Dächer und Wände nach aussen. Der ganz einfache Raum hat unstreitig Stimmung ...» Er beschäftigte sich eingehend mit der Lichtregie des Baues und mit dem Umraum: «... mir gefällt der mit einfachen Mitteln geschaffene Aussenraum besser als das Äussere» (des Baukörpers).[24]

1951 und 1961 weilte er zweimal in England. Die Grossstadt London gefiel ihm; er war im British Museum – die ägyptische Abteilung hatte ihn beeindruckt.

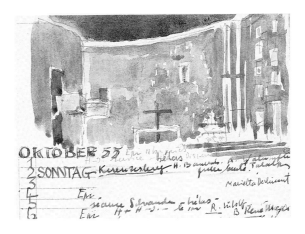

Kapelle Notre Dame du Haut, Ronchamp, Innenraum, Aquarell, «Kalenderblatt» Oktober 1955. Leuzinger zeichnete zwischen 1919 und 1971 jeden Monat ein Kalenderblatt für seine Frau.

Spätwerk

1941–1946. Die Bauten der vierziger und fünfziger Jahre brachten Klärung an allen Fronten (vgl. Ausgewählte Bauten). Eine Reihe von Aufträgen kam erneut von der Firma Therma in Schwanden. 1941 baute Leuzinger das Bürogebäude, ein städtisch wirkender Verwaltungsbau, zwei Jahre später ein Direktionswohnhaus und 1946 die Fabrikkantine. Mit dieser Kantine entstand ein typischer, rauhverputzter Massivbau mit sichtbaren Holzteilen, dessen Materialisierung durch die kriegsbedingte Zementrationierung begründet war.

1952. Mit dem Bau des Kunsthauses Glarus (1949–1952) vollzog Hans Leuzinger einen weiteren Schritt in formaler Hinsicht. Zweierlei Bauherrschaftsvorstellungen musste nachgekommen werden. Die ökonomischen und institutionellen Grundlagen dieses Kunsthausbaues bildeten einerseits der Glarner Kunstverein und andererseits der Maler und Stifter Gustav Schneeli, der durch ein Legat die Finanzierung sicherte, jedoch für seine Sammlung einen eigenen Trakt beanspruchte. Planungsbeginn war 1943 und Einweihung 1952. Dazwischen lag ein Entwurfsprozess, der ein ganzes Spektrum an Formen und Auffassungen eröffnete. Leuzingers Studien und Vorarbeiten zeigen eine breitgefächerte Auseinandersetzung sowohl was technische als auch formale Fragen anbelangt. Eine Reise des BSA, um 1930, und eine private Reise, 1950, hatten ihn in skandinavische Museen geführt. Mitgebrachte Prospekte und Fotos belegen dies. Aber viele Skizzen verweisen auch auf italienische Villen und Palazzi als Inspirationsquelle. Belichtungs- und Klimafragen liessen ihn vermehrt sich in schweizerischen Museen und Sammlungen umsehen. Resultat dieser umfassenden Bemühungen ist die zweiflügelige, klar gegliederte Backsteinanlage am östlichen Rand des Volksgartens.

1956. Eine ganz andere Formensprache wurde dem 1955/56 gebauten Gemeindesaal Jakobsblick in Niederurnen zuteil, den Leuzinger zusammen mit Hans Howald als letzten Bau in seiner Architektenlaufbahn realisierte. Der polygonale Raum und Körper am Berghang setzt sich klar ab von den bisherigen Bauten Leuzingers und markiert gewissermassen einen Endpunkt seiner architektonischen Entwicklung, der wie in einer anderen Type gesetzt ist als der vorangehende Text.

Hans Leuzinger, Rede anlässlich der Kunsthauseröffnung.

Späte Anerkennung

1964. Von Anbeginn seiner Architektenarbeit an hatte Hans Leuzinger immer auch Kenntnisse über den traditionellen Baubestand gesammelt und damit die Grundlagen für den Glarner Beitrag zu den Kunstdenkmälern geschaffen. 1964 erhielt er auf Initiative von Peter Meyer den Ehrendoktor der Universität Zürich: In der Laudatio wurde er, als Freund des ererbten Baugutes, für seine Leistung und Arbeit am überlieferten glarnerischen Kulturgut, insbesondere am Freulerpalast, am Schloss Greifensee und an seinen Vorarbeiten für die Kunstdenkmäler-Inventarisation gewürdigt. In seinem Dank an die Universität Zürich hielt Leuzinger fest, «... die grosse Anerkennung meines Schaffens ist mir ein Ansporn für meine Arbeit, deren Vollendung ich noch als Ziel vor mir habe». Es kam aber nicht mehr dazu.

1971. Hans Leuzinger starb am 21. August 1971 im Alter von 84 Jahren in Zollikon: Er hinterliess interessante moderne Architektur, die an Aktualität nichts eingebüsst hat, und er hinterliess eine Zukunftsperspektive für wertvolle erhaltene und erhaltenswürdig gemachte Kulturdenkmäler. Auch wenn er seit den sechziger Jahren nicht mehr gebaut hatte, so sah er seinen Auftrag doch bis zuletzt darin, bewährtes Überliefertes zu erhalten und authentisches Neues zu schaffen.

Hans Leuzinger.

[1] Die biografischen Fakten über Hans Leuzinger stammen aus verschiedenen Quellen; aufschlussreich waren seine schriftlich festgehaltenen Erinnerungen. Für die weitere Datensammlung bedanke ich mich besonders bei Herrn und Frau Leuzinger, Zollikon, und bei Herrn Jakob Zweifel, Zürich.

[2] Hans Leuzinger, Typoskript, *Erinnerungen*, nicht datiert.

[3] Ebenda.

[4] Ebenda.

[5] Paul Bonatz, in einem Empfehlungsschreiben vom Oktober 1911.

[6] Zitat Leuzinger, im Prospekt zur Eröffnung seines Büros.

[7] *1893–1943. 50 Jahre Ski-Club Glarus, Erinnerungen von Hans Leuzinger, Chef 3*, Glarus 1943, S. 12.

[8] Vgl. Werner Tschappu, *100 Jahre Skisport*, Glarus 1993.

[9] Zur 50-Jahr-Feier des Clubs, 1943, hielt Leuzinger einen Vortrag, in dem er seine Jugenderinnerungen ausführlich schilderte.

[10] (wie Amn. 7), S. 23.

[11] Ebenda, S. 24.

[12] Ausführung bei der Genossenschaft für Möbelvermittlung, Zürich, Basel, Biel.

[13] Stuttgarter Werkbundsiedlung, Manuskript, 1928 (siehe Schriftenverzeichnis).

[14] Vgl. Gästebuch des Hauses Uf dr Höchi.

[15] (wie Anm. 7), S. 29.

[16] Er liess sich 1955 von Architekt Jakob Zweifel ablösen.

[17] *Heimatschutz*, Nr. XXVII, 31. Mai 1932, S. 34.

[18] Gedenkrede von Pfarrer Brenk, 1971.

[19] Leuzinger in einem Brief an A. Meili vom 15. Juli 1936, Institut gta.

[20] Vgl. Werner Aebli, Nachruf Hans Leuzinger in den Glarner Nachrichten von 1971.

[21] Jacques Gubler, *Nationalisme et internationalisme dans l'architecture moderne de la Suisse*, Lausanne 1975, S. 232. G. E. Kidder Smith, *Switzerland builts*, New York/Stockholm 1950, S. 82, 83.

[22] Eine genaue Durchsicht der ungeordneten und schwer zu entziffernden Reisebeschreibungen vermöchten vielleicht mehr Aufschluss darüber zu geben, was ihn beschäftigte, was er von seinen Reisen mitgenommen hatte.

[23] Leuzinger, nach einem undatierten handschriftlichen Exzerpt.

[24] Leuzinger, in einer handschriftlichen Reiseerinnerung.

Christof Kübler
Der Widerspruch ist eingebaut

Die Ferien- und Skihausarchitektur Hans Leuzingers gehört zu den interessanten und für unseren Zusammenhang signifikanten Bauaufgaben.[1] Das Spektrum dieser Tätigkeit reichte von dem 1917 erstellten, in formaler Hinsicht sehr einfachen Jagdhaus – einer Art Urhütte – bis hin zum schnittigen, ganzjährig bewohnbaren Ferienhaus Akelei (1940). Glaubt man, dass die beiden Bauten Punkte markieren, innerhalb derer eine geradlinige, formal architektonische Entwicklung zu konstatieren sei, so stimmt dies nur unter gewissen Einschränkungen. Im einzelnen betrachtet zeigt sich diese nämlich nicht linear, sondern äusserst komplex. Weiterhin gilt es, die formale von der strukturellen Ebene zu trennen.

Hans Leuzinger, Jagdhütte 1917; Ferienhaus Akelei 1940/41 auf Braunwald.

Die erste Analyse der Bauten zeigt, dass Leuzinger grundsätzlich eine Art Koinzidenz zwischen Tradition und Moderne anhand verschiedener «Modelle» auszuloten und anzustreben versuchte.[2] Es waren dies Experimente, die um 1930 synchron angelegt, den Zwiespalt zwischen ländlicher Tradition und beschleunigter Modernisierung in den Zentren zu überwinden versuchten. Zwiespältigkeit brachte der enorme wirtschaftliche Aufschwung der Textilindustrie in der zweiten Hälfte des 19. Jahrhunderts ins Tal.

Verbunden mit einer klaren Absage an die kompensatorische, romantisierende Chalet-Architektur des ausgehenden 19. Jahrhunderts, brachte Leuzinger dieses Dilemma architektonisch auf den Nenner. Darin liegt meines Erachtens die Qualität dieser Bauten und mitunter das heutige Interesse begründet.

Der Schauplatz des Geschehens

Ort dieser Experimente sind Braunwald und Ennetberg. Es handelt sich dabei um sogenannte Berggüter, die, ursprünglich vom Talgrund her bewirtschaftet, den bäuerlichen Besitz im Tal ergänzten. Die «Berge» entstanden als Rodungsinseln an den Talhängen und auf den Böden von höher gelegenen Seitentälern im montanen Laubwaldgürtel und in dessen Übergangsbereich zum subalpinen Nadelwald.[3] Ihre landwirtschaftliche Nutzung kann ins Mittelalter zurückverfolgt werden. Die grossen Berggebiete wiesen auch Dauerbesiedlungen auf. Im Gegensatz zu den Braunwald-Bergen erfuhr der Ennetberg keine starke touristische Erschliessung im 20. Jahrhundert.

Braunwald liegt auf einer breiten Terrasse am Westhang des Linthtales hoch über den Dörfern Linthal, Rüti und Bettschwanden auf einer mittleren Höhe von 1300 Metern über Meer; das Gelände fällt nach Süden und Südosten leicht ab; gegen das Tal hin wird die Terrasse begrenzt durch steil abfallende Felswände und bergseits durch einen mächtigen Felsgürtel.

Mit der aufkommenden Industrialisierung des Glarner Talbodens im 18. Jahrhundert, verzeichnete Braunwald einen merklichen Bevölkerungsrückgang. Erst die touristi-

Braunwald, Ansicht von Süden, um 1930 (Foto Diathek Leuzinger).

sche Erschliessung der Bergwelt im 19. Jahrhundert konnte dem Ort wieder zu neuem Aufschwung verhelfen und seinen Namen ausserhalb des Tales bekannt machen.

Um das Jahr 1900 hielten Hotelbauten Einzug in die bislang ländliche, einfache Welt, und Dank gutem Klima und guter Sonnenlage entstand 1897 als Folge der Heilstättenbewegung ein grosses Lungensanatorium. Ein wichtiger Aspekt für das Hochplateau aus der Sicht des heutigen Touristikers bildete die 1907 erstellte Standseilbahn Linthal-Braunwald. Über diese Nabelschnur stand die Terrasse nunmehr in direkter Verbindung mit dem Tal. Braunwald wurde zum Ganzjahres-Ferienort.

Zur dominanten Bauaufgabe des Ortes gehörte fortan das Ferienhaus. Eine grossangelegte Untersuchung Leuzingers zur Sanierung von Braunwald, durchgeführt im Rahmen des nationalen Arbeitsbeschaffungsprogrammes der Jahre um 1940, gibt Aufschluss: Um 1920 entstanden als Vorläufer der Ferienhäuser einige Wohnbauten für Leute, die sich gesundheitshalber das ganze Jahr auf Braunwald aufhielten. Zwischen 1920 und 1940 wuchs die Zahl schliesslich von anfänglich einem guten Dutzend auf über achtzig Ferienhäuser an.[4]

Anders als die «Berge» entwickelte sich das Tal, geprägt von der starken Industrialisierung im 19. Jahrhundert. Um 1860 arbeitete beispielsweise ein Drittel der Glarner Bevölkerung in den Stoffdruckereien, Spinnereien und Webereien. Entlang der Wasserläufe entstanden grosse Textilunternehmen, die sich im «Weichbild» der Ortschaften und der Landschaften markant niederschlugen.[5] Leuzinger nahm dies zur Kenntnis und attestierte den Industriebauten aus der Sicht des Architekten Qualitäten, die er in den klaren Baumassen, dem grossen hellen Baukörper sowie den langen Reihen blitzender Fenster sah.[6]

Ein ganz anderes Bild zeichnete Leuzinger hingegen von der architektonischen Entwicklung Braunwalds: «Beim Verlassen der Bahn», schrieb er 1933, «[wird] man von einem ungeordneten Durcheinander von Zufallsbauten empfangen, so dass man sich in eine 24 Stunden alte Goldgräberstadt des wilden Westens versetzt glauben möchte».[7] Mit der touristischen Entwicklung habe alles seinen Anfang genommen; das gute Bauen im Gebirge, speziell auf Braunwald, hätte zuvor noch zur Selbstverständlichkeit gehört.[8] Besonders eine Bauform vereinigte den von Leuzinger seither diagnostizierten Missstand auf sich: das Chalet.

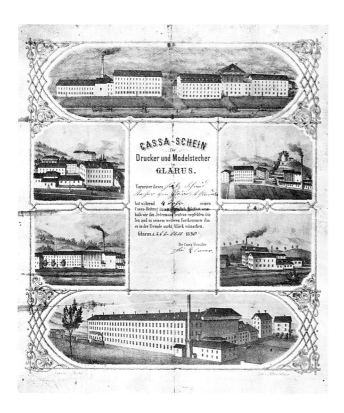

Krankenkasse-Schein, um 1865. Er zeigt verschiedene Baumwolldruck-Fabriken in Glarus.

Braunwald, beim Bahnhof, um 1930 (Foto Diathek Leuzinger).

Suche nach der verlorenen Unschuld

«Spätestens seit den sechziger Jahren [des 19. Jahrhunderts] entwickelte sich der Typus des Chalets zum unvertilgbaren Kräutlein, das die Formgebung von Bahnbauten, Festhütten und Schiessständen genauso nachhaltig prägte wie jene des privaten Wohnhauses».[9] Dieses Phänomen ist mit seinen Anfängen bereits im 18. Jahrhundert anzusiedeln.

Mit der Entdeckung der Alpenwelt, dem Berner Bauernhaus sowie dem Leitsatz «retour à la nature» aus der Feder Jean-Jacques Rousseaus, wurde bald der Boden für eine breite Rezeption des Swiss-Chalets geebnet.[10] Summarisch als Schweizerhäuschen- oder Holzstil bezeichnet, schwang sich dieser zum beliebtesten Architektur-Exportartikel hoch.

Ersten Niederschlag fand der Schweizerhäuschenstil in den Kleinarchitekturen des Landschaftsgartens im 18. Jahrhundert. Der damit verbundene Vorbildcharakter des naturbezogenen, einfachen Lebens führte bald einmal dazu, dass die Älpler zu Heroen emporstilisiert und gleichzeitig zu Staffagefiguren degradiert wurden. Darin spiegelt sich, was Gert Kähler in einem Artikel – anhand Kleists Marionettentheater – unlängst als die «Suche nach der verlorenen Unschuld» bezeichnet hat. Kleist diskutiert darin die Differenz zwischen Tänzer und Marionette, zwischen «bewusst» und «unbewusst» oder «Kultürlichkeit» und «Natürlichkeit»: «Dem unbewussten, naiven, spontanen Handeln eigne eine natürliche Schönheit, die dem anderen, dem durch das Bewusstsein gefilterten, nicht erreichbar sei; wir hätten seit dem Sündenfall die Unschuld verloren, etwas richtig im Einklang mit uns und dem Kosmos zu tun.»[11] Vor diesem Hintergrund ist es nicht erstaunlich, dass der Württembergische König, Wilhelm I., auch «König der Landwirte» genannt, 1822 von seinem Florentiner Hofarchitekten Giovanni Salucci in der Nähe von Stuttgart ein Berner Bauernhaus errichten liess. Worüber man sich hingegen wundert, ist der Umstand, dass das Haus als temporärer Königssitz in seiner Gestalt nicht einer Erfindung Saluccis entsprach, sondern, wie Hans Martin Gubler betonte, vermutlich aufgrund von tatsächlichen Bauaufnahmen entstand.[12] So betrachtet stellt Saluccis «bernisches Königshaus» innerhalb der Swiss-Chalet-Rezeption eine Ausnahme dar. Der hier vorliegende Fall einer archäologisch genauen Wiedergabe des Berner Bauernhauses ist anderweitig von Interesse und erfuhr 1844 mit der Publikation *Schweizer Architektur* von Graffenried und Stürler seine Fortsetzung. Die Suche nach allgemeingültigen Grundstrukturen, nach typologischer Entwicklung und so weiter, begründete endlich die wissenschaftliche Bauernhausforschung. Mit den Arbeiten des ETH-Professors Ernst Georg Gladbach im letzten Drittel des 19. Jahrhunderts gelangte diese zu einem Höhepunkt.[13]

Neben einer intellektuell determinierten Rezeption, in deren grösseren Umkreis auch Viollet-le-Ducs und Carl Friedrich Schinkels Varianten des Schweizerhauses anzusiedeln wären, blühte das Swiss-Chalet vor allem mit dem aufkommenden Tourismus auf. Diese Ambitionen vordergründig «ethno-orientierter» Interessengruppen am Chalet waren primär emotionaler, romantischer Natur. Für die Verbreitung des Swiss-Chalets garantierten die verschiedensten Chaletfabriken. Sie produzierten diese in Serie und boten sie im Katalog zum Kauf an. Als wichtigster und bislang bekanntester Repräsentant des Stils gilt Jacques Gros: Er hat das Chalet zu einer grossartigen «Kulissen-Architektur» verarbeitet.

Giovanni Salucci, Berner Haus in Kleinhohenheim bei Stuttgart, 1822 (im Zweiten Weltkrieg zerstört).

Inserat für Parquet-Chalet-Fabrik Interlaken, um 1900.

Kritik und Gegenentwurf

Hier setzte Hans Leuzinger mit seiner Kritik an. Anlässlich eines Vortrages im Kunstgewerbemuseum in Zürich äusserte er sich zum Chalet folgendermassen: «Es [war] die Zeit, da die modernen Transportmittel das Reisen erleichterten und die ersten Sommerfrischen von einer breiten Schicht der wohlhabenden Bevölkerung aufgesucht wurden. Das Bauernhaus wurde für diese der Inbegriff der Romantik, des mit der Scholle verbundenen Lebens. ... Findige Leute vom Baufache ... beuteten bald diese Sehnsucht des Städters geschäftlich aus, und in den Zugangsorten zu den Fremdenzentren, wie Chur und Interlaken, blühten die ersten Chaletfabriken auf. Die Architekten arbeiteten begeistert mit und die Aufnahmen, die damals der Schweiz. Ingenieur- und Architektenverein auf dem Gebiete des Bauernhauses machte, tragen auch in der Art ihrer Zeichnung diesen romantischen Zug in sich.»[14] Im wesentlichen war Leuzingers Kritik analog zur Kritik der programmatischen Modernen am Historismus. Sie widerspiegelt mitunter sein Engagement, dem aufgrund der «verlorenen Unschuld» entstandenen Manko entgegenzutreten. Aus dieser Gegenposition heraus erklärt sich schliesslich Leuzingers Programm, das ihm zum architektonischen Leitbild wird und in Architektur umgesetzt werden will. Er forderte Beachtung der alten, traditionellen Bauweise, insbesondere was deren hochstehende, handwerkliche Qualität anbelangt: Berücksichtigung ihrer Konstruktions-, Material- und Formgerechtigkeit; ferner sollte sich das gestalterische Gesetz wieder durchsetzten können, Bauten im Gebirge nach der denkbar einfachsten Form zu erstellen; allein schon deshalb, weil diese sich gegenüber dem «oft wilden ungebändigten Umriss der Bergwelt»[15] behaupten müssten. Zu guter Letzt sollte seine Beobachtung, dass die Alten ihre Bauten praktisch ohne Erdverschiebung in die Topografie zu setzen pflegten, erneut Geltung bekommen. Die Feststellung, dass jüngere Bauten auf Braunwald gefühllos und läppisch hingestellt worden seien und manche gar dastünden, als ob sie sich nach einem Spielgefährten aus dem Holzbaukasten sehnen würden, sollte nach Leuzinger entschieden der Vergangenheit angehören.[16] Die Forderung nach formaler Ablesbarkeit der Nutzung des Hauses, die als letzter Punkt notiert werden muss, gewann für ihn zusehends an Bedeutung. – Mitunter ist in diesem architektonischen Programm eine gewisse Seelenverwandtschaft mit Adolf Loos zu konstatieren, der diese 1913 in seinen «Regeln für den, der in den Bergen baut» (*Trotzdem*, 1931) formulierte.

Leuzinger legte in seinen Äusserungen Wert auf rationale, allgemeingültige Aussagen, er versuchte zumindest ansatzweise rationalistische Architektur zu generieren.[17] Zu Beginn seiner architektonischen Tätigkeit entsprach diese vor allem auf struktureller Ebene seinen gesetzten Forderungen. Formale Kriterien, wie sie bei der malerisch ambitionierten Chalet-Architektur im Vordergrund standen, waren für Leuzinger vorerst nebensächlich. Er lief damit nicht Gefahr, zum Kopisten des Tradierten zu werden, und es gelang ihm schliesslich, innerhalb der Entwicklung der Moderne, seine eigene Formensprache zu finden. Vor diesem Hintergrund – und architekturgeschichtlichen Kontext – sind Leuzingers Ferienhausbauten der Jahre um 1930 zu betrachten.

Das Ferienhaus, ein Produkt städtischer Kultur

«Eine der auffallendsten Erscheinungen des letzten Jahrzehnts ist der stetig zunehmende Zug aufs Land. Die natürliche Gegenwirkung gegen die unnatürliche Anhäufung der Menschen in den Städten beginnt sich geltend zu machen. … Man verlässt die Mietskaserne und sucht sich ein Haus vor den Toren der Stadt.»[18] Hermann Muthesius betonte 1907 in der Zeitschrift *Die Woche* zum Thema Ferien- und Sommerhaus, dass in Deutschland, im Gegensatz zu England, das Sommerhaus noch wenig verbreitet sei und sich die Sitte, übers Wochenende aufs Land zu gehen, noch nicht stark ausgeprägt habe. Darin liege der Grund, dass die neue architektonische Bauaufgabe lediglich als massstäblich verkleinerte Vorstadtvilla vorzufinden sei und schliesslich «zu jenem nichtsnutzigen, kokett schäbigen Zuckerbäckerhäuschen» verkommen sei.[19]

Adolf Behne unterstrich 1931 demgegenüber das unmittelbare Naturerlebnis als treibenden Faktor für die Bewegung. Als Vorläufer des Wochenendhauses bezeichnete er die Laube im Schrebergarten[20], denn «immer hat der Städter die Natur geliebt. Immer hat er sich hinausgesehnt aus den Steinwänden in die grünen Wälder, an die Seen und Flüsse, auf das freie Land. Und je grösser die Städte werden, je weiter die Natur vor ihnen fortrückt, desto stärker ist der Drang des Stadtbewohners, seine freien Stunden auf dem Lande zu verbringen.»[21]

Adolf Behne, «Wochenende», 1931, Umschlagbild.

Beide Positionen, die Natur als Erlebnisraum oder die Natur als «Wiederbelebungsmittel»[22], müssen im Kontext der damaligen jüngeren Stadtentwicklung betrachtet werden. Beide Autoren formulierten eine Art Stadtkritik. Die rationalen Erkenntnisse, etwa innerhalb der Hygienebewegung im 19. Jahrhundert und der damit zusammenhängenden Stadtrezeption, müssen mitunter als konstituierende Faktoren der Ferienhausbewegung in Betracht gezogen werden. Paul Artaria – als dritte Quelle – sah 1947 schliesslich die Stadtflucht als notwendigen «Gegensatz des geregelten, aber hastigen und vielfach spannungs- und freudlosen Alltags».[23]

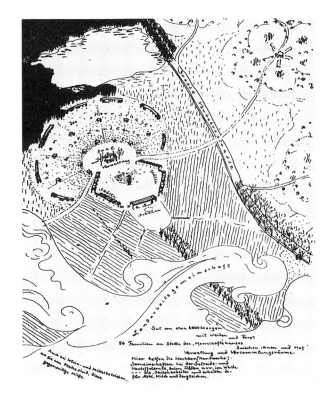

Bruno Taut, «Auflösung der Städte», 1920, Handarbeitergemeinschaft.

Le Corbusier, Seite aus «La ville radieuse», 1934.

Dem von Muthesius, Behne und Artaria beschriebenen Drang aufs Land standen Bestrebungen entgegen, die Stadt zu verländlichen. Man denke nur an Ebenezer Howards Gartenstadt oder an Bruno Tauts *Auflösung der Städte* (1920)[24]: Landarbeitergemeinschaften nehmen gar die organische Form eines Löwenzahns mit Stengel, Blütenkorb und Samenkugel an. Im Zeichen städtischer Reformstrategien steht auch Le Corbusiers gigantischer Versuch, das Zentrum von Paris zu «biologisieren» – ein Versuch der Synthese von Stadt und Land.[25]

Hans Leuzinger ahnte 1907, als er das Sonderheft der Zeitschrift *Die Woche* zum Thema Sommer- und Ferienhäuser als junger Architekturstudent in Stuttgart kaufte, wohl kaum, dass ihn Jahre später das Thema derart stark beschäftigen sollte.

Remedur: die Häuser auf dem Ennetberg

Ende der zwanziger Jahre baute Leuzinger auf dem Ennetberg drei Häuser: 1926 die Skihütte Elmerberg für den Skiclub Glarus[26], dessen «Chef» er damals war, 1929 das Ferienhaus Stockbüchel für Alex Spelty und im gleichen Jahr für den Glarner Ständerat Joachim Mercier das Pächterhaus Grossberg.

Bei den Häusern Elmerberg und Stockbüchel handelt es sich um einfache Rundholzstrickbauten mit asymmetrisch angesetzten, giebelständig zum Tal stehenden Satteldächern und einem im wesentlichen aus dem Einraumhaus entwickelten Grundriss. Charakteristisch sind im weiteren die ins Hausvolumen integrierten Veranden, über die jeweils die Erschliessung der Häuser erfolgt. Beim Berghaus Grossberg handelt es sich demgegenüber um einen Kantholzstrickbau, ebenfalls eingedeckt mit einem Satteldach. Im Obergeschoss des Berghauses liess sich der Bauherr eine Ferienwohnung einrichten, die über die Laube im Annexbau erschlossen wird. Das Erdgeschoss bewohnte der Bergbauer.

Alle drei Häuser wirken auf den ersten Blick moderat und traditionsgebunden: Es sind Bauten mit einfachem Ausbaustandard und formalen Analogien zur ländlichen Bautradition. Prinzipiell erfüllen sie den von Muthesius geforderten, funktionalistischen Aufgabenkatalog: Hinsichtlich des Raumprogrammes ist ein grosser Allgemeinwohnraum mit ruhigen Ecken und Winkeln vorzusehen, wohin sich Familienmitglieder zurückziehen können; zum unabdingbaren Bestandteil gehörte darüber hinaus eine genügend grosse Veranda; und schliesslich sollte das Ferienhaus möglichst viele Schlafzimmer aufweisen. Von diesen Kriterien wich Adolf Behne um 1930 nicht wesentlich ab.[27] Was die formale Ausgestaltung der bislang «kokett schäbigen Zuckerbäckerhäuschen» betraf, schlug Muthesius vor: «Statt der Prätention der *Villa* sollte eher ein Anschluss an die Motive der ländlichen Bauüberlieferung gesucht werden»; er plädierte für eine formal freizügige, dennoch regionale Einbindung des Ferienhauses: «Vor allem ist ein einheitliches grosses Dach erwünscht, das sofort jenen behäbigen, zum Unterschlupf einladenden Eindruck macht, den wir mit dem Begriff des Wohnlichen verbinden.»[28] Behne hingegen enthielt sich formaler Vorgaben gänzlich. In seinem Büchlein *Wochenende* bildete er zwar nicht ausschliesslich programmatisch moderne Ferienhäuser ab, lieferte aber auch keinen Hinweis dafür, dass sich diese etwa an der ländlichen Bauüberlieferung zu orientieren hätten. Für letzteren hatte die Skihütte Elmerberg jedenfalls Beispielcharakter genug, um sie in seiner kleinen Anthologie des Ferienhauses abzubilden. In der Legende kommentierte Behne: «Eine solche Hütte stellt andere Anforderungen, sie ist sozusagen ein Gemeinschaftswochenendhaus: Hier braucht es viele Tische und Hokker, viele Schlafstätten, Raum für grossen Betrieb. Einfach und praktisch alles, freundlich und einladend aussen und innen.»[29]

Für den Innenraum forderten beide den primitivsten Ausbau und eine Möblierung in allereinfachster Form. «Wie man seine Tagesausflüge nicht im Gehrock und Zylinder macht», sagte Muthesius, «so sind die aus der Stadt übertragenen Louis-Seize-Möbel im Sommerhaus stilwidrig.»[30] Und es sei wirklich an der Zeit, den «Stilmanövern einer wildgewordenen Fassadenkunst»[31] abzuschwören.

Hans Leuzinger, Skihütte Elmerberg 1926 und Ferienhaus Stockbüchel 1929, beide auf den Ennetbergen (Foto Schönwetter, Glarus).

Soweit der zeitgenössische Kommentar zum Ferienhaus. Für das bessere Verständnis von Leuzingers Bauten muss der Rahmen noch enger gesteckt werden. Mit seiner Biografie ist sein grundsätzliches architekturhistorisches Interesse verknüpft (vgl. Jürg Davatz). Daneben kommt Leuzinger um 1910 während seines Studiums an der Königlichen Technischen Hochschule in Stuttgart mit dem von Durth charakterisierten, heimatnahen, behutsamen Traditionalismus in Berührung, der sich durch tastende Modernität auszeichnete; man denke an Theodor Fischer und Paul Bonatz.[32] So erstaunt es nicht, dass Leuzinger 1909 im Büro der Architekten Streiff und Schindler in Zürich ein Praktikum absolvierte und nach seinem Studienabschluss in Stuttgart sich zusätzlich für eine über einjährige Zeitspanne verpflichtete. Die Arbeiten dieses Büros, die nach Rebsamen und Stutz Architektur und Denkmalpflege im Zeichen des Heimatschutzes vereinigten[33], gehören zu den wichtigen Werken der Heimatschutz-Bewegung. Erwähnt sei das Volkshaus in Zürich, das salopp als Variation zu Theodor Fischers Pfullinger-Hallen (1905) betrachtet werden kann und an welchem Leuzinger während seines Praktikums in Zürich gearbeitet hatte. Beispielhaft zeigt dieses einen freien Umgang mit einerseits klassizistischer Hochsprache und andererseits heimatlichem Dialekt. Das weit über die «Ohren» gezogene, mächtige Krüppelwalmdach mit integrierter Loggia steht neben grosszügiger Arkadenstellung, klassizistischen Fenstern, zentral plaziertem Rednerbalkon und mächtigem Treppentambour.³⁴ Rückblickend schreibt Leuzinger 1950 über Streiff und Schindler: «Beide ... gehörten einer jungen Generation an, die in Abkehr von einer allzu akademisch erstarrten Schule sich begeistert einem Bauen zuwandte, das seine Wurzeln wohl in der Tradition hatte, diese aber mit den Anforderungen des modernen Lebens zu verbinden suchte und blossen Schein vermied.»³⁵ Wie auch immer, die Ausbildung in Stuttgart, die Arbeit in Zürich haben Leuzinger geprägt. Im folgenden interessiert uns nun speziell die Frage nach der Umsetzung dieser «Prämissen» in den angesprochenen Bauten auf dem Ennetberg und auf Braunwald.

Streiff und Schindler, Volkshaus, Zürich, 1907-1910 (Foto Baugeschichtliches Archiv Zürich).

Theodor Fischer, Pfullinger-Hallen, 1905.

Der Widerspruch wird eingebaut

Bei der Frage nach dem formalen, regionalen Bezug dieser Häuser, muss differenzierter argumentiert und notwendigerweise interpretiert werden. Leuzinger erstellte die Häuser Elmerberg und Stockbüchel in ländlichem, handwerklich betontem Rundholzstrick³⁶ und kommentierte: «Das ist alles klar und zweckmässig, folgerichtig, nichts wird vorgetäuscht, so wie es sich aus Material und Konstruktion ergibt. Es ist ein von Grund auf gesundes Bauen. Von keinen falschen Vorbildern beeinflusst, will es nicht mehr scheinen, als es ist.»³⁷ Und zum Ferienhaus Stockbüchel meinte er: «Mit nichts anderem als mit den alten Materialien und Bauweisen, wie sie früher dem Bergzimmermann zur Verfügung standen, ist die Aufgabe gelöst.»³⁸ Es mag wohl vorwiegend diese ausgerichtete Lesart hinsichtlich Material-, Konstruktions- und Formgerechtigkeit gewesen sein, die Peter Meyer 1931 bewog, das Februarheft der Zeitschrift *Werk* zum grossen Teil den Bauten Leuzingers zu widmen. Dass Meyer darüber hinaus in demselben Heft Bücher von und über Adolf Loos rezensierte, war wohl kein Zufall. Die gleichen Gründe bewogen 1936 Paul Artaria, Leuzingers Bauten in sein Kompendium *Schweizer Holzhäuser* aufzunehmen.³⁹

Leuzingers pragmatische Erklärungen vermögen seine architektonische Gestaltung kaum ausreichend zu erklären. Schon gar nicht, will man glauben, dass die Materialwahl und die Konstruktionsart eine zufällige, nur auf Einfachheit bedachte gewesen sei. In der Tat: Das Glarner Bauernhaus wurde nur als Kantholzstrick erstellt. Den Rundholzstrick benutzte man nur für Stallscheunen.⁴⁰ Dennoch verwendete Leuzinger für seine Ferienhäuser – in Abweichung etwa zur Jagdhütte von 1917 – die typologisch fremde Konstruktionsart. Man kann einwenden, dass sich darin der erfrischend freie Umgang mit der Tradition manifestiere. Man kann dieses Vorgehen aber durchaus programmatisch verstehen, hinsichtlich seiner eben zitierten Kritik am Swiss-Chalet. Eine Art

Reformhäuser also? Zumindest im Sinne eines auf dem Handwerk beruhenden expressionistischen Ideals. Die expressiv geneigten Verandastützen bei der Skihütte Elmerberg, oder die eigentümlich, mäandrierte Gestaltung der Fensterzone im Bereich des Erdgeschosses beim Ferienhaus Spelty mit direktem Ausblick auf die Veranda unterstützen diese These; und nicht weniger die auf der Stirnseite formal stark hervortretenden Pfettenköpfe der Fussbodenbalken. So gesehen müssten diese Ferienhäuser – die provinzielle Verspätung miteinbezogen – wohl dem weiteren Umfeld der Architektur des Expressionismus zugeordnet werden. Der Vergleich mit dem Sommerfeld-Blockhaus soll nicht überstrapaziert werden, dennoch – die expressive Note in Leuzingers Schaffen ist vorhanden.

Mit den beiden Häusern scheint Leuzinger Modelle zu evozieren, deren Innovation vor allem auf einer strukturellen Ebene liegt. Das Hüttchen Elmerberg wirkt nicht zuletzt wegen der bewusst eingesetzten Konstruktionsart sowie Materialbearbeitung «provozierend» urtümlich – für eine Skihütte, die nur temporär genutzt wurde, eine adäquate Form. Das Ferienhaus Stockbüchel demgegenüber atmet tiefer durch. Mehrere architektonische Elemente bilden moderne «Stolpersteine». Der Einfluss der Bauherrschaft auf die Projektierung ist offensichtlich. Verschiedene Entwurfsstudien belegen, dass Leuzinger die architektonischen Vorstellungen seines Auftraggebers, die in «Bildern» manifest waren, integral in seinen Entwurfsprozess einbezog und umsetzte. Mit anderen Worten, er interpretierte den Bauherrn.

Wohl in Übereinstimmung mit Peter Meyer hatte Leuzinger im kleinen Büchlein *Moderne Architektur und Tradition* (1927) folgendes markiert: «Ebenso ist da, wo eine wirklich lebendige Beziehung den Bauherrn an die Tradition knüpft, diese Tradition eine Komponente, der der Entwurf Rechnung tragen muss, genauso gut wie den klimatischen oder finanziellen Gegebenheiten, und so kann es im besondern Fall gerade die traditionsverbundene Lösung sein, die den modernen Grundsätzen nach vorurteilsloser Befriedigung der gegebenen Bedürfnisse entspricht, während es altmodischer Formalismus wäre, wollte man dem Bauherrn in diesem Fall moderne Einzelformen aufschwätzen, von deren Richtigkeit er nicht überzeugt ist.»[41]

Im Zusammenhang mit dem Ferienhaus Stockbüchel hatte Leuzinger eine Vielzahl verschiedener Vorschläge ausgearbeitet, angefangen bei einer Variante seines eigenen Ferienhauses, mit abgewinkeltem Grundriss, über an Tessenow erinnernde Entwürfe mit einer über zwei Stockwerke reichenden Veranda, abgestützt mittels feinst proportionier-

Hans Leuzinger, Skihütte Elmerberg auf Braunwald, 1926, Veranda.

Walter Gropius/Adolf Meyer, Haus Sommerfeld, Berlin-Lichterfelde, 1920/21.

ter, schlanker Pfeiler, bis hin zu rustikaleren «Ponderosa-artigen» Vorschlägen. Alle bislang erwähnten Varianten waren mit Pultdach eingedeckt. Die letzten ausgearbeiteten Entwürfe nahmen wieder entschiedener Bezug auf sein eigenes Ferienhaus. Schliesslich schienen noch zwei Möglichkeiten aufgrund der Planunterlagen zur Ausführung zur Wahl gestanden zu haben. Beide mit ähnlicher Grundrisslösung. Doch, die «Architektenvariante» sollte ein Pultdach bekommen, die «Bauherrenvariante» war ausgerüstet mit einem Satteldach.

Hans Leuzinger, Pächterhaus Grossberg, Braunwald, 1929, Ansicht und Sitzplatz bei der Feuerstelle, Grundrisse: Obergeschoss (Ferienwohnung), Erdgeschoss (Pächterwohnung).

Das Berghaus Grossberg stellt in dieser Reihe insofern eine Ausnahme – oder ein weiteres Modell – dar, als es sich prinzipiell um ein Pächterhaus für einen Bauern handelte, in dem der Bauherr und Besitzer Joachim Mercier eine Wohnung im zweiten Obergeschoss herrichten liess. Waren die Nutzungen der oben angesprochenen Häuser klar dem Bereich Freizeitkultur zuzuordnen, so stellte sich für Leuzinger hier die Aufgabe, sowohl ein Bauernhaus als auch ein Ferienhaus in einem einzigen Bau zu verbinden: Auf der einen Seite stand Joachim Mercier, aus kulturell städtischem Umfeld, auf der anderen Seite der Pächter, sozialisiert in betont einfacher, ländlicher Umgebung. Der schliesslich realisierte Bau ist in der für Bauernhäuser der Region üblichen Kantholzstrickbauweise erstellt. Das Erdgeschoss mit der Pächterwohnung ist mit sprossenunterteilten Flügelfenstern und mit Klappläden versehen. Klar sichtbar sind die Vorstösse der Konstruktion. Das Obergeschoss hingegen, welches der «Städter» und Jurist Joachim Mercier temporär bewohnte, erhielt für die Befensterung des Wohnraumes nichtunterteilte Schiebefenster und mächtige, in einer Schiene geführte Schiebeläden. Die Ecksituation wird betont, die Strickbauweise, ähnlich wie beim Ferienhaus Stockbüchel, im Bereich des Fensterbandes unterbrochen. Auf den zweiten Blick erst sind die Nutzungsunterschiede zwischen Städter und Bauer ablesbar, und zwar am Grad der technischen und formalen Innovation; das Haus ist «in seinem Ausbau etwas den städtisch zivilisierten Ferienbewohnern angepasst», betont die *Schweizerische Bauzeitung*.[42] Diese Sowohl-als-auch-Architektur wird dort offensichtlich, wo der traditionelle Baukubus angeknackt und durch die expressiv inszenierte Erschliessung der Ferienwohnung aufgeweicht wird.

Eine formale Steigerung zeigt sich im Ferienhaus Fuhrhorn, das Leuzinger im Jahre 1930 für den Glarner Industriellen Dr. H. Schaeppi auf Braunwald realisierte. Die Ausgangslage war eine ähnliche wie beim Haus Stockbüchel. Auch hier liegen diverse Entwurfsvarianten vor. Das Resultat liegt schliesslich auf einer kleinen Anhöhe, ist im Grundriss abgewinkelt und mit einem flach geneigten Satteldach eingedeckt. Der Fachwerkbau besitzt eine geschuppte, sägerohe Schalung. Die rucksackartig aufgesetzte Dachterrasse zeichnet dieses Haus aus. Gleichzeitig zeigt sie die Grenzen auf von Leuzingers Koinzidenzbestreben zwischen Tradition und Moderne. Die «luftige und lustige Sonnen- und Aussichtsterrasse» (Artaria)[43], wurde auf nachdrücklichen Wunsch des Hobby-Astronomen Schaeppi erstellt. Die Inszenierung der Dachterrasse, die jüngst abgebaut worden ist, ging wohl weit über dessen Wunsch hinaus. Über eine schmale Treppe gelangte man von der Erschliessungszone im hinteren Teil des Hauses auf die Terrasse. Der Luftraum über der Treppe gab sich nach aussen hin als einfache flache Kiste zu erkennen. Die Treppe fiel am Dachansatz bündig mit der aufgehenden Fassadenflucht zusammen. Eine Tür führte hier auf das überhängend konstruierte Zwischenpodest. Über drei weitere Stufen gelangte man endlich auf die Terrasse, die von einer Bretterbrüstung mit breitem, hölzernen Handlauf geschlossen war. Eine Holzskelettkonstruktion fixierte und rahmte teilweise den hier oben sich öffnenden Rundblick in die Landschaft. War bei den Häusern auf dem Ennetberg die moderne Nutzung als tastender, wenngleich nicht weniger gut ablesbarer Architektureinschluss ersichtlich, so scheint Leuzinger beim Ferienhaus Fuhrhorn nunmehr einen Angriff auf die Grossform zu testen und lässt weder die Dachlandschaft, noch den Kubus in seiner rektangulären Grundrissdisposition bestehen.

Hans Leuzinger, Ferienhaus Fuhrhorn, Braunwald, 1930 (Foto Schönwetter, Glarus).

An der Form scheiden sich die Geister

«Die aufdringlich sich gebärdende Nachahmung alter Bauformen fällt viel eher ins Auge und vermag den unvorbereiteten Beschauer mit ihrer Überbetonung von Schmuck und Zierteilen zu verführen. Es ist viel schwerer, einen Gegenstand ohne Ornament aus Material und Zweck heraus schön zu gestalten», reflektierte Leuzinger seine Haltung zu gestalterischen Fragen.[44] Seine «Werkbund-Philosophie» kam bislang mehr auf der strukturellen und weniger auf der formalen Ebene zur Sprache. Die Suche nach der richtigen Form blieb dennoch virulent: Sie fand in einem zeichnerischen Weihnachtsgruss seiner Freunde Sasha und Ernst Morgenthaler – eingetragen ins Hüttenbuch 1927 – ihren Niederschlag; sie zeigt sich besonders auch in seinem Vortrag über die Weissenhofsiedlung in Stuttgart. Vor dem Hintergrund seiner Ausbildung erstaunt dies. Paul Bonatz, sein ehemaliger Professor an der Königlichen Technischen Hochschule in Stuttgart, hatte die Weissenhofsiedlung kurz zuvor einer vehementen Kritik unterzogen, sie als blosse Mode, «unsachlich, kunstgewerblich und dilettantisch» bezeichnet.[45] Damit erteilte er der radikalen Berliner Architektenschaft um Mies van der Rohe, welche die Siedlung ante portas im Auftrag des Deutschen Werkbundes errichtete, eine klare Absage.

Le Corbusier, Siedlung Pessac, 1925.

Bonatz favorisierte zwar diejenige Ausbildung, die den Studenten jederzeit erlaubte, die fortschrittlichen Richtungen der Zeit führend mitzumachen, betont Durth, und die besondere Wirkung der Schule habe darin gelegen, keine Dogmen zu lehren.[46] Die Fähigkeiten zur Improvisation und Anpassung an wechselnde Aufgabenstellungen hätten im Vordergrund gestanden. In Anbetracht des grossen Erfolges der Weissenhofsiedlung und der namhaften internationalen Beteiligung wurde Bonatz von seiner eigenen Devise aber eingeholt.[47] Was dieser 1927 ablehnte, war das Bekenntnis der radikalen Modernen, sich vorerst einmal von allen Traditionen und landschaftlichen Bindungen loszusagen. Mit der radikalen Architektenvereinigung Der Ring (1926), die 1928 zu den CIAM (Congrès Internationaux d'Architecture Moderne) überleitete, war die Kampfansage an die Stuttgarter Schule eingeleitet. Der proklamierten Sicherung handwerklicher und gestalterischer Traditionen, der Beschaulichkeit bürgerlicher Wohnkultur sowie dem landschafts- und bodengebundenen Bauen waren jetzt Reformprogramme eines bedürfnisgerechten Massenwohnungsbaus gegenübergestellt.[48] Die Auseinandersetzungen um die Weissenhofsiedlung brachten die zunehmende Polarisierung innerhalb bestimmter Fragestellungen ans Licht. Der Zwiespalt zwischen Tradition und beschleunigtem Modernisierungswillen konnte nicht kaschiert werden. Eindrücklich zeigen dies Beobachtungen zum Flachdachstreit. Doch schon um 1930 kann dieser nicht mehr losgelöst vom politischen Klima und der zunehmenden Wirtschaftskrise betrachtet werden.[49] Zu den Protagonisten der konservativen, nationalsozialistisch orientierten Kräfte gehörten vorweg Paul Schultze-Naumburg. Die Schweiz stand in dieser Ausrichtung mit Alexander von Senger in nichts nach. Mit dem Büchlein *Krisis der Architektur* (1928) begann dieser seine heftige Tirade gegen die vermeintliche bolschewistische Unterwanderung der Moderne.[50]

Leuzinger nahm nun gerade die Stuttgarter Siedlung zum Anlass, die aktuellen Strömungen in der Architektur auch intellektuell zu betrachten. Sachlich äusserte er in einem Vortrag, dass die Bauten der Siedlung im Kampf um die ästhetische Geltung der neuen Baukunst viel Annerkennung, aber auch viel Ablehnung erfahren hätten. «Alles scheint auf den Kopf gestellt! Begeisterten wir uns bis vor Kurzem an einem von Hand

Ernst Morgenthaler, Glückwunsch zum Neubau Uf dr Höchi, 1927.

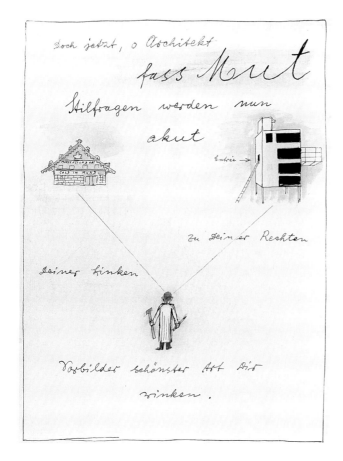

geschmiedeten reichen Gitter, so sehen wir heute dasselbe ersetzt durch ein fittingverbundenes Rohrgeländer, die reich profilierte Haustüre weicht dem glatten Sperrholz, das altväterische Giebeldach, kaum wieder in seine Rechte gesetzt und durch den Heimatschutz zu Ehren gezogen, erhält einen gefährlichen Konkurrenten im Flachdach.»[51] Für diese seiner Ansicht nach notwendigen Veränderungen führte Leuzinger einen Katalog breit abgestützter, sozio-kulturell bezogener Gründe an: Die Entwertung des Geldes, soziale Einflüsse, aber auch die enorme Entwicklung der Industrie und Technik würden die Architekten und gestalterischen Kräfte herausfordern. Ziel der Stuttgarter Ausstellung sei es gewesen, diese «Kräfte» zu vereinen. Leuzinger verwehrte sich auch gegen eine lediglich formal angebrachte Kritik an der Weissenhofsiedlung und betonte besonders die strukturellen Belange, die zu solcher Gestalt geführt hätten: «Ich für meinen Teil bekenne, dass mir das Problem nicht weniger künstlerisch erscheint, je einfacher ein Objekt wird, desto sorgfältiger sind Form, Linienführung und Farbgebung zu überlegen. Die Zurückführung eines Bauteiles auf seine einfachste Form ist schwieriger als das Bekleben derselben mit Ornamenten.»[52]

Abschliessend nahm Leuzinger zu einzelnen Bauten anhand von Diapositiven[53] Stellung. Beispielsweise erklärt er den Zuhörern die Häuser Le Corbusiers zuerst über den Grundriss, dann über das Material und schliesslich über die Form: «Alles kistenhafte des gewohnten rechtwinkligen Raumes ist hinweggenommen, der alte Raumbegriff ist zerstört, seitlich, hinten, oben öffnen sich zellenartig die Arbeits-, Schlaf- und Kochräume, zum Teil nicht einmal durch hohe Wände gegeneinander abgeschlossen, eine Fülle von Licht flutet herein. ... Die Materialien: Eisen, Glas, Beton, Linoleum, getünchte Wände. Der Beton ist ihm so sehr das typische Material unserer Zeit, dass er nicht zögert auch das eingebaute Möbel aus ihm zu erstellen. ... Der Dachgarten (ein Postulat der Grossstadt) bildet das Entzücken aller Besucher. Die Eisenbetonblenden schneiden höchst reizvolle Bilder aus der Landschaft. ... Das Äussere, der getreue Ausdruck des Innern ... ist von eigenartiger Wirkung. Da Untergeschoss und Kellerräume nur einen Teil der ganzen Grundfläche einnehmen, dehnt sich der Garten bis unter den Bau aus. Das Ganze erhält dadurch etwas unwirklich Romantisches, ein enges Verwachsen von Garten und Haus ist erreicht. Für mich», betont Leuzinger vor den versammelten Gewerblern, «ist in diesen klaren Gliederungen und im Spiel der Licht- und Schattenflächen eine neue Schönheit entstanden.»[54]

Leuzinger nahm die Position der radikalen Modernen ein, wenngleich er diese für sich nicht bis zum äussersten umsetzte, und hielt den Kritikern entgegen, dass die handwerklichen Interessengruppen (Dachdecker, Schreiner usw.) umlernen müssten, wie dies bei kulturellen und gesellschaftlichen Veränderungen zu allen Zeiten der Fall gewesen sei. Spätestens hier zog Leuzinger seinen Grundsatz, dass die Reform der Architektur auf handwerklicher Basis zu geschehen habe, in Zweifel. Leuzinger vollzog den Schritt, den auch das Bauhaus einige Zeit zuvor gemacht hatte, vom Weimarer handwerklich orientierten, hin zum Dessauer industrieorientierten Bauhaus. Behne war um 1930 Realist genug, um zu erkennen, dass beispielsweise das individuellen Ansprüchen gehorchende Ferienhaus für die breite Bevölkerungsschicht ein Luxusgegenstand bleiben musste. Die einzige mögliche Alternative sah er im seriell hergestellten und im Warenkatalog angebotenen Wochenendhaus, ja, er traute der Bauaufgabe Ferienhaus die Chance zum Massenartikel zu. Er plädierte damit für eine Produktionsart, die gerade im verbrämten Chaletbau bereits sehr entwickelt gewesen war. Festgehalten sei lediglich, dass an der Ausstellung zum «Land- und Ferienhaus» in Basel 1935 das vorfabrizierte und in Serie produzierte Ferienhaus eine wichtige Stellung einnahm, und dass Hans Leuzinger dort mit einer für serielle Produktion vorgesehenen, transportablen Ski-Hütte vertreten war (vgl. Ausgewählte Bauten).[55]

Moderne Form als Konsequenz

In seiner aufklärerischen, zugleich pädagogischen Art richtete sich Leuzinger in einem weiteren Vortrag erneut gegen den Chaletstil.[56] Er hob hervor, dass der Heimatschutz schon früher diesem Malheur entgegengetreten sei und der eingeschlagene Weg, eine ehrliche Anknüpfung an die alte heimische Bauweise, zur Verbesserung der desolaten Architektursituation geführt habe. So konnten mitunter Bauten entstehen, die Kraft ihrer guten Proportionen und ihrer material- und handwerksgerechten Ausführung gute Wirkung erzielt hätten.

«Im Bündnerland», beispielsweise, «hat vor allem Nicolaus Hartmann eine reiche und weithin befruchtende Tätigkeit entfaltet. In seinen Bauten nimmt er mit grossem Feingefühl die alte heimische Engadinerbauweise wieder auf. ... in zahlreichen Bahn- und Kraftwerkbauten zeigt sich sein Verständnis und seine Freude für handwerkliche Qualitätsarbeit. Man könnte allenfalls einwenden», fährt Leuzinger kritisch fort, «dass seine Bauten oft ihren Zweck nicht verraten, eine Umformerstation sieht aus wie ein mächtiges Hospiz- oder Klostergebäude, man könnte sich die Mönche vom grossen St. Bernhard hinter solchen Mauern hausen denken. Aber die Kritik verstummt vor der Liebe zur Baukunst und Heimat, die aus seinen Bauten spricht, vor seinem Lebenswerk, begonnen in einer Zeit der übelsten Bausünden, vor der Bedeutung, die ihm als Wegbereiter gesunden Bauens zukommt.»[57]

Sehr gelungen fand Leuzinger die Mittelstation Seegrube der Nordkettenbahn bei Innsbruck von Franz Baumann. Besonders schätzte er deren einfache Gliederung wie auch die geschickte Anwendung des Daches; das Pultdach werde konsequent hinübergeführt in die Schräge der offenen Strecke; die ganze Anlage sitze zudem vertrauenserweckend wie ein Bergsteiger auf der Bergkante, der seinen Kameraden am Seil sichere, die eisenbeschlagenen Schuhe tief in den lockeren Rasen eingestemmt.[58] Aufgrund der starken regionalen Anleihen attestierte er dieser Architektur Nähe zum Heimatschutz. Die Aussage Leuzingers ist heute weniger in der Grossform der Anlage, als in der Detailausführung nachvollziehbar.

Dann jedoch sprach Leuzinger endlich den alles entscheidenden Punkt an. Es sei eben der Städter, der das Ferienhaus verlange. Warum also, argumentiert er, solle dieses nach heimischer Tradition wie ein Bauernhaus aussehen? Zwar räumte er der Verwendung der traditionellen Form eine gewisse Berechtigung ein, zumal sie auch bei seinen eigenen Bauten miteinfliesst, doch hält er gleichzeitig fest: «Dieser Weg der traditionellen Bauform [ist] nicht der einzige und nicht der allein richtige. Das alte Holzhaus ist das Haus des Bergbauern, der es in vielen hundert Jahren für seinen Gebrauch entwickelt hat, mit den beschränkten Mitteln, die ihm zur Verfügung standen.»[59] Das Ferienhaus soll sich also von den traditionellen Formen unterscheiden: «Wir finden eine leise

Nicolaus Hartmann, Hotel La Margna, St. Moritz, 1906/07 (Foto Eidgenössisches Archiv für Denkmalpflege, Bern).

Typisches Engadinerhaus mit Erker, Zernez.

Franz Baumann, Nordkettenbahn, Mittelstation Seegrube, Innsbruck, um 1930.

Komik darin, wenn wir den Berliner oder Frankfurter in seiner Sommerfrische in den bayrischen Alpen in den Kniehosen mit dem Federhütel einhergehen sehen, ganz ähnlich erscheint mir unwahr, wenn wir in unseren Ferienhäusern nur das alte Bauernhaus nachahmen und vor lauter Butzenscheiben und Spinnrocken, geschnitzten Buffets nicht mehr schnaufen können.» [60] Leuzingers Position widersprach jetzt derjenigen von Muthesius. Adolf Loos hingegen hätte dem zugestimmt: «Drücke dich nicht absichtlich auf ein niedriges niveau herab, als auf das du durch deine geburt und erziehung gestellt wurdest. Auch wenn du in die berge gehst. Sprich mit den bauern in deiner sprache.»[61]

Im Jahre 1927 – gleichzeitig mit dem Weissenhof und nur ein Jahr nach dem Bau der Skihütte Elmerberg – entstand nun sein erstes, formal modernes Ferienhaus Uf dr Höchi (vgl. Ausgewählte Bauten).

Leuzinger setzte bei diesem Bau seine Haltung formal erstmals vollumfänglich um. Die neue, klar ablesbare und deshalb adäquate Form zeigt die Nutzung als Ferienhaus. Die grossformatigen Schiebefenster sind programmatisch eingesetzt. Die Fachwerkkonstruktion mit Jalousieverschalung, eine Innovation in dieser Gegend, entspricht der Forderung nach Konstruktions-, Material- und Formgerechtigkeit. Der Bau unterscheidet

Hans Leuzinger, Ferienhaus Uf dr Höchi, Braunwald, 1927.

Le Corbusier, Doppelwohnhaus, Siedlung Weissenhof, Stuttgart, 1927, Blick von der Dachterrasse.

sich klar vom Bauernhaus; er wurde in einer denkbar einfachen Volumetrie ausgeführt und sehr sensibel in die vorgefundene Topografie gesetzt. Richard Heyken beschrieb das Haus als ein von innen heraus geformtes, das viele Gedanken der «neuen Wohnung» umsetze: «Helligkeit, eindringlich-ruhige Gesamtstimmung, klare ungegliederte Wandflächen, innigsten Kontakt der Räume mit Landschaft und Leben der umgebenden Natur». Das Haus stünde auf der Seite des Fortschritts, wenngleich es, so räumt er ein, «ein wenig dem Grosskampfplatz um die neue Form entrückt [erscheint]».[62]

Einen folgerichtigen Abschluss innerhalb Leuzingers Ferienhausarchitektur bildet 1940 der Bau für Peter Tschudi, einem Bauherrn, der sich gegenüber der Moderne sehr aufgeschlossen verhielt. Dieser Bau zeigt einen formal zunehmend freieren Umgang mit der Tradition, dem Bautyp, und der Topografie auf (vgl. Ausgewählte Bauten). Leuzinger gelingt es, den Baukörper kubisch plastisch durchzubilden und findet damit *seine* neue Schönheit, die er auf der Weissenhofsiedlung bei Le Corbusier so sehr bewunderte. Das Ferienhaus zeigt, dass Leuzinger seine anfänglich eher strukturell bedingte, moderne Haltung nunmehr auch konsequent auf den formalen Aspekt hin ausweitet. Der Bau setzt sich formal ab und ist doch unwiderruflich Bestandteil dieses Ortes. Fand Leuzinger hier für die zu Beginn dieses Aufsatzes angesprochene «verlorenen Unschuld» Ersatz?

Hans Leuzinger, Ferienhaus Uf dr Höchi, Braunwald, 1927, Blick aus dem Wohnzimmer.

Le Corbusier, Doppelwohnhaus, Siedlung Weissenhof, Stuttgart, 1927.

Schluss

Lässt man die Bauten Leuzingers für die betrachtete Zeitspanne nochmals Revue passieren, so fällt auf, dass er sowohl was die Typologie als auch was die formale und konstruktive Ausgestaltung betrifft, verschiedene Formen und gar Mischformen verwendet hat. Je nach Konstellation und Gewichtung der konstituierenden Elemente durch den Architekten und Bauherrn sind synchron Bauten – vom traditionell verhafteten, mit Satteldach eingedeckten Blockbau bis hin zum verschalten, kubisch durchgestalteten und mit flachem Pultdach versehenen Fachwerkbau – entstanden.

Prima vista präsentiert sich dem Betrachter eine Architektur, die man als gemässigt modern, «unprogrammatisch» bezeichnen würde. Erst auf den zweiten Blick wartet sie aber mit einigen Überraschungen auf. Anhand verschiedener Entwurfsphasen Leuzingers lässt sich leicht die «Diskrepanz» zwischen der anfänglichen Idee des Architekten und dem schliesslich realisierten Bau erkennen, mit andern Worten, auf struktureller Ebene bleiben sich die Bauten ähnlich, während sie auf formaler Ebene doch klare Differenzen zeigen. Meist gehen letztere auf das Konto des Auftraggebers. Dennoch, zu Zerwürfnissen kam es nicht. Die Resultate zeigen vielmehr das Agieren des Architekten innerhalb des regional begrenzten, durch ungleichzeitige, sozio-kulturelle Entwicklungen geprägten Spannungsfeldes auf. Seine Bauten transportieren in der Form, im Material oder in der Konstruktion die Auseinandersetzung mit dem sozialen, regionalen und topografischen genius loci. Dieses Ausloten, das auch eine Interpretation des Bauherrn vornimmt, besitzt insofern «programmatischen» Charakter, als er alle diese Faktoren konstituierend in den Entwurf einfliessen liess.

Der von seiten einer radikalen, bisweilen dogmatischen Moderne solchem Vorgehen etikettierte Makel anbiedernden Verhaltens gegenüber der Bauherrschaft wie gegenüber der eigenen architektonischen Idee, steht somit nicht zur Diskussion. Leuzingers Bauten intrigieren vielmehr gerade durch die konsequenterweise entstehende Widersprüchlichkeit. Wiederum bringt dies Leuzinger selbst in einem Vortrag auf den Nenner: «Giebelhäuser, einseitige Pultdächer, Bauten mit flachem Dach rangieren friedlich nebeneinander unter meinen Beispielen für gute Bauten im Gebirge. Es ist für mich heute gar kein Kernpunkt des Streites mehr, ob Flachdach oder Giebeldach das Richtige sei, und noch ferner liegt es mir, im einen eine besonders gut schweizerische, im andern eine bolschewistische Angelegenheit zu sehen.»[63] Es sind aber gerade die so provozierten und eingebauten Widersprüche, die letztendlich nicht zum Primat erklärt wurden und aus welchen sich infolgedessen auch keine Strategie entwickelte. Vielmehr wurde infolge der veränderten sozio-kulturellen und sozio-politischen Situation der eingebaute Widerspruch ausgebaut. Die Mitte der dreissiger Jahre von den radikalen Modernen in der Schweiz eingenommene Position, namentlich im Umkreis der Freunde des Neuen Bauens, glich sich jener Leuzingers an und umgekehrt. Viele Moderne unterstrichen nunmehr nicht das manifesthafte, utopische Moment, wie noch in den ausge-

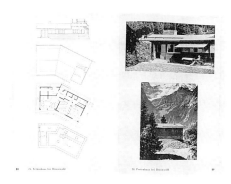

henden zwanziger Jahren, sondern gingen an die praktische Umsetzung der entworfenen Konzepte. Die neue Gangart manifestierte den Wechsel von der Herzerweiterungsphase zur Phase der «Kontraktion», wie dies Roland Ruffieux treffend formulierte.[64]

Zeugnis dieser Entwicklung legte die nur kurze Zeit erscheinende Zeitschrift *weiterbauen* (1935/36) ab.[65] Die Polarisierung der Architekturszene in ein modernistisches und traditionalistisches Lager wurde namentlich unter den veränderten politischen und wirtschaftlichen Bedingungen aufgeweicht. Konzentration der Kräfte galt als Schlagwort. In diese Entwicklung wurden die progressiven Kräfte des traditionellen Lagers miteinbezogen. Eine Resolution aus dem Jahre 1935 versuchte beispielsweise, «vertraglich» eine Art Zusammenarbeit zwischen den Freunden des Neuen Bauens und den Heimatschutzverbänden zu regeln (vgl. Wohlleben).[66]

Der eingebaute Widerspruch als «Strategie» hatte sich spätestens zu diesem Zeitpunkt ausser Kurs gesetzt. Welches Lager man nämlich auch betrachtet, immer ist es die einheitlich homogene Lösung, die angestrebt wird. Dass der Ensemble-Gedanke just zu der Zeit eine Konjunktur verzeichnete, dass auf nationaler Ebene die Landesplanung ins Leben gerufen wurde, ist vor diesem Hintergrund nicht erstaunlich. Ein Bauernhaus neben einem Bau der Moderne musste für den Heimatschutz wie für die Modernen zur «Horrorvision» werden. Nicht zufällig, ist man versucht zu konstatieren, bildete Paul Artaria 1936 in seinem Büchlein *Schweizer Holzhäuser* das Ferienhaus Fuhrhorn ohne besagten «Widerspruch» ab.[67]

Hans Leuzinger, Ferienhaus Akelei für Peter Tschudi, Braunwald, 1940/41.

Paul Artaria, Doppelseite aus «Schweizer Holzhäuser», 1936.

---

[1] Das Thema «Bauen in den Bergen» ist in jüngerer Zeit verschiedentlich thematisiert worden. Vgl. Luzi Dosch, *Die Bauten der Rhätischen Bahn*, Chur 1984. «...der in den Bergen baut», archithese, Heft 6, 1986. Isabelle Rucki, *Das Hotel in den Alpen*, Zürich 1989. *Hotelarchitektur in den Alpen, 1920–1940*, Katalog, Sexten 1989. Besonders: *Carlo Mollino baut in den Bergen*, Katalog, Basel 1991. *Neues Bauen in den Alpen*, Sexten 1992. In Vorbereitung: Joachim Moroder und Benno Peter, *Hotelarchitektur. Bauten und Projekte für den Tourismus im alpinen Raum, 1920–1940*. – Das Thema ist vom Verfasser jüngst auch im Rahmen einer Lehrveranstaltung an der Universität Zürich aufgegriffen worden. In diesem Zusammenhang sei allen Studentinnen und Studenten für die anregenden Diskussionen gedankt, im speziellen Fredi Doetsch für die kritische und konstruktive Durchsicht des vorliegenden Textes.

[2] Die Bauten Hans Leuzingers auf Braunwald sind an der Eidgenössischen Technischen Hochschule (ETH) in Zürich verschiedentlich zu Studienzwecken herangezogen worden. Erwähnt sei die Diplomwahlfacharbeit von Erika Schläpfer und Monika Stöckli, 1990 (nicht publiziert).

[3] Vgl. Jost Hösli, *Die Bauernhäuser des Kantons Glarus*, herausgegeben von der Schweizerischen Gesellschaft für Volkskunde, Bd. 3, Basel 1983, S. 11.

[4] Hans Leuzinger, *Bauliche Sanierung von Hotels und Kurorten: Braunwald*, (vgl. Schriftenverzeichnis), S. 3; vgl. weiter: ders., «Braunwald», in: Armin Meili (Hrsg.), *Bauliche Sanierung von Hotels und Kurorten*, Zürich 1945, S. 87ff.

[5] Vgl. Jürg Davatz, «Handel und Industrie», in: ders., *Geschichte. Glarner Heimatbuch*, Glarus 1980. Zu den Trockentürmen der Glarner Textildruckereien, vgl. Jürg Davatz, «Hänggitürme» im Glarnerland. Bedeutungslose Abbruchobjekte oder erhaltenswerte Kulturdenkmäler? (Erw. Separatdruck aus *Glarnerland/Walensee 1986*), Glarus, o.J.

[6] Vgl. Hans Leuzinger, *Das Glarnerland. Ein Heimatschutzbüchlein*, hrsg. von der Glarnerischen Vereinigung für Heimatschutz, Glarus 1952. Im weiteren: ders., «Ein Gang durch das zukünftige Heimatmuseum im Freulerpalast» (vgl. Schriftenverzeichnis).

[7] Vgl. Hans Leuzinger, «Altes und neues Bauen auf Braunwald» (vgl. Schriftenverzeichnis), S. 7.

[8] Ibid., S. 1.

[9] Stanislaus von Moos, *Industrieästhetik*, Ars Helvetica, Bd. 11, Disentis 1992, S. 225. Vgl. weiter Othmar Birkner, «Einführung», in: *Der Weg ins 20. Jahrhundert* (Ausstellungskatalog), Winterthur 1969, S. 10.

[10] Vgl. Luzi Dosch (wie Anm. 1), S. 129ff.

[11] Gert Kähler, «Regionalismus ist kein Stil. Versuch der Annäherung an einen Begriff, der sich im Verlauf der Untersuchung als untauglich erweist», in: *Bauwelt*, Heft 7/8, 1986, S. 231. Vgl. im weiteren Alan Colquhoun, «Kritik am Regionalismus», in: *Werk, Bauen + Wohnen*, Heft 3, 1993, S. 45–52.

[12] Hans Martin Gubler, «Ein Berner Bauernhaus für den König von Württemberg», in: *Unsere Kunstdenkmäler*, Heft 4, 1979, S. 382.

Zum «Schweizer Holzstil», vgl. Othmar Birkner, *Bauen + Wohnen in der Schweiz 1850–1920*, Zürich 1975, S. 189ff., ferner Jacques Gubler, *Nationalisme et Internationalisme dans l'Architecture Moderne de la Suisse*, Lausanne 1975, S. 24ff., sowie neuerdings Florens Deuchler, *Kunstbetrieb*, Ars Helvetica, Bd.2, Disentis 1987, S. 156ff.

[13] Vgl. u. a. Graffenried/Stürler, *Schweizerische Architektur*, 1844. E. G. Gladbach, *Die Holz-Architectur der Schweiz*, Zürich/Leipzig 1885.

[14] Hans Leuzinger, «Bauernhaus und Chalet von heute» (vgl. Schriftenverzeichnis), S. 14f.

[15] Vgl. Hans Leuzinger (wie Anm. 7), S. 5.

[16] Ibid., S. 9.

[17] Behne versucht meines Wissens als Einziger, die weitgehend und vermeintlich als homogene Entwicklung rezipierte Moderne nach Kriterien wie funktionalistisch und rationalistisch zu gliedern. Vgl. dazu Adolf Behne, *Der moderne Zweckbau*, München 1926.

[18] Hermann Muthesius, «Sommer- und Ferienhäuser», in: *Sommer und Ferienhäuser aus dem Wettbewerb der Woche*, Berlin 1907, S. VII.

[19] Ibid., S. VIII. Adolf Behne lehnt 1931 ebenfalls den Villen- und Repräsentationscharakter des Ferienhauses ab. Vgl. ders., *Wochenende und was man dazu braucht*, Schaubücher 26, Zürich/Leipzig, 1931, S. 10.

[20] Vgl. Adolf Behne (wie Anm. 19), S. 9.

[21] Ibid., S. 5.

[22] Hermann Muthesius (wie Anm. 18), S. VII.

[23] Paul Artaria, *Ferien- und Landhäuser/ Weekend- and Country-Houses*, Erlenbach/ Zürich 1947, S. 12. Als wichtigste Vertreter, neben dem Schwedischen Dichter Carl Larsson (Das Haus in der Sonne, 1898) führt Artaria Heinrich Tessenow für die Zeit vor dem Ersten Weltkrieg, und Le Corbusier sowie Frank Lloyd Wright für die Zwischenkriegszeit an.

[24] Vgl. Bruno Taut, *Die Auflösung der Städte oder Die Erde eine gute Wohnung*, Hagen 1920.

[25] Vgl. u. a. Stanislaus von Moos, «Stadtutopien der Moderne. Le Corbusier, Bruno Taut», in: *Funk Kolleg Moderne Kunst. Studienbegleitbrief 6*, Hamburg 1990, S. 49–87, sowie Kristiana Hartmann, *Deutsche Gartenstadtbewegung. Kulturpolitik und Gesellschaftsreform*, München 1976. Als «Prototyp» der modernen Stadtentwicklung, in Zusammenhang mit hygienistischen Bestrebungen, sei auf Davos verwiesen, vgl.: Christof Kübler, «Der Sonnenstadt entgegen», in: *Werk, Bauen + Wohnen*, Heft 1/2, 1993, S. 14–22.

[26] Vgl. hiezu: Werner Tschappu, *Der älteste Ski-Club der Schweiz jubiliert. 100 Jahre Ski-Club Glarus*, Glarus 1993, S. 111–140.

[27] Adolf Behne (wie Anm. 19), S. 10f.

[28] Hermann Muthesius (wie Anm. 18), S. VIII.

[29] Adolf Behne (wie Anm. 19), S. 15.

[30] Hermann Muthesius (wie Anm. 18), S. VIII.

[31] Ibid., S. X.

[32] Werner Durth, *Deutsche Architekten. Biographische Verflechtungen 1900–1970*, Braunschweig/Wiesbaden 1986, S. 42.

[33] Vgl. Hanspeter Rebsamen und Werner Stutz, *INSA, Inventar der neueren Schweizer Architektur 1850–1920*, Bd. 4, Bern 1982, S. 428.

[34] Zum Volkshaus in Zürich, vgl. neuerdings: Susanne Eigenheer, *Bäder, Bildung, Bolschewismus. Interessenkonflikte rund um das Zürcher Volkshaus 1890–1920*, Zürich 1993.

[35] Hans Leuzinger, «Gottfried Schindler-Bucher», in: *Schweizerische Bauzeitung*, Bd. 68, 1950, S. 676, zit. nach: Hanspeter Rebsamen und Werner Stutz (wie Anm. 33), S. 428.

[36] Ein hinsichtlich Konstruktion und Material analoges Ferienhaus realisierten Von der Mühll und Oberrauch auf Davos Clavadel.

[37] Vgl. Hans Leuzinger (wie Anm. 7), S. 4.

[38] Ibid., S. 12.

[39] Vgl. *Werk*, Heft 2, 1931, sowie Paul Artaria, *Moderne Schweizer Holzhäuser*, Basel 1936, sowie ders., (wie Anm. 23). Selbst im letztgenannten Büchlein nimmt Artaria die Skihütte Elmerberg als Beispiel auf.

[40] Vgl. Jost Hösli (wie Anm. 3), S. 45.

[41] Peter Meyer, *Moderne Architektur und Tradition*, Zürich 1927.

[42] Vgl. *Schweizerische Bauzeitung*, «Glarner Berg- und Ferienhäuser», Heft 11, 1933, S. 130.

[43] Vgl. Paul Artaria (wie Anm. 39), S. 18.

[44] Hans Leuzinger (wie Anm. 6), S. 12.

[45] Paul Bonatz, in: *Schwäbischer Kurier* vom 26. Mai 1926, zit. nach: Werner Durth (wie Anm. 32), S. 51.

[46] Werner Durth (wie Anm. 32), S. 48.

[47] Ibid., S. 43.

[48] Ibid., S. 54.

[49] Vgl. Richard Pommer, «The Flat Roof: A Modernist Controversy in Germany», in: *Art Journal*, Vol. 43, Nr. 2, 1983, S. 158–169. Im weiteren: Christof Kübler, «Das Flachdach: bei Freunden und Feinden das populärste Symbol des Neuen Bauens», in: *Unsere Kunstdenkmäler*, 1990, Heft 4, S. 435–448.

[50] Alexander von Senger, *Krisis der Architektur*, Zürich 1928. Eine «Replik» auf von Senger von Peter Meyer: «Krisis der Architektur», in: *Schweizerische Bauzeitung*, 1929.

[51] Hans Leuzinger, «Die neue Wohnung im Lichte der Stuttgarter Werkbundausstellung 1927» (vgl. Schriftenverzeichnis), S. 2.

[52] Hans Leuzinger (wie Anm. 51), S. 15.

[53] Das Abbildungsmaterial wie auch einzelne Angaben entnimmt Leuzinger: *Bau und Wohnung*, Hrsg. Deutscher Werkbund, Stuttgart 1927.

[54] Hans Leuzinger (wie Anm. 51), S. 20f.

[55] Vgl. «Sonderheft zur Ausstellung Land- und Ferienhaus in Basel», in: *Schweizerische Bauzeitung*, Heft 21, 1935, S. 245.

[56] Hans Leuzinger, «Das Bauen im Gebirge» (vgl. Schriftverzeichnis).

[57] Hans Leuzinger (wie Anm. 56), S. 10f. Zu Nicolaus Hartmann: Kristiana Hartmann, «Schutz und Trutz, Heimatschutzarchitektur in Graubünden», in: *archithese*, Heft 6, 1989, S. 62–68. Im weiteren: Luzi Dosch (wie Anm. 1); Isabelle Rucki (wie Anm. 1).

[58] Hans Leuzinger (wie Anm. 56), S. 11.

[59] Vgl. Hans Leuzinger (wie Anm. 7), S. 13.

[60] Vgl. Hans Leuzinger (wie Anm. 56), S. 12.

[61] Adolf Loos, «Regeln für den, der in den Bergen baut» (1913), in: ders., *Trotzdem*, unveränderter Nachdruck der Erstausgabe 1931, Wien 1982, S. 120.

[62] Heyken fasst in seiner Beschreibung das Haus zum Sonnenhügel und Leuzingers Ferienhaus auf Braunwald zusammen; vgl: Richard Heyken, «Zwei Häuser in den Bergen», in: *Die Pyramide*, Heft 10, 1928/29, S. 315.

[63] Hans Leuzinger (wie Anm. 56), S. 18.

[64] Vgl. Roland Ruffieux, «Die dreissiger Jahre oder die Schweiz auf dem Prüfstand», in: *Dreissiger Jahre Schweiz, Ein Jahrzehnt im Widerspruch*, Zürich 1982, S. 46.

[65] *weiterbauen*, herausgegeben von den Freunden des Neuen Bauens, 1935/36, als Beilage zur *Schweizerischen Bauzeitung*.

[66] Vgl. *weiterbauen* (wie Anm. 65), sowie ebenda: Ernst F. Burckhardt, «Heimatschutz und Neues Bauen», Heft 6, 1936, S. 41f.

[67] Vgl. Paul Artaria (wie Anm. 39), S. 88f.

Adolf Max Vogt
Das Kunsthaus Glarus: eine Alternative zu Le Corbusier

Eine der übermütigsten Zeichnungen, die je ein Architekt skizziert hat, betrifft Le Corbusiers Selbsteinstufung seiner Villa Savoye in den Rahmen der europäischen Baugeschichte. Eine Art von Wandtafel-Demonstration. Eine schematisierte Landschaft mit wellenförmigen Hügeln zeigt drei berühmte Bautypen, zum Teil in Wiederholung: den antiken Säulentempel, die mittelalterliche Kathedrale und den Dom der Renaissance (Florenz ist erkennbar). Und für die Moderne? Schlicht und einfach das eigene Meisterstück von 1928 bis 1930, die Villa Savoye in Poissy. Auch sie taucht mehrmals auf, ist also nicht etwa als extrem luxuriöses Einzelstück zu verstehen. Diese Meinung, dass auch die Villa Savoye als Serienleistung zu betrachten sei, ist im übrigen durch Zeichnungen belegt, welche einen ganzen Wohnpark mit Savoye-Typen vorsieht.

Zurückhaltend und schweigsam ist Le Corbusier oft gewesen, aber bescheiden war er nie – jedenfalls nicht nach dem Entdeckungs- und Berufungserlebnis vom 9. Mai 1911, das durch Ferdinand Hodlers Gemälde «Der Auserwählte» ausgelöst wurde.[1]

Ärgerlich mag für manchen sein, dass er in seinem Grössenwahn recht behält, und zwar von heute aus gesehen womöglich noch deutlicher als damals. Die Villa Savoye ist nicht nur der geglückte Transport der Villa Rotunda des Palladio hinauf ins 20. Jahrhundert (auch das war Le Corbusier durchaus bewusst, und er erwähnt Palladios berühmtesten Bau mehrmals im Baubeschrieb der *Œuvres complètes*) – sie ist mehr. Nämlich so etwas wie die körperliche Verdichtung der Lebensutopie der Moderne. Die Bestätigung, dass dieser Bau auf den (damals noch) weiten Wiesen über dem Flusstal der Seine tatsächlich so wirkte, kann man an der Fernwirkung ablesen. Eine davon führt zum Beispiel tief hinein ins sowjetische Russland: Die Geburtsstadt von Lenin, Uljanowsk, entschied sich beim Bau der Lenin-Gedenkstätte, die zugleich Museum ist, für eine mehr als offensichtliche Savoye-Kopie.[2]

Le Corbusier, Villa Savoye, 1929. Foto und Zeichnung.

Le Corbusier, Zeichnung, undatiert.

Leningedenkstätte in Uljanowsk, 1968. Modell und Schnitt.

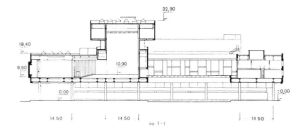

Die neue Arbeitsteilung zwischen Tragen und Lasten

Für Le Corbusier waren die Durchbrüche zur Moderne, wie sie von Gropius und Mies, Mart Stam und Hugo Häring, Hans Schmidt und Hannes Meyer veranstaltet wurden, wichtig und richtig. – Aber nicht unerschrocken genug. Das «Leichter machen», das sie allesamt im Auge hatten – getreu übrigens der grossen französischen Ingenieurschule des 19. Jahrhunderts, von Henri Labrouste bis Gustave Eiffel – genügte Le Corbusier nicht. Was für die französischen Ingenieure das leichte, durchsichtig gewordene Gitter gewesen war (kulminierend im Eiffelturm), das sollte nun für die modernen Architekten die leichte, dünnwandige, teilweise durchsichtige «Schachtel» sein, «la boîte».

Selbstverständlich hat der westeuropäische Drang auf das leichte Gitter hin und auf die leichte «Schachtel» hin ganz wesentlich zu tun mit neu entwickelten Konstruktionsmaterialien. Die Stufen vom Gusseisen zum Stahl waren für die Gitter der Ingenieure die Voraussetzung; die Ausbildung der Betontechnik zum armierten oder Eisenbeton wiederum war die Vorbedingung für die neuartigen «Schachteln» der Architekten. Der Eisenbeton macht eine neue Arbeitsteilung zwischen Tragen und Lasten möglich. Einerseits ermöglichte er vielgeschossige Skelette, die nicht nur die Zimmerwände, sondern sogar auch die Aussenwände von jeglicher Tragleistung befreiten. Sie wurden zu Vorhangswänden gegen aussen und zu frei verschiebbaren Wänden im Innern. Die einstige Mauer wurde dadurch zu einer kartonartigen Scheibe, oder, falls gewölbt, zu einer Eierschale, mit entsprechend veränderten physikalischen Stärken und Blössen.

Bis hin zu dieser neuen Physik durch neuartiges Material waren sich alle aufgeschlossenen Architekten der Generation Le Corbusiers einig. Doch er selbst, Le Corbusier, der die Kartongebilde genauso eifrig zu entwerfen begann wie viele seiner Kollegen, konnte sich noch nicht beruhigen. Er wollte nicht die «boîte», er wollte die «boîte en l'air», wie er das nannte, also die «Schachtel in der Luft».

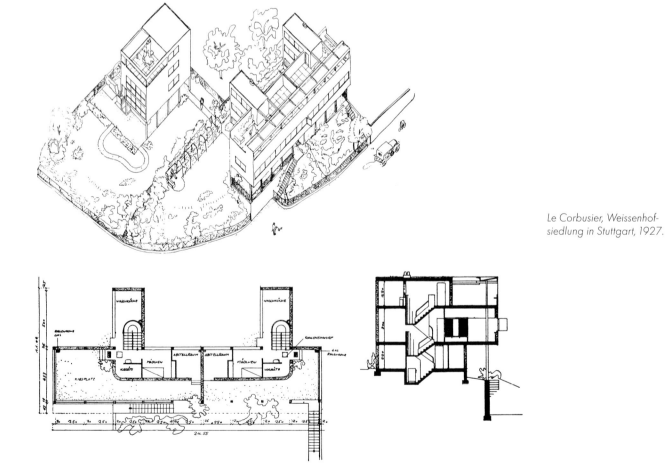

Le Corbusier, Weissenhofsiedlung in Stuttgart, 1927.

In den beiden Bauten für die Siedlung Weissenhof-Stuttgart (1927) hat er diese Forderungen beinahe erreicht. In der Villa Savoye in Poissy dann (1928) entstand der Anschein eines vollen «Abhebens» der Schachtel: sie war auf dünne, nicht mehr säulenartige Stützen gestellt, sogenannte Pilotis (Pfähle). Eine im Erdgeschoss dennoch vorhandene Garage und Chauffeurwohnung und Treppe war derart geschickt kaschiert und gefärbt, dass die meisten Besucher aus der Fernsicht sie übersahen. Ein schwebendes Raumschiff von einem Haus!

Häuser auf Stelzen, das ist es, was Le Corbusier von den anderen Modernen unterscheidet. Das war die Provokation, die sich mit seinem Namen verband. Leichter ist zu verstehen, wie das damals wirkte. Weniger leicht dagegen zu erkennen, woher und weshalb sich der Architekt nicht nur ermächtigt fühlte, sondern geradezu missionarisch gezwungen sah, dieses (scheinbare) Abheben, diese «en l'air» gegen alle Widerstände stets von neuem zu fordern. Und zwar bis zum (bitteren oder doch gloriosen) Ende. Denn noch das letzte Projekt, über dem er starb, ein Spital für Venedig, ist ein Projekt auf Stelzen, diesmal nicht über dem Erdboden, sondern über der Wasserfläche der Lagune.

Woher also dieser «Stelzenzwang», der ihn so viele Attacken kostete, aber auch der Auslöser wurde zu enormer Bewunderung? Man wird eine frühe Erfahrung, ein Jugenderlebnis geltend machen müssen, um einen plausiblen Grund zu finden für so viel Einzelgängertum und hartnäckigen Traum – doch dafür ist hier nicht der Ort.

Was soll die «boîte» in den Bergen?

Und was soll da erst noch die «boîte en l'air»? Diese Doppelfrage hat kaum einer so ernst genommen und so gründlich reflektiert wie der Glarner Architekt Hans Leuzinger, der von 1931 an sowohl in Glarus wie in Zürich ein Entwurfsbüro unterhielt.

An dem Tumult der Kontroversen um die Moderne nahmen viele teil, und endlos schien (von heute aus) das Gerede über «Flachdach oder Giebeldach»? Nur wenigen ging das Problem so tief unter die Haut, dass sie es Jahrzehnte mit sich trugen, immer neue Antworten suchten und schliesslich eine überzeugende Alternative zustande brachten.

Zu diesen wenigen gehört Hans Leuzinger. Im Jahre 1927 besuchte er die Stuttgarter Siedlung Weissenhof, damals vierzig Jahre alt – das heisst genau so alt wie sein künftiger Irritierpartner Le Corbusier. Denn beide sind sie 1887 geboren, beide in den Bergen übrigens, Leuzinger in Glarus auf 472 Metern über Meer, Le Corbusier (Ch. Ed. Jeanneret) in La Chaux-de-Fonds, Kanton Neuenburg, auf 991 Metern über Meer.

Leuzinger war derart beeindruckt vom Weissenhof, dass er kurze Zeit später einen Vortrag hielt vor dem Glarner Gewerbeverein. Der Text (vgl. Schriftenverzeichnis) ist erhalten: ein Muster klarer, stellenweise luzider fachmännischer Reflexion, die zum Schluss führt, der Berufsmann stehe vor einer Wende, die bereits eingeleitet sei, und er habe diese ernst zu nehmen, sich auf sie einzustellen.

Der Glarner Vortrag ist das erste Signal einer langen Auseinandersetzung, doch es dauert ziemlich genau ein Vierteljahrhundert, bis Leuzinger die Chance bekommt, seine Antwort an den Herausforderer Le Corbusier zu entwerfen und zu bauen. Diese Antwort heisst: Kunsthaus Glarus. Es ist am 31. März 1952 eingeweiht worden.

Der übliche Traditionalist beharrt auf dem unverändert Alten, attackiert das Neue, verteufelt es womöglich – obwohl in unserem Falle des Neuen Bauens immerhin eindeutig neuartige Materialien bereitlagen, die nicht nur neuartige Konstruktionsmethoden, sondern auch billigere Herstellungsprozesse versprachen. Gewichtige Argumente!

Weil Hans Leuzinger, wie der Glarner Vortrag erweist, diese Zusammenhänge beim Besuch der Weissenhof-Siedlung sogleich voll erkannte, kam für ihn die Rolle des eben beschriebenen simplen Traditionalisten nicht in Frage. Er war also bereit zu lernen –

aber auch zu verteidigen. Diese Doppelbewegung, die ihn von den damaligen Grabenkriegen deutlich und konsequent unterscheidet, ist der Anlass für das heutige erneute Interesse an Leuzingers Lebenswerk.

Vereinfachend gesagt: Leuzinger ging auf eine bestimmte, allerdings zentrale Forderung aus dem Programm Le Corbusiers ein – um ihm dann zu widersprechen. Die Forderung betraf die «grandes formes primaires», die «Elementarformen der Geometrie», auf die der Architekt zurückgehen müsse, wenn er überhaupt je die Würde seines Berufes wiedererlangen wolle. Jedermann kennt Le Corbusiers Skizze vom Alten Rom, in der er zeigen will, dass selbst die römische Antike bei ihren enormen Bauvorhaben stets die Grundform von Würfel und Quader, Pyramide und Kegel, Zylinder und Kugel auf der Netzhaut behalten hätte – sofern man einmal vom Zusatz der Ornamentik absieht. Diese Forderung nach Reduktion auf geometrische Grundform, die man wohl besser als Intensivierung der geometrischen Bewusstheit und Präsenz bezeichnet, hat Hans Leuzinger nicht nur überzeugt, sie hat ihn auch begeistert.

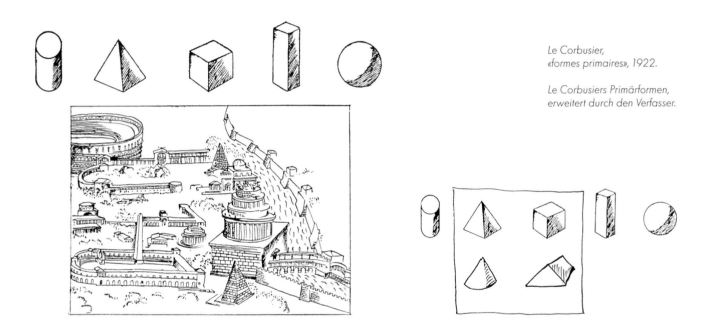

Le Corbusier, «formes primaires», 1922.

Le Corbusiers Primärformen, erweitert durch den Verfasser.

Und genau hier beginnen nun originale Konzeptionsschritte, die ihn schliesslich zur Alternativlösung führen. Er analysiert nicht das antike Rom, sondern seine eigene Umgebung, die Bergdörfer und Bergstädte, auf ihren geometrischen Grundgehalt hin. Er sieht überall das geneigte Dach und anerkennt es, weil es zwar nicht die einzige, aber doch eine sehr brauchbare Form ist, um die enormen Belastungen durch alpine Regenphasen und monatelange Schneebelastung zu bewältigen. Er fragt sich – und hätte dies je ein simpler Traditioneller überhaupt gefragt? –, wie denn die «grande forme primaire» des alpinen Giebelbaus aussehe? Er reduziert sodann die vorkragende Traufseite auf ein Minimum und sieht einen gedrungenen Körper, bestehend aus Quader und Prisma vor sich. Leuzingers Addition des Prismas, übrigens, zu den fünf corbusianischen Elementarkörpern hinzu, welches Argument könnte sie verbieten? Da die Pyramide akzeptiert ist, müssten logischerweise auch Kegel und Prisma zusätzlich akzeptiert werden. Leuzinger ergänzt und verwandelt demnach mit denselben Spielregeln, die Le Corbusier seinem eigenen Spiel zugrunde gelegt hat.

Mit anderen Worten: Leuzinger stellt der mediterranen «Urzelle» Le Corbusiers eine alpine «Urzelle» gegenüber – und hat damit etwas ebenso Naheliegendes wie Verblüffendes unternommen. Denn wer sonst ausser ihm, in der Bautätigkeit der Alpenländer, von Nizza, Turin und Grenoble bis Salzburg, Klagenfurt und Graz, hat etwas Ähnliches versucht?

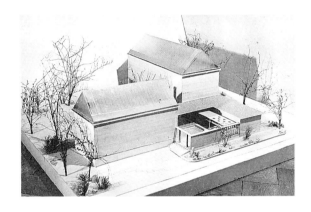

Hantwerksinstitutet in Stockholm (Postkarte aus der Sammlung Hans Leuzingers).

Hans Leuzinger, Kunsthaus Glarus, 1951/52. Foto und Modell, um 1950.

Gewiss, einen Museumsauftrag bekommt nicht jeder, und eine Alternativlösung kann nur dann gedeihen, wenn die Baugattung einen besonderen Grad an Freiheit zulässt.

Doch Leuzinger hat sich diese Freiheit etwas kosten lassen. In Reisen nach Skandinavien, wo er zu Recht eine aufgeweckte und intelligente Verarbeitung der nun nicht mehr ganz so neuen Botschaft des Neuen Bauens vermutete, hat er Neubauten besucht, vorab Museen natürlich. Von den Dokumenten, die er nach Hause brachte, zeige ich ein Beispiel, das Hantwerksinstitutet in Stockholm. So etwas, meine ich, ist damals der ausgewogene und zugleich gediegene Kompromiss gewesen zwischen den Fronten des Neuen und des Alten. Einen Quader auf Pilotis, doch nun schwer, nicht leicht, keine «boîte en l'air» – aber gleichzeitig eben doch gediegen. Denn der Glanz des Handwerks und des Backsteins, sie leuchten wieder auf, mit vergessenen uralten Mustern, die man nur anrühren muss, um sie gleich wieder lebhaft zu spüren. Wir sagen zum Stockholmer Bau: warum denn nicht? Die Ernüchterung nach dem fabulösen Jahrzehnt 1920–1930 musste ja kommen, erst recht nach der Katastrophe des Zweiten Weltkrieges, und hier fasst ein schwedischer Architekt zusammen, was er damals von beiden Fronten für dauerhaft hielt.

Mit diesem «Warum denn nicht?» hat sich Leuzinger nicht begnügt. Er vereint die ursprünglich geforderten Bereiche (einerseits die Sammlung des Kunstvereins, andererseits die Sammlung Gustav Schneeli und drittens eine Biologische Sammlung), aber nicht unter demselben Dach. Er hat die «Urzelle» nun gefunden, und er will sie dadurch bewusster machen, dass er sie in zwei getrennten Gebäuden wiederholt. Diese beiden Gebäude – der Haupttrakt und der Schneeli-Trakt – werden rechtwinklig gegeneinander abgesetzt und verschieden hoch bemessen, doch sie sagen zweimal dasselbe: der im Oberteil fensterlos ebenflächige Quader geht beide Male fast nahtlos in die Glasgiebel der Oberlichtbeleuchtung über. Was wiederum Quader und Prisma als Einheit erscheinen lässt. Eine andersartige «Urzelle», die wir aber spontan als «gleichursprünglich» einstufen (um ein Wort des deutschen Historikers Ranke zu zitieren). Gleichursprünglich mit dem, was Le Corbusier als «grandes formes primaires» deklariert hat.

Hans Leuzinger, Kunsthaus Glarus, 1951/52.

[1] Sambal Ölek kann in seinem Buch über Le Corbusier überzeugend nachweisen, dass der damals 24jährige Jeanneret auf einer Deutschlandreise dieses Erwählungs-Erlebnis gehabt haben muss. Vgl. ders. (Andreas Müller), *Jünglingserwachen*, Glattbrugg-Zürich 1990, S. 12f.

[2] Vgl. hierzu: Adolf Max Vogt, «Das Schwebe-Syndrom in der Architektur der zwanziger Jahre», in: Katharina Medici-Mall (Hrsg.), *Das architektonische Urteil*, Basel/Boston/Stuttgart 1989, S. 201–233, besonders S. 230 und Abb. 28, 29.

Walter Zschokke
Regionalbezug – Bindeglied zwischen Tradition und Innovation

Hans Leuzinger gehört nicht zu jenen Entwerfern, deren Bauwerke mit letzter Schärfe auf die ausschliesslich architektonische Dimension hingetrieben sind. Zuviele Nebenaspekte sind ihm bewusst gewesen und müssen ihm im Lauf seiner Arbeit jeweils noch in den Sinn gekommen sein – er hat sie meist mitzuberücksichtigen versucht –, als dass seine Projekte sich zu Kristallen einer reinen Lehre hätten verfestigen können. Diese von Verständnis und Gefühl für das Vorhandene geprägte Haltung zeigt aber besser als ideal umgesetzte Projekte die Auseinandersetzungen auf, die sich abseits der schnell agierenden Metropolen abspielen. Man kann an ihnen die Ungleichzeitigkeiten ablesen, die auftreten im Lauf der Einführung und formalen Integration technischer, kultureller oder modisch bedingter Neuerungen. Es sind sehr oft Kompromisse, die vor allem im Kopf des ausführenden Architekten selber ausgekämpft werden müssen, noch bevor er mit Vertretern eventueller lokaler Interessen zusammentrifft. Denn obwohl er in der Stadt zum Architekten herangebildet wurde, also ein angelernter Städter war, blieb er gefühlsmässig einer von ihnen, einer vom (Glarner-)Land, der ihre Anliegen so gut verstand, wie er die Maximen der modernen Zeit begriffen hatte. Dem Arbeiten in der sich öffnenden Kluft zwischen Aufbruch und Verharren fehlte die heroische Aura, die den Aufbrechenden voranschwebt; und wie viele «Fehler» können später wegen Unentschiedenheiten nachgewiesen werden, weil mehrere Ziele zugleich verfolgt wurden. Unvollendete Geschichten vom Umgang mit Widersprüchen kommen dabei heraus, für den, der am Leben und seinen Prozessen interessiert ist, sind sie nicht weniger aussagekräftig als die Produkte der, ob der Reinheit ihrer umgesetzten Ideen, berühmt gewordenen Berufskollegen.

Eternit

Faserzement ist eine typische Erfindung des frühen 20. Jahrhunderts. Es handelt sich dabei nicht mehr um ein «Ersatzmaterial», wie dies viele Patente des 19. Jahrhunderts anpriesen, sondern um ein neuartiges Erzeugnis, das von Beginn an einen eigenständigen Ausdruck hatte, das eindeutig wie ein Industrieprodukt aussah und auch ein solches war. Die Oberfläche unterschied sich signifikant von der des bruchrohen Schiefers, wie er in den Städten für Dächer Verwendung fand. 1901 hatte der Österreicher Ludwig Hatschek das Verfahren entwickelt, das ähnlich der Kartonherstellung funktionierte. Ein Gemisch aus Bindemittel, Zuschlagstoff und Wasser; in diesem Fall Portland-Zement, mineralische Fasern (Asbest) und das für den Abbindeprozess erforderliche Anmachwasser wurde zu flächigen Tafeln gewalzt, die man aushärten liess, um sie hernach in die gewünschten Formate zu unterteilen. Hatschek nannte sein Produkt «Eternit» und liess den Namen weltweit schützen. Vor allem als preisgünstiges Bedachungsmaterial für Scheunendächer, deren Ausmasse im Hinblick auf eine Erneuerung dem Bauern leicht den Nachtschlaf rauben konnten, fand Eternit rasche Verbreitung. Das neue Material muss als Segen aufgenommen worden sein, da es leichtere Unterkonstruktionen erlaubte, preisgünstig war, und, anders als die Ziegel, aufgrund der Montageweise bereits gegen Windsog gesichert war. Die ökonomischen und praktischen Argumente haben das Neue für die gegenüber Innovationen eher skeptische Landbevölkerung annehmbarer gemacht. In jüngster Zeit ist Asbest durch andere Fasern ersetzt worden.

Der Boden, auf dem die 1903 beginnende Lizenzfabrikation aufbauen konnte, war im glarnerischen Niederurnen für ein derartiges Unternehmen ideal. Eine über hundertjährige Tradition der Fabrikarbeit in der Glarner Textilindustrie, die damals mehrere Jahre der Schrumpfung hinter sich hatte, erlaubte den Rückgriff auf fleissige und willige

Arbeitskräfte und damit einen raschen Ausbau der Produktion bei steigendem Absatz. Nach dem kriegsbedingten Rückgang wuchs die Nachfrage wieder stark an. Als daher das Bauen zu Beginn der zwanziger Jahre wieder voll einsetzte, war Eternit bereits bei zahlreichen Gebäuden verwendet worden und im Bewusstsein der Bevölkerung als preisgünstiges, aber zuverlässiges Material verankert. Mit der braunroten Einfärbung der Oberfläche, wie sie damals gerade neu eingeführt wurde, fiel auch der letzte Bezug zum Naturschiefer weg; Eternit hatte eine eigene Identität gewonnen, die von Architekten der neuklassizistischen Strömung, beispielsweise von Lux Guyer bei ihren Itschnacher Häusern, gern verwendet wurde.

Typisch für die sowohl reformerische als auch traditionsbewusste Haltung dieser Architekturauffassung war das schrittweise Vorgehen: Das Neue wurde in einer bekannten Sprache vorgeführt. Hans Leuzinger zeigte dies an dem Wohnhaus in Niederurnen, dem Eternit-Hüsli, das 1923 fertiggestellt wurde. Er übernahm den Typ des im Ostschweizer Alpenraum verbreiteten, ländlichen, in Holz konstruierten Wohnhauses mit seitlichen Veranden oder Lauben unter dem traufseitigen Dachvorsprung und mit Klebedächern über den giebelseitigen Fenstern. Anstelle der traditionellen Wandbedeckung mit einem Schirm aus Fichtenschindeln verwendete Leuzinger neu Eternit, aber ebenfalls in geschuppter Verlegungsart, wobei das Format von 15 x 15 cm sehr kleinteilig war, was den flächigen, hautartigen Charakter betonte. Das Kleinformat war zudem für die von zahlreichen Fenstern durchbrochene Aussenwand am anpassungsfähigsten.

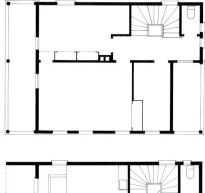
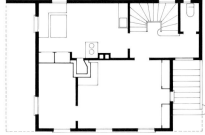

Hans Leuzinger, Haus Ressnig (Eternit-Hüsli) in Niederurnen, 1923, Ansicht Obergeschoss und Erdgeschoss.

Beim Grundriss entfernte sich Leuzinger von der Tradition des Oberländer Holzhauses, die in strenger konstruktiver Ökonomie und formaler Ordnung ungefähr gleich grosse Räume vorsah. Er schuf neu unterschiedliche Raumgrössen, führte die Erschliessung über einen Korridor ein und integrierte den Abort ins Gebäude, der bei den traditionellen Ausführungen nur über die Laube zugänglich gewesen war. Dem gewohnten Bild des Hauses mit Schindelschirm wurde ein neues Material unterlegt und ein modifizierter Grundriss eingeschrieben. Dieses Vorgehen entspricht dem nach dem Krieg wieder aufgenommenen Reformdenken des kulturellen Aufbruchs nach der Jahrhundertwende.

Einen weiteren Schritt machte Leuzinger beim Ortstockhaus Ende der zwanziger Jahre (vgl. Ausgewählte Bauten). Es schien ihm «widersinnig, dass der Eternit, der in grossen Tafeln von 1,20 x 2,40 m fabrikmässig hergestellt wird, zu seiner Verwendung als Aussenbekleidung von Bauwerken wieder in kleinste Formate zerschnitten werde, in blosser Nachahmung der Holzschindel- oder Schieferbekleidung».[1]

1930 stand das Neue Bauen kurz davor, zu einem internationalen Stil zu werden und den Neuklassizismus in dieser Rolle abzulösen. Die Faszination industrieller Produktion, die Gesetze betrieblicher Ökonomie, wie sie von Henry Ford vertreten wurden, drangen auch in das Denken der Architekten ein. Leuzinger ging vom Prinzip her sehr einfach vor: Die von der Fabrik gelieferte Eternittafel wurde zweimal in der Mitte durchgeschnitten, so dass vier gleichgrosse Teile von 1,20 x 0,60 m entstanden. Diese – handlichen – Tafeln bildeten ungefähr einen Modul für die Fassade, unter der eine hölzerne Ständerkonstruktion steckte. Die von Leuzinger hervorgehobene verringerte Fugenzahl gab keine grossen Probleme auf, obwohl die Tafeln nicht geschuppt, sondern mit wenigen Schrauben zwischen ein orthogonales System von kupfernen Fugenblechen geschraubt wurden.

Die vertikal durchlaufenden Fugenbleche weisen einen gekanteten Grat auf, der über die Tafeln vorsteht, die horizontalen, doppelt gekanteten Blechstreifen greifen unter das untere Ende der oberen Eternittafel und überdecken die obere Kante der unteren Tafel. Die darunter liegende Holzschalung wird zusätzlich von einer Teerpappe geschützt. Damit wird das Eindringen von Wasser dauerhaft verhindert. An der Gebäudeecke ist das vertikale Blech etwas aufwendiger gebogen und bildet ein vorstehendes Kantenprofil.

Die grossen Elemente, aus denen die Fassade zusammengesetzt ist, lassen stärker den Eindruck eines Montagebaus entstehen, als dies ein Schindelschirm hervorrufen würde, der ebenfalls trocken montiert ist. Aber beim Schindelschirm verschwindet das einzelne, kleinformatige, etwas mehr als handgrosse Element in der Masse der

geschuppten Haut, die daher als Ganzes wirkt, hinter dem der faktische Montagecharakter zurücksteht.

In der Küche des Ortstockhauses sind sowohl beim Herd als Feuerschutz, als auch über dem Abwaschtrog als Feuchtigkeitsschutz, Eternittafeln eingesetzt worden. Letztere sind aus Glanzeternit ausgeführt, einem damals neu auf den Markt gelangten Produkt mit dichterer Oberfläche.

Die beiden Beispiele der Aussenwandverkleidung mit Eternit zeigen, dass es Hans Leuzinger jeweils gelang, das in der Region produzierte Material Eternit konstruktiv einwandfrei in jener Erscheinungsform zu präsentieren, die in ihrer Zeit von den Benützern verstanden werden konnte.

Hans Leuzinger, Ortstockhaus, Braunwald 1931, Detailansicht, Aufrisse, Gesamtansicht (Foto Schönwetter, Glarus).

Holz

Jahrhundertelang war Holz auf der Alpennordseite und im Alpenkammbereich das primäre Baumaterial gewesen. Aber eine Reihe verheerender Brände exponierte die Achillesferse des Materials, seine rasche Entflammbarkeit besonders der kleinen Dimensionen mit erschreckender Deutlichkeit. Behördlicherseits und über die höheren Versicherungsprämien wurde daher die Zahl der Holzschindeldächer, die der Brandausbreitung durch Funkenflug ein leichtes Angriffsziel boten, systematisch verringert und durch andere wohlfeile Bedachungsmaterialien – vor allem Blech und Eternit – ersetzt. Die Eigendynamik derartiger gesellschaftlicher Bewusstwerdungsprozesse führte zu strengeren Brandschutzbestimmungen auch für den konstruktiven Holzbau, obwohl dessen Teile infolge ihrer stärkeren Dimensionen weniger leicht zu brennen beginnen. Kulturell geriet der Holzbau überdies in eine Krise, weil ihm einerseits die Bedeutung «ländlich-einfach» und «scheunenhaft» anhing, und andererseits die hochstehende alpine Holzbautradition vom Schwyzerhüsli-Stil weltweit lächerlich und schlecht gemacht wurde. Die gestalterisch schwachen und überladenen Kopien verunglimpften das, was vorher dagewesen war, worauf sie sich angeblich beziehen wollten: die handwerklich und gestalterisch hochstehenden Vorbilder.

In dieser Situation wurden schon in den zwanziger Jahren individuell und in den dreissiger Jahren unter dem Patronat der Lignum (Arbeitsgemeinschaft für das Holz) Wege gesucht, den Holzbau zu modernisieren und aus seiner Büsserecke herauszuholen. Hans Leuzinger, dessen Ausbildung in Zürich und Stuttgart vor dem Ersten Weltkrieg in die Zeit der soziokulturellen Reformbewegungen wie Heimatschutzvereinigungen und Werkbünde fiel, hatte schon früh begonnen, sich mit den Problemen zu befassen, die aus Verlust und Verdrängung guter alter Bausubstanz und der ungenügenden Qualität des aufkommenden Neuen entstehen können. Sein Einsatz und seine Entwürfe für die Integration des Eternit in landesübliche Bauweisen sind im ersten Abschnitt dieses Beitrags ausgeführt worden. Aber auch mit dem in seiner Bedeutung zurückgefallenen Holz hat sich Leuzinger näher befasst, was ein Blick in die Liste der von ihm erworbenen Bücher und die Durchsicht seiner Projekte bestätigt.

Es ist wieder das Ortstockhaus, an dem wir den konstruktiv-gestalterischen Überlegungen Leuzingers folgen wollen. Das gesamte Gebäude ist als Ständerkonstruktion ausgeführt. Zur Aussteifung wurde in den Randfeldern je ein diagonaler Riegel eingesetzt. Die aussen und innen aufgebrachte, genutete Schalung aus 24 mm starken Brettern hat ihrerseits aussteifende und die Kräfte verteilende Wirkung. Inwieweit der Polygonzug der Vorder- und der Rückfassade und dessen mögliche aussteifende Rolle berücksichtigt wurden, geht aus dem vorhandenen Material nicht hervor. Es ist aber eine Eigenheit von derartigen Holzbauten, dass sich die Konstruktion bei Lastanfall in geringen Grenzen soweit verschiebt, dass alle vorhandenen Teile belastet werden und effektiv gemeinsam tragend wirken. Dieser Sachverhalt macht sich bei böigem Winddruck jeweils durch hörbares Knacken bemerkbar, wenn die Konstruktion in einen anderen Belastungszustand übergeht.

Die Fundamente für das Ortstockhaus sind aus Bruchsteinen aufgemauert und bilden einen zirka 60 cm hohen Gebäudesockel, hinter dem ein über mehrere Öffnungen durchlüfteter Kriechkeller liegt. Auf einer innenliegenden Mauerstaffel lagern dann die kräftigen Bodenbalken auf, zwischen denen ein Schrägboden eingesetzt wurde. In die Balkenzwischenräume ist Torfmull als Wärmedämmung eingefüllt. Die ziemlich breiten Bodenbretter wurden offenbar direkt auf die Balkenlage genagelt. Es ergeben sich andere proportionale Auswirkungen bei breiten Bodenbrettern, wo jedes einzelne Element für sich genommen und erkannt werden kann. Im Gegensatz dazu gehen beispielsweise schmale Parkettriemen in der Masse und in der Textur unter. Es zeigt sich hier dasselbe Strukturmuster wie bei den Eternittafeln der Fassade, auch die Fenster lassen sich in dieser Art interpretieren, da ein Rahmen immer die vom Öffnungsprinzip her grösstmögliche sprossenlose Glasscheibe umfasst. Dies gilt jeweils für die fixen wie für die schiebbaren Teile.

Wie weit diese strukturellen Aspekte des Zusammenfügens aus relativ grossen, als einzelne Teile erkennbaren Elementen eine bewusste Entwurfsmaxime bildeten, kann aus den Unterlagen nicht mehr mit Sicherheit herausgelesen werden. Insgesamt vermittelt dieses Prinzip dem Gebäude einen grosszügigen Charakter, hinter dem verschiedene formale und konstruktive Unstetigkeiten verschwinden.

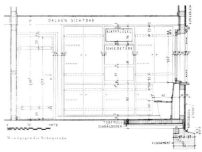

Hans Leuzinger, Ortstockhaus, Braunwald 1931, Bauphase, Wandaufriss, Stuhlentwurf, Innenansicht des «Wohnraums».

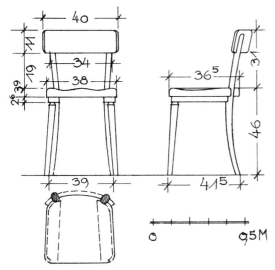

Das Mobiliar ist aus Holz und stammt aus der Möbelfabrik Horgen-Glarus. Tisch und Stuhl verraten ihre formalen Wurzeln aus dem ländlichen Milieu, von den aus Brettern gefügten Tischen und den mit schräg eingesetzten Beinen versehenen Brettstühlen. Nun machen sie den Eindruck, sich auf halbem Entwicklungsweg zu befinden, weder traditionalistisch geblieben, noch radikal modern geworden zu sein. Der Vorwurf wird gegenüber den Arbeiten von Hans Leuzinger immer wieder erhoben, dass er moderne Ideen zwar aufgenommen, aber nicht zu Ende geführt habe. Diese Art der Kritik kann Leuzinger deshalb nicht gerecht werden, weil er – so will mir jedenfalls aus der Kenntnis seines Werks scheinen – etwas anderes versucht hat: Ihm ging es um die Verknüpfung von Tradition und Innovation. Manchmal gelang ihm dies über das Ganze betrachtet besser, bei Teilaspekten gelang es zuweilen weniger. Da sich die Geschichtsschreibung aus der Sicht der Moderne mit den Fragen, die ihn immer wieder beschäftigten, weniger befasst hat, wissen wir auch zuwenig, ob die Möglichkeit einer diskursiven Auseinandersetzung in seinem Sinne Ende der zwanziger Jahre schon bestanden hätte, so dass er seine Entwürfe in die Richtung, die ihn interessierte, hätte architektonisch schärfen können. Hier liegt denn auch ein möglicher Ansatz zu einer Kritik, der weniger leicht zu widerlegen ist.

Die oftmals sehr einfache Holzkonstruktion am Ortstockhaus lässt darauf schliessen, dass der Kostenrahmen knapp war und die alpinen Klimabedingungen das Mass an möglichen Experimenten beschränkten. Ein gestalterisches Dilemma ist aber beispielsweise an der Südfassade ablesbar, wo die Organisation der Erdgeschossfenster als um die Ecken gezogenes Band in sich und im Zusammenwirken mit jenen im Obergeschoss in ungelöster Verspannung verharrt, und der architektonische Anspruch der Eternittafelverkleidung unter dem Aspekt der Systematisierung und in den Ansichten über Eck nicht eingelöst werden konnte, weil die Formate der Tafeln am Ende verschieden waren. Ein nochmaliger Entwurfsdurchgang hätte hier vielleicht die erforderliche Klärung bringen können, beziehungsweise die Unterscheidung zwischen bewusstem Regelverstoss und einer hingebogenen technischen Lösung, wie beispielsweise dem Schiebefenster, das nicht besonders elegant in der Küchenaussenwand verschwinden muss. So trifft der Vorwurf der «nur teilweisen Modernität» beim Ortstockhaus nicht den Kern der Sache, weil Leuzinger mit Gewissheit nicht radikal modern sein wollte. Aus heutiger Sicht kann die Kritik bei der architektonisch-konstruktiven Integration Ansatzpunkte finden, dies vor dem Hintergrund einer in unserer Zeit sehr weit entwickelten, gestalterisch-konstruktiven Praxis im Holzbau. Ende der zwanziger Jahre hätte Leuzinger wohl Schwierigkeiten gehabt, einen Zimmermeister zu finden, der bereit gewesen wäre, sich für den Bau des Ortstockhauses so weit von der Handwerkstradition zu entfernen, wie das heute möglich ist. Wie dem im einzelnen auch gewesen sein mag, es scheint ihm – aus heutiger Sicht – der Diskussionspartner (und vielleicht die Musse) gefehlt zu haben, das gesamte Bauwerk in der Qualität des konzeptionellen Ansatzes durchzuarbeiten.

War das Ortstockhaus von einem privaten Bauherrn errichtet worden, so sollte die im Rahmen der vom Schweizerischen Werkbund (SWB) 1935 gezeigten Skihütte als Fertighaus an verschiedenen Orten aufgestellt werden können. Mit dieser in Zusammenarbeit mit einer Holzbaufirma aus Oberhofen bei Thun entwickelten Skihütte «Draussen Wohnen» versuchte Hans Leuzinger, den Schritt vom handwerklichen Aufbau der Holzkonstruktion zu dem einer teilweisen Vorfertigung und der Montage aus Bauteilen zu machen (vgl. Ausgewählte Bauten).

Die Hütte besteht aus Wand- und Deckenelementen, die beidseits mit genuteter Schalung versehen sind sowie mit dazwischen eingelegter wärmedämmender Holzwolle. Die gesamte Konstruktion macht allerdings einen hybriden Eindruck, da ein Nebeneinander und eine Mischung aus Stützen-Unterzugsystem und Tafelbauweise existiert, deren beider Systemteile einander da und dort ins Gehege kommen. Daraus resultieren einige Details, die beim Einzelbauwerk als witzig oder bäuerlich-schlau eingestuft werden können, wie beispielsweise die Beziehung der Traufpfette zur Tafelwand, oder die auf dem Geländerholm aufgelegte Bankplatte in der Laube ein liebevolles und zugleich witziges Detail.

Bei einem für die Serienfabrikation vorgesehenen Entwurf müssten derartige Unstetigkeiten ins Konzept eingearbeitet werden und sich in der Folge aus der Systematik heraus ergeben. Es darf in diesem Zusammenhang an das von Hans Bernoulli entwickelte NILBO-Bausystem erinnert werden. Ein Bausystem funktioniert in der Regel nur bei simpelster Konzeption. Sobald die Forderungen zu komplex werden, entstehen zu viele verschiedene Teile und werden neue Details erforderlich, die nicht nach der vorgegebenen Norm zu lösen sind. Da aber der Holzbau fast beliebige Abänderungen zulässt, was ihn ungemein anpassungsfähig macht, hat sich das Systemdenken nicht in dem Mass etabliert. Bei Leuzinger dringt immer eine unmittelbar praktische Haltung durch, die sich nicht um die Systematik schert. Damit erweist er sich als der «schlaue Bauer», der für den Einzelfall eine geniale und auch zum Schmunzeln anregende Lösung findet, die aber in einer mit weniger Einsatz und Detailliebe betriebenen Serienfabrikation ihre architektonische Kraft verliert.

Es wird neben der in den dreissiger Jahren herrschenden Baukrise und der betrieblich wegen Lärm- und Rauchbelästigung nicht ganz idealen Einraumkonzeption[2] der Skihütte auch die Eigenart der Architektur Leuzingers, die verschiedenen Ebenen konstruktiver Hierarchie spontan zu mischen oder unmittelbar zu verbinden, gewesen sein, dass aus dem Traum eines Skihüttentyps, der sich im Alpenraum ausbreiten sollte, nichts geworden ist. Leuzinger hat sich mit diesem Entwurf auf ein Feld begeben, das ihm eigentlich gar nicht lag, war er doch eher der Architekt für den individuell konkreten, örtlich gebundenen Entwurf. Dass er sich dennoch daran versuchte, zeigt sein Bemühen, das sich ankündigende Neue aus der Tradition heraus zu verstehen und weiter zu entwickeln.

Der Ort

Die Auseinandersetzung mit dem Ort, die Interpretation einer topografisch-kulturellen Situation lässt sich nicht trennen vom Kulturverhalten und von den Moden einer Zeit. Die zwanziger Jahre werden ausser von der paradigmatischen Veränderung der industriellen Produktion im Zuge der beginnenden Automobilisierung auch geprägt von der sich entfaltenden Wochenendkultur, deren eine strukturbildende Wurzel in der Wanderbewegung der Freideutschen Jugend vor dem Ersten Weltkrieg gründet. Der intensive Naturbezug, das Interesse an Geologie, Botanik, ja Meteorologie bewirkte ein völlig anderes Eintreten auf den unendlichen Fächer an Gegebenheiten, der dem Betrachter an einem ausgesuchten Ort entgegentritt, als dies von der akademistischen Lehre gepredigt worden war.

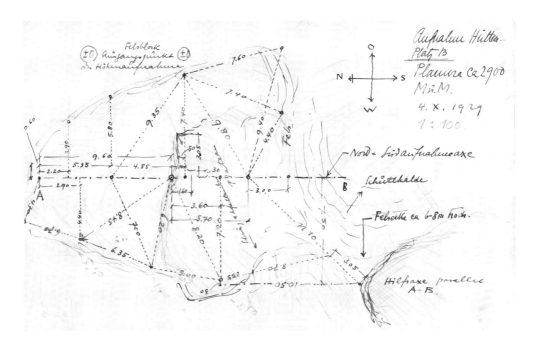

Hans Leuzinger, Bauplatzaufnahme, 4. Oktober 1929.

Wir dürfen annehmen, dass der Bau der Planurahütte Ende der zwanziger Jahre für Hans Leuzinger zu einem wesentlichen Lernprozess wurde. Die Höhe über Meer von 2920 m bedingte einen anspruchsvollen An- und Rückmarsch, der auch Zeit zum ungerichteten Nachdenken liess, so dass eine Idee schrittweise heranwachsen und -reifen konnte. Der vorgesehene Bauplatz in aussichtsreicher Sattelsituation zwischen Claridenpass und Piz Cazarauls war bereits von der Natur mit einem markanten, etwa 8 m hohen Felshöcker, dem Planura-Felsen, ausgezeichnet worden.

Am 4. Oktober 1929 machte Leuzinger eine Geländeaufnahme in dieser grossartigen landschaftlichen Situation. Mit dieser Arbeit und der dort gewonnenen Erfahrung begann er den eigentlichen Entwurf. Ein halbes Jahr vorher, im Februar 1929, hatte er, vielleicht aus der Erinnerung oder aufgrund von Kartenmaterial, ein Projekt gezeichnet, das sich an jenes für die Fridolinshütte anlehnte, die er 1921 ausgeführt hatte. Der Plan für das rechteckige Steinhaus mit giebelparallel versetztem Anbau ist nicht mit einer Windrose versehen; es scheint eher ein Vorprojekt als Grundlage zur Berechnung gewesen zu sein, was eine derartige Hütte kosten könnte. Ein weiteres Projekt, noch vor der Geländeaufnahme gezeichnet, zeigt ein Bauwerk, das sich aus zwei kurzen Armen eines Winkels zusammensetzt. Das Satteldach ist einem Pultdach gewichen und im Südwesten ist eine Terrasse vorgelagert.

Man darf annehmen, dass das bewusste Erleben des künftigen Bauplatzes im Verlauf der Massaufnahmen im hochalpinen Kontext bei ihm einen neuen Entwurfsimpuls auslöste. Beim folgenden Projekt wirkt der Grundriss plötzlich wie eingerollt – es wird wohl beim Messen ziemlich kalt geworden sein –, zugleich aber öffnen sich aus dem Aufenthaltsraum nach Norden (!) vier Fenster, die von Nordwest bis Nordost das imposante Panorama der Eismassen am Claridenpass unter dem weich konturierenden Firnschnee und dahinter dann Scheerhorn und Clariden zeigen. In den folgenden Bearbeitungen bis zum Bauwerk blieb dieser Panoramablick als signifikanter Teil des Entwurfs erhalten, auch wenn der Grundriss ökonomischer wurde.

Hans Leuzinger, Planurahütte, 1929, Ansicht von Nordosten.

Die andere wesentliche Entwurfsspur ist das Verhältnis der Hütte zum Planura-Felsen, der sich keine zwanzig Meter vom Hüttenplatz entfernt auftürmt, der aber von seiner Grössenordnung her noch in ein direkt schätzbares Verhältnis zum Gebäude tritt. Wie die Ansichtsskizze vom 10. Dezember 1929 zeigt, die mit einer der Geländefotografien von Nordosten übereinstimmt, sah Leuzinger die zuvorderst an die Geländekante geschobene Hütte als nördliche Begrenzung der von Firnfeldern umgebenen felsigen Kuppe. Die gerundete Mauer des Aufenthaltsraums liegt an der Aussenseite, die konkav einspringende Mauer im Osten betont die Lücke zum Felskopf, das schräge Dach der Hütte weist als optischer Bezug zum Scheitel des Planura-Felsens. Beim Zeichnen dürfte er sich mit dem Massstab etwas verschätzt haben, die Hütte ist etwas zu klein geraten. Ihre Situierung wirkt trotzdem deutlich als plastische Ergänzung und Verstärkung der gesamten Felsformation; und die Lücke lässt genügend Distanz vom Felskopf zum Menschenwerk, so dass dessen Autonomie gewahrt bleibt.

Wir wissen, dass Leuzinger sich von der Geländesituation auch ein Modell anfertigte. Wichtig ist überdies die Tatsache, dass die stumpfwinklig einspringende Südostfassade nicht nur als windgeschützte Sonnenseite dienen sollte – die Aussichtsterrasse

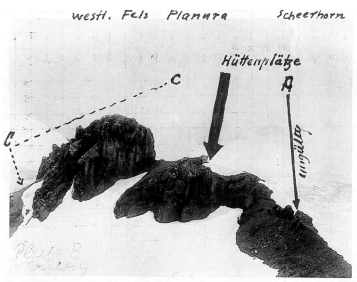

schliesst beim Zugang an der Westseite an –, sondern als gebaute plastische Antwort auf den Kopf des Planura Felsens. Leider ist die Erweiterung von 1964, die an dieser Seite ansetzt, nicht von derselben gebäudeplastischen Qualität.

Einen knappen Monat später, im Januar 1930, befasste sich Leuzinger mit dem Entwurf des Ortstockhauses, das aber «nur» etwa 1700 m über Meer liegt. Erste Entwürfe zeigen runde, schneckenförmig eingerollte Grundrisse, wonach das Gebäude als vordere Bekrönung auf eine flache Moränenkuppe zu liegen gekommen wäre. Die Situation ist aber eine andere als auf der Planura. Nicht nur klimatisch, sondern auch topografisch ist sie milder und der Blick über das Tal nach Süden hat einen anderen Charakter. Die Aussicht wird in der Folge beim gebauten Projekt nicht wie bei der Planurahütte mit einer exponierten, konvexen Rundung eingefangen, sondern in eine weiche konkave Krümmung hereingeholt, die vom ganzen Gebäude nachvollzogen wird. Der Standort ist zurückgenommen, so dass vor der Hütte noch etwas ebenes Gelände zum Aufenthalt im Freien bleibt. Das Aufsitzen der Leichtbaukonstruktion auf dem gemauerten Sockel erhält auf der Alpwiese einen fast vorübergehenden Charakter. Es ist daher die geometrische Klarheit der Gebäudegrossform, die Entschiedenheit ausdrückt. Dennoch zeigt

Hans Leuzinger, Planurahütte, 1929, Entwurf vom 10. Dezember 1929; fotografische Geländepositionierung; Ansicht von Südosten.

die von Leuzinger vermutlich bevorzugte Fotografie³, wie die Gebäudekontur den Bergzug paraphrasiert. Deutlicher aber als diese Ansicht vermittelt eine von erhöhtem Standpunkt hinter dem Haus gemachte Aufnahme, worum es dem Entwerfer vermutlich ging: Breit hingelagert, aber dennoch bescheiden, steht das Ortstockhaus vor dem Panorama der Glarner Dreitausender. Der Bezug zur Landschaft ist abstrakter als bei der Planurahütte. Im Verlauf der fast gleichzeitigen Entwurfstätigkeit muss dies Hans Leuzinger klar geworden sein. Die beiden Bauwerke zeigen jedenfalls seine vorsichtig einfühlende Annäherung an die Besonderheiten des Ortes, die bei scheinbar ähnlichen Bauaufgaben zu formal deutlich unterschiedlichen Resultaten geführt hat.

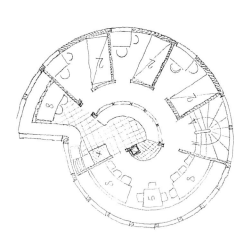

Hans Leuzinger, Ortstockhaus, Braunwald 1931, Vorstudie 1930; Gesamtansicht von Südwesten.

[1] Vgl. *Der Baumeister*, Heft 12, 1932, S. 414.

[2] Man stelle sich Skiferien, wie sie Jakob Humm in seiner Erzählung *Das Linsengericht* beschreibt, in der Einraumhütte vor.

[3] Die Abbildung wurde in der Publikation *Der Baumeister* an den Anfang gestellt.

Jürg Davatz
Erforschung und Bewahrung glarnerischer Baukultur

Hans Leuzinger strebte mit seinem Schaffen und Wirken in zwei Richtungen: Einerseits gestaltete er als künstlerisch begabter Architekt eigenständige Gebäude, die sich als Baudenkmäler der Moderne auszeichnen, anderseits erforschte er glarnerische Baudenkmäler der Vergangenheit. Manche Diplomarchitekten befassen sich zu ihrer Weiterbildung und im Zusammenhang mit denkmalpflegerischen Aufträgen nebenbei etwas mit Kunstgeschichte. Leuzingers Beschäftigung mit Kunstgeschichte und glarnerischer Baukultur dagegen schürfte wesentlich tiefer und strebte wissenschaftliche Zielsetzungen an, im letzten Lebensabschnitt sogar die Inventarisation der Glarner Kunstdenkmäler. In den Bereichen Heimatschutz, Denkmalpflege und Ortsplanung sowie bei der Erarbeitung des Modells von Alt-Glarus konnte er seine beiden Arbeitsgebiete Architektur und Kunstgeschichte in fruchtbarer Weise vereinigen.

Leuzingers Erforschung glarnerischer Baukultur schlug sich in einer Reihe von kleineren Druckschriften und von ausgefeilten (Vortrags-)Manuskripten nieder. Diese überschreiten kaum je den Umfang von 30 Seiten und umkreisen einige bestimmte Themen: Neues Bauen; Glarner Heimatschutz und Ortsplanungen; das Glarner Bauernhaus; die Siedlungs- und Bauformen des Glarnerlandes; den Freulerpalast in Näfels; die Baugeschichte des Hauptortes Glarus. Für die Inventarisation der Glarner Bauernhäuser und Kunstdenkmäler legte Leuzinger eine wertvolle Material- und Fotosammlung an. Die Universität Zürich zeichnete das kunstgeschichtliche und denkmalpflegerische Schaffen von Hans Leuzinger 1964 mit der Ernennung zum Doktor ehrenhalber aus.

Frühe Anregungen und Planaufnahmen für *Das Bürgerhaus im Kanton Glarus*

Hans Leuzinger wuchs im Oberdorf von Glarus auf in einem stattlichen Bürgerhaus, das in seinem Kern in die Mitte des 16. Jahrhunderts zurückreicht und 1811 zeitgemäss umgebaut wurde. Vom elterlichen Wohnhaus aus schweift der Blick hinüber zum Haus In der Wiese, einem prächtigen Mansardgiebelhaus von 1771. Und etwas weiter oben am Oberdorfbach standen damals noch die eindrücklichen Zeugdruckereien Gabriel und Egidius Trümpy. Die geschichtsträchtige Atmosphäre von Alt-Glarus umgab ihn nicht allein von Kindheit an, sondern sie bildete seither einen anregenden, kräftigen Nährboden für sein Denken, Forschen und Schaffen.

Die bedeutende Architektenfirma Streiff und Schindler, Zürich/Glarus, baute 1904/05 unmittelbar unterhalb des Hauses Leuzinger die palastartige, neubarocke Villa Schuler-Ganzoni. Johann Rudolf Streiff (1873–1920) entstammte einer alten Glar-

Hans Leuzinger, Federzeichnungen, 1935: Altes Glarner Bauernhaus in Blockbauweise; modernes Wohnhaus, Obergeschoss als verschindelter Ständerbau. Architekt: E. F. Burckhardt.

ner Familie und erwarb sich an der ETH in Zürich als Student die Wertschätzung von Prof. F. Bluntschli. Der ebenso gewissenhafte wie begabte Architekt gewann als sensibel gestaltender Raumkünstler hohes Ansehen. Hans Leuzinger arbeitete als Student 1909/10 und nach seiner Diplomierung als junger Architekt von Anfang 1912 bis Mitte 1913 in der Firma Streiff und Schindler.[1] Diese Verbindung vermittelte ihm entscheidende Anregungen für seinen Beruf und für die Beschäftigung mit glarnerischer Baukultur.

Streiff und Schindler erhielten nämlich den Auftrag, für den Band *Das Bürgerhaus im Kanton Glarus* eine Reihe von Plänen aufzunehmen. Am 30. Juli 1913 fragten sie Leuzinger, der ihre Firma vor kurzem verlassen hatte, an, ob er geneigt sei, an diesen Aufnahmen mitzuarbeiten. Leuzinger fertigte in den folgenden Wochen und 1915 mehrere derartige Pläne an. Den Schriftzügen nach zu schliessen, stammen von ihm die Planzeichnungen für das Elsener- und Ritterhaus in Bilten, für das Dekanenhaus in Mollis, das Stählihaus in Netstal, Türen und Beschläge der Häuser Leuzinger und Brunner in Glarus, das Haus Sunnezyt in Diesbach und das Haus Wild in Mitlödi, also für Gebäude und Einzelteile aus verschiedenen Epochen.

Der schmale Band *Das Bürgerhaus im Kanton Glarus* erschien 1919; den Text hatte der kunsthistorisch gebildete Pfarrer Dr. theol. h. c. Ernst Buss verfasst. Im folgenden Jahr veröffentlichte Buss die Schrift *Die Kunst im Glarnerland*, in der er auf rund 110 Seiten die Gebiete Kunsthandwerk, grafische Künste, Malerei, Plastik und Architektur «von den ältesten Zeiten bis zur Gegenwart» darstellte. Diese beiden kenntnisreichen Bücher sind bis heute nützlich und beachtenswert, obschon manche Angaben durch neuere Forschungen überholt sind. Leuzinger fand in ihnen grundlegende und vielfältige Hinweise für seine spätere Erforschung glarnerischer Bau- und Kunstdenkmäler.

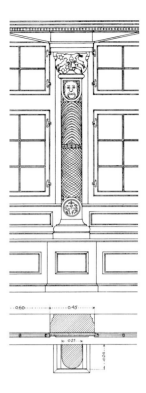

Hans Leuzinger, Plan für «Das Bürgerhaus im Kanton Glarus», um 1913/1915 (Bilten, Elsenerhaus, Fenstersäule im Prunkzimmer, 1618).

Heimatschutz im Glarnerland

Mitte April 1932 erfolgte die Gründung der Glarnerischen Vereinigung für Heimatschutz als eine der allerletzten kantonalen Sektionen des Schweizer Heimatschutzes. Als treibende Kraft und erster Obmann dieser Vereinigung wirkte über zwanzig Jahre lang Hans Leuzinger. In seinen Einführungsworten anlässlich der Gründungsversammlung äusserte er sich grundsätzlich zu Zielvorstellungen und Problemen der Heimatschutzbewegung:

«In den letzten Jahren hat sich der Heimatschutz mit dem neuzeitlichen Bauen auseinandersetzen müssen. Er versucht nun, der neuen Bewegung gerecht zu werden; er sieht ein, dass man nicht für jede Aufgabe das alte Rezept hervorsuchen könne, … dass man neue Aufgaben auch mit neuen Mitteln lösen müsse, mit Mitteln und Ausdrucksformen, welche die neue Technik uns in die Hand gibt.» Einleitend also ein Bekenntnis zum fortschrittlichen Heimatschutz, der in bestimmten Fällen auch das Neue Bauen bejaht. «Das Landschaftsbild ist uns etwas Teures und Heiliges; unsere Geschichte, unsere Kultur offenbaren sich in ihm. … Was der Heimatschutz will, das ist Einfluss gewinnen auf die Mächte, welche dieses Landschaftsbild in langsamem oder schnellerem Fluss verändern. *Er will* schützen vor mutwilliger Zerstörung alten Kulturgutes auf allen Gebieten menschlicher Betätigung, in erster Linie auf dem Gebiete der Baukunst. *Er will* mitarbeiten an harmonischer Bau-Entwicklung. Guter neuzeitlicher Bauweise den Weg bereiten. *Er steht ein für* den Schutz der einheimischen Pflanzen- und Tierwelt. Er unterstützt alle Bestrebungen, die gute Volkskunst und Kultur zu fördern. *Er will* vor allem das Verständnis für seine Bestrebungen in die weitesten Kreise tragen, Fühlung mit Schule und Behörden nehmen.»

Die Aussenrenovation des 1621–1623 erbauten Zwicky-Hauses in Mollis, eines mächtigen Steinhauses, hatte den unmittelbaren Anlass zur Gründung der Glarner Vereinigung für Heimatschutz gegeben. Im Vordergrund des Interesses standen nun die würdige Erhaltung des Freulerpalastes sowie der alten Bürger- und Bauernhäuser. Im zweiten Teil seiner Eröffnungsansprache zeigte Leuzinger kenntnisreich mit Lichtbildern «die Veränderungen, welche durch Menschenhand bewirkt werden, nämlich den Holzbau im allgemeinen und das (Glarner) Bauernhaus im besonderen». Durch Vormauerungen und unpassende Farbanstriche, durch Verkleidungen mit gehobelten Brettern oder «Eternit», durch störend erneuerte Fenster und Einzelheiten «wird nun Schritt für Schritt und Jahr für Jahr das alte Bauernhaus verändert und entstellt, bis es zum Zerrbild wird». Entschieden wandte er sich gegen Chalets, die beliebten Nachahmungen von Berner Holzhäusern: «lächerliche Missgeburten mit ihren maschinell hergestellten Verzierungen.»[2]

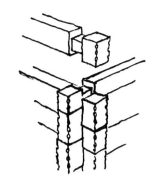

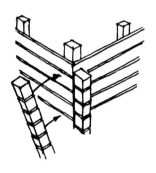

Gewiss, diese Gedanken und Vorstellungen, die Leuzinger 1932 vortrug, waren damals in Heimatschutzkreisen weitgehend Allgemeingut. Aber es charakterisiert seine Persönlichkeit, mit welcher grundsätzlichen Schärfe und Klarheit er sich diese Vorstellungen und Zielsetzungen zu eigen machte. Mit diesem Gedankengut, das er hier umrissartig aufzeigte, setzte er sich in den folgenden Jahrzehnten unablässig auseinander, indem er es als Architekt, Bauberater des Heimatschutzes und als Forscher in der Praxis anwendete, erweiterte und vertiefte. Das belegen auch seine späteren Vorträge zum Thema Heimatschutz, in denen er oben angesprochene Problemkreise immer wieder aufnahm und neu formulierte.

Hans Leuzinger, Federzeichnungen, 1935. Eckverbindung der Kanthölzer bei einem traditionellen Blockhaus und vorgetäuschte Eckverbindung mit aufgesetzten Vorstössen beim Chaletbau.

Orts- und Strassenbilder

Seit 1935 legte Leuzinger weitsichtig ein grosses Gewicht auf die Bedeutung und Bewahrung der gewachsenen Orts- und Strassenbilder, also auf einen wesentlichen Bereich, der bis heute ein Sorgenkind von Heimatschutz und Denkmalpflege geblieben ist. 1936 erklärte er in Schwanden: «Es handelt sich um die Erkenntnis, dass unsere einfachen Dorfbilder, unsere Bauern- und Berghäuser im Heimatbild wesentliche Werte darstellen, dass durch ihre Zerstörung oder verständnislose Veränderung das Bild der Heimat gefährdet ist. … Gerade weil das Glarnerland nicht sehr reich an markanten Kunstdenkmälern ist, besteht die Gefahr, dass oberflächliche Betrachter sich mit dem Satze trösten: ‹Bei uns ist der Heimatschutz überflüssig, denn wir haben ja nichts zu schützen.› Die folgenden Bilder möchten Sie zur Einsicht bringen, wieviel Schönes sich trotz aller Zerstörung erhalten hat und wie es sich lohnt, zu dessen Schutz sich einzusetzen. … Das Eingehen auch auf bauliche Einzelheiten scheint mir notwendig, um zu zeigen, wie wichtig auch das Kleinste ist, wie durch Vernachlässigung der einzelnen Glieder – welche in ihrer Gesamtheit das gute Haus, die gute Ortschaft aufbauen – das Ganze gefährdet ist.»[3] Diese wache Aufmerksamkeit für kleine – scheinbar unbedeutende und wertlose – bauliche Einzelheiten, sie kennzeichnet Leuzingers verantwortungsbewussten Umgang mit alter Bausubstanz – die Gesinnung eines echten Denkmalpflegers.

Befürwortung des Neuen Bauens

Es ist nur scheinbar ein Widerspruch, dass Leuzinger damals in Schwanden ebenso klar auch seine fortschrittliche Denk- und Gestaltungsweise als Architekt bezeugte: «Einem Missverständnis wäre hier zu begegnen! Was da an alten Beispielen – seien es Einzelbauten oder ganze Gruppen und Strassen – gezeigt wird, ist nicht so aufzufassen, als ob das nun für alle Zeiten die Vorbilder sein müssten, die man nur kopieren könnte. So einfach ist die Sache nicht. … Es ist nun an uns, die Aufgaben, wie sie sich heute stellen, in gleichem Geiste zu lösen.»[4] Daraufhin zeigte er Lichtbilder guter moderner Bauten.

Hans Leuzinger war nämlich keineswegs nur am Schutz und an der Bewahrung der alten Baukultur gelegen. Als Architekt und als Präsident des Glarner Heimatschutzes war er grundsätzlich davon überzeugt, dass man neue Aufgaben mit modernen baulichen Mitteln und Ausdrucksformen lösen müsse. Ein tiefes geschichtliches Bewusstsein für die Bedeutung überlieferter Kulturgüter vereinigte er in sich harmonisch mit einem ebenso ausgeprägten Sinn für die praktische Anwendung des Neuen Bauens. Dabei stimmte er seine modernen Bauten ebenso sorgsam auf die vorgegebene landschaftliche oder städtebauliche Umgebung ab wie auf die Wünsche des jeweiligen Bauherrn. Auf diese Fragen geht Christof Kübler in seinem Beitrag näher ein.

Das Glarnerland - ein Heimatschutzbüchlein

1952 erschien das von Hans Leuzinger verfasste *Heimatschutzbüchlein*. Mit einem kurzen einführenden Text von 14 Seiten und 56 Seiten Abbildungen mit prägnanten Bildlegenden veranschaulicht es beispielhaft die Bandbreite dessen, was sich Leuzinger unter Heimatschutz im Glarnerland vorstellte. Text, Bilder und Legenden bieten eine ganz knappe Übersicht über die Entwicklung der Baukunst im Glarnerland, wobei sie auch die landschaftsprägenden Fabriken und Hängetürme der Zeugdruckerei miteinschliessen. Sie weisen ebenso auf beachtenswerte Einzelheiten – Beschläge, Dachpfetten, Gitter, Zäune – hin wie auf die Schönheit alter Ortsbilder, Baumbestände und ungestörter Landschaften. Selbstverständlich machte Leuzinger auch nachdrücklich auf gute und schlechte Beispiele modernen Bauens und Umbauens aufmerksam. Jakob Zweifel, Leuzingers Nachfolger als tatkräftiger Obmann des Heimatschutzes und als «graue Eminenz» unter den Glarner Architekten, hat am Anfang seines Beitrages einige längere Texte aus dem *Heimatschutzbüchlein* zitiert. So seien hier nur noch Leuzingers abschliessende und zusammenfassende Worte wiedergegeben, die nichts von ihrer Gültigkeit verloren haben:

«Möge dieses Büchlein ... mit dazu beitragen, das gute Alte zu erkennen und zu erhalten und das Neue zu gestalten. Möge es zur Vertiefung des Heimatgefühls das Seine beitragen. Es ist unser aller Pflicht, das Heimat- und Landschaftsbild, das uns anvertraute reiche Erbe von vielen Geschlechtern vor uns, als treue Verwalter und Mehrer seiner Schönheit den nach uns Kommenden zu bewahren.»

In den vergangenen vierzig Jahren seit dem Erscheinen dieses Büchleins hat sich das Antlitz mancher glarnerischer Ortschaften ziemlich stark verändert. Freilich, viele Gebäude – vom bedeutenden Baudenkmal bis zum schlichten Bauernhaus – sind inzwischen sorgfältig restauriert, ganze Ortsbilder, Baumgruppen und landschaftliche Besonderheiten unter Schutz gestellt worden. Trotzdem liessen sich zahlreiche Verluste von Zeugen alter Baukultur nicht verhindern, weil private Eigentümer und Behörden sie als zu wenig «gut» erachteten oder es als zu kostspielig befanden, sie zu erhalten. Denn was hiess und heisst im Einzelfall schon «das gute Alte» oder «das gute Neue»? Und wer bestimmte und bestimmt schliesslich, was als «gut» zu gelten hat? Denn das angeblich Bessere – etwa eine höhere Ausnützungsziffer und Rendite – war schon seit jeher ein gefährlicher Feind des «guten Alten». Immerhin ist seit 1952 im Glarnerland auch eine ganze Reihe zeitgemäss gestalteter und qualitätvoller Neubauten entstanden. Moderne Architektur, an der auch Leuzinger seine Freude hätte.

Ortsplanungen

In den Jahren nach dem Zweiten Weltkrieg wandte sich Hans Leuzinger pionierhaft der Ortsplanung einiger Glarner Gemeinden zu: in Netstal, Braunwald, Näfels, Niederurnen und Glarus. Als Grundlage für seine ortsplanerischen Überlegungen und Vorschläge erarbeitete er sich zuerst eine genaue Übersicht über die bauliche Entwicklung der jeweiligen Ortschaft und über die charakteristischen Einzelbauten. Diese baugeschichtlichen Studien fanden in jedem seiner Berichte zur Ortsplanung eine knappe, zutreffende Darstellung in Wort und Bild.

Auch einem Dorf wie Niederurnen, das auf den ersten Blick wenig Bedeutsames bietet, wandte er seine volle Aufmerksamkeit zu und wusste dessen Eigenart gerecht zu werden, wie der im Druck erschienene Bericht von 1949 belegt: «Zu Beginn unserer Arbeit haben wir uns über die Entstehung von Niederurnen und seine besonderen Verhältnisse Rechenschaft zu geben, da jede Planung von den vorhandenen Gegebenheiten ausgehen muss. ... Der alte Dorfteil und die Häuser in der Gerbi zeigen die typischen Giebelbauten des Glarner Unterlandes, die bereits mit ihren Klebdächern und seitlichen Lauben eine gewisse Verwandtschaft mit dem Hausbau jenseits der Kantonsgrenze zeigen, ähnlich dem Schwyzer- oder Toggenburgerhaus. Es sind ursprüngliche Holzbauten, die später oft verputzt oder verschindelt wurden. Die alten Bauten im Ortskern zeigen oft drei und mehr Geschosse, doch bei den niedrigen Stockwerkshöhen der früheren Zeit wirken sie trotzdem nicht allzu hoch. ... Die Bebauung an der Ostseite des Dorfes setzte relativ spät ein. Möglichkeit und Anstoss hiezu erhielten sie erst durch die Linthkorrektion und die ca. 1830 einsetzende Ansiedlung von Industrie, sodann durch den Bau der Eisenbahn.»

Um 1948/49, Ortsplanung von Niederurnen: Stallscheune und Bauernhaus in der Gerbi. Mehrere derartige Bauten wurden später zur Verbreiterung der Strasse abgebrochen; «Ein Dorfrand, wie er nicht sein sollte.»

Im Schlusswort heisst es: «Die Fragen der Ortsplanung für Niederurnen werden erschwert durch ihre Verknüpfung mit kantonalen und interkantonalen Verkehrsinteressen. Die Versuchung liegt nahe, den vielfältigen Problemen auszuweichen und den Dingen ihren Lauf zu lassen. Es scheint uns aber eine Pflicht des Gemeinwesens und vor allem seiner Behörden, der Entwicklung nicht untätig zuzusehen, sondern die Führung zu übernehmen und sich mit den Problemen auseinanderzusetzen. Was heute unterlassen wird, kann später nicht mehr oder nur unter grossen Opfern gutgemacht werden.»

Trotz dieser eindringlichen Ermahnung liess man es in den folgenden Jahrzehnten gerade in Niederurnen gegenüber dem etwas unscheinbaren Ortsbild sehr an einem verantwortungsvollen und pfleglichen Umgang mangeln – das ist eine offensichtliche und betrübliche Tatsache. Manche der damals noch gut erhaltenen älteren Häuser sind inzwischen abgebrochen oder tiefgreifend modernisiert worden. Andernorts hat die ortsplanerisch zukunftsweisende Saat Leuzingers – nach gewissen Rückschlägen und Verlusten – schliesslich bessere Früchte gezeitigt, so auch in Glarus, worauf der Beitrag von Jakob Zweifel näher eingeht.

Denkmalpflegerische Bauberatung

Der Kanton Glarus richtete erst 1972 kantonale Organe für den Bereich Denkmalpflege und Ortsbildschutz ein. In seiner Eigenschaft als Architekt, als Obmann des Glarner Heimatschutzes und als überragender Kenner der Kunstdenkmäler übte daher Hans Leuzinger während drei Jahrzehnten im Glarnerland eine weitgespannte Bauberatung aus und wirkte eigentlich als inoffizieller glarnerischer Denkmalpfleger. Seine Leistung als Bauberater muss im Lichte des damaligen Verständnisses von Denkmalpflege verstanden und gewürdigt werden. Allgemein erachtete man Fragen des Verputzes und der originalen Farbgebung noch gar nicht durchwegs als wesentlich. Im Gegenteil, man befleissigte sich der ungeschichtlichen Doktrin der Materialechtheit, die dem Werkbund und dem Neuen Bauen entsprach. «Stilvolle» Rekonstruktionen, oft unter Beseitigung wertvoller jüngerer Bausubstanz, wagte man noch viel eher als heute. Bei

Baudenkmälern, denen kein hoher künstlerischer oder typologischer Eigenwert zukommt, zeigten die denkmalpflegerischen Sachwalter – besonders wenn sie Architekten waren – eine viel grössere Bereitschaft zu angepassten Veränderungen oder gemässigt modernen Umbauten, als sie heute die Regel ist. Aber auch in derartigen Fällen machte Leuzinger verhältnismässig überzeugende und durchdachte Vorschläge. Mit welcher Meisterschaft er sich als Bauforscher, Denkmalpfleger und Architekt mit dem Freulerpalast in Näfels auseinandersetzte, wird anschliessend dargelegt.

Der Freulerpalast und seine Renovation von 1937–1947

Bauherr des Grosshauses in Näfels war Oberst Kaspar Freuler (um 1595–1651), der von 1635 bis zu seinem Tode das eidgenössische Garderegiment der französischen Krone befehligte. In den Jahren 1642–1648 liess er sich im heimatlichen Dorf einen herrschaftlichen Wohnsitz errichten, eine zweiflügelige Anlage, zu der auch ein Hof mit Stallungen und einem Ziergarten gehören. Die Architektur vereinigt Eigenarten eines spätgotischen Giebelhauses und eines Renaissancepalastes. Das Innere überrascht mit einer Folge prachtvoller Räume. Die Portale zeigen schöne Steinmetzarbeiten und Schnitzereien. Einem kostbaren Ornamentband gleich begleiten formenreiche Masswerkbrüstungen die Treppe. In der Sala terrena und in der Kapelle schuf ein oberitalienischer Meister hervorragende frühbarocke Stukkaturen. Im ersten Geschoss wetteifern die Räume miteinander im Reichtum eingelegter Böden, Täfer, Kassettendecken und bemalter Kachelöfen. Die übrigen Räume sind einfacher ausgestattet.

Zeitgenössische Pläne und Akten, die die Entstehung des Palastes erhellen, sind nicht überliefert. Namen und Herkunft des Architekten und der meisten Kunsthandwerker sind unbekannt. Erste schriftliche Hinweise über Renovationen und die frühesten Bilddokumente stammen aus dem 19. Jahrhundert. Die Baugeschichte des Freulerpalastes lässt sich also nur anhand einiger datierter Bauteile und spärlicher schriftlicher Quellen sowie mittels sorgfältiger Bauuntersuchungen erfassen und deuten.

Freulerpalast, Portal im Erdgeschoss, aus: «Das Bürgerhaus im Kanton Glarus», 1919.

Vorgeschichte

1816 liess F. J. A. Freuler das Grosshaus renovieren. 1841 erwarb die Gemeinde Näfels den Palast und verwendete dann einzelne Räume für die Verwaltung, bis 1937 aber vor allem aber für die Armen-, Alters- und Waisenanstalt. 1887/88 renovierte die Gemeinde den Palast gemäss den Vorschlägen von Prof. Dr. Johann Rudolf Rahn (1841–1912), des Begründers der schweizerischen Kunstgeschichte. Der Verputz wurde erneuert und ohne farbliche Differenzierung «nach zu bestimmendem Tone» gestrichen. Im steilen Satteldach des Hauptbaus entfernte man die obere Reihe der Lukarnen. Rahn entdeckte bereits die ursprüngliche Bemalung der Fensterläden und überlegte, «ob diese Bemalung in den Standesfarben nicht erneuert werden soll». Doch aus Kostengründen verzichtete die Gemeinde auf das Wiederanbringen von Fensterläden. Im Inneren stellte man vor allem die Prunkzimmer im ersten Geschoss wieder her und weisselte die verputzten Wände und Gewölbe.

Durch die dem ursprünglichen Zweck entfremdete Nutzung als Altersheim litten der Palast und die Nebengebäude immer stärkeren Schaden. Zu Beginn der 1930er Jahre verstärkten einige Persönlichkeiten die Bestrebung, den Freulerpalast durch eine Stiftung zu erwerben, zu renovieren und darin das historische Museum des Landes Glarus einzurichten. 1932 gelang die Gründung der «Stiftung Freulerpalast»; 1936 konnte sie die ganze Liegenschaft für 360 000 Franken ankaufen. Als erster Präsident des Stiftungsrates wirkte bis 1962 Gemeindepräsident und Regierungsrat Josef Müller (1871–1967) von Näfels. Zusammen mit Architekt H. Leuzinger förderte er die Renovation des Grosshauses massgeblich. 1934 verfassten die beiden gemeinsam die bebilderte Broschüre *Die Freuler und der Freulerpalast*. Leuzinger beschrieb auf elf Seiten den Palast als kundiger

Kenner des Gebäudes und seiner kunstgeschichtlichen Bedeutung. Seine genauen Beobachtungen deuten an, dass er in Gedanken bereits die angestrebte Renovation vorbereitete.

Sorgfältige Bauuntersuchungen

Die Erträge einer Lotterie und Subventionen ermöglichten die Renovation des Palastes in den Jahren 1937–1942. Die Aufgabe, den wohl schönsten und baulich interessantesten Profanbau der Schweiz aus dem 17. Jahrhundert so weit als möglich wieder in den ursprünglichen baulichen Zustand zurückzuführen, entsprach zutiefst Hans Leuzingers Interesse und Können als kunstgeschichtlich gebildeter Architekt. Tatsächlich löste er diese Aufgabe mit der ihm eigenen Hingabe, Sorgfalt und Sachkenntnis. Als erfahrener eidgenössischer Experte stand ihm Prof. Dr. Josef Zemp (1869–1942), ein Schüler Rahns, mit wertvollem Rat zur Seite. Die Wiederherstellung des Hofes und der Stallungen erfolgte 1946/47.

Leuzinger machte während der Bauarbeiten, die man am Nebenflügel begann, fortwährend genaue und einsichtige Beobachtungen. So gelang es ihm und Zemp, aussen und innen die meisten baulichen Veränderungen, die man am Gebäude nach 1650 vorgenommen hatte, zu erkennen und, soweit es sinnvoll und möglich war, wieder auf den anfänglichen Zustand zurückzuführen. Dieses denkmalpflegerische Vorgehen beschrieb Leuzinger 1944 so:

«Für die Restaurations-Arbeiten war wegleitend, den ursprünglichen Zustand nur da wiederherzustellen, wo er ohne weiteres durch den Befund und durch Nachforschungen festgestellt werden konnte, dagegen überall da darauf zu verzichten, wo über das frühere Aussehen keine Sicherheit bestand. ... Die Hauptaufgabe der Renovationsarbeiten bestand in der Wiederinstandstellung und Verstärkung des alten Dachstuhls und der hölzernen Gebälke, sodann in der Wiederherstellung des äusseren Zustandes, der durch zahlreiche Flickereien des 19. Jahrhunderts, vornehmlich an den Dachgesimsen beeinträchtigt war. Im Laufe der Arbeiten hat sich herausgestellt, dass die ursprüngliche Annahme, der Palast verdanke seine jetzige äussere Erscheinung zwei

Hans Leuzinger, lavierte Federzeichnung, um 1939. Studie für einen Kaminhut des Freulerpalastes.

Hans Leuzinger, Skizze der südlichen Giebelseite des Freulerpalastes mit rekonstruiertem Abschluss im Stil der deutschen Renaissance mit Voluten und Pyramiden, um 1940.

verschiedenen Bauperioden, nicht zutrifft. Denn die Gliederung des einfachen gedrungenen Baukörpers durch horizontale Putzgurten und der Giebel durch Lisenen und Klebdächer und die reichen Dachaufbauten waren schon im Rohbau vorgesehen. Entstellende spätere Ergänzungen wurden entfernt, die alte Schweifung des Dachfusses mit den sichtbaren Sparrenköpfen und die Lukarnenreihe des obern Kehlbodens wieder hergestellt. Die Giebelfronten stellten dabei einige Rätsel. Ihre Teilung mit senkrechten Lisenen und waagrechten Zwergdächern und Putzhohlkehlen ruft eigentlich dem reichen Abschluss eines Treppengiebels, der mit Voluten und Pyramiden der Gliederung der unteren Giebelfläche entsprechen würde. Der Zustand der Giebelmauern, die unter dem Ziegeldach verborgen lagen, und Funde von Werkstücken bei den Grabarbeiten im Garten geben dieser Vermutung einen gewissen Halt, doch fehlen bildliche Belege für das frühere Aussehen völlig, sodass die Lösung dann auf einfachere Art gefunden werden musste, durch Anlehnung an ähnliche Beispiele aus dem 17. Jahrhundert, wie den Abtshof in Truns und verschiedene andere Herrenhäuser Graubündens.»[5]

Leuzinger skizzierte einige Varianten der südlichen Giebelseite im Stil der deutschen Renaissance mit Pilastern, Voluten und Pyramiden. Als Grundlage dieser Studien dienten ihm Fotos entsprechender deutscher und schweizerischer Renaissance-Gebäude. Auch zur Ergänzung anderer Einzelheiten – etwa der Kaminhüte, Fenstergitter und Hofportale – sammelte er Fotos verwandter zeitgenössischer Gebäude aus der Schweiz und entwarf dann für den Freulerpalast passende Lösungen.

Fensterläden und Farbgebung
Persönlichem Geschmack und kunstgeschichtlichen Vorstellungen entsprach der damalige Entscheid, am Palast keine bemalten Fensterläden anzubringen. Leuzinger wusste zwar sehr wohl, dass früher geflammte Läden die äussere Erscheinung mitgeprägt hatten, und er fertigte sogar mehrere Planstudien mit derartigen Läden an. In einem ungedruckten Bericht hielt er um 1943 ganz zutreffend fest: «Die früheste Photographie des Freulerpalastes zeigt das Grosshauss mit massiven Fensterläden. Im Dachraum der Stallungen wurde auch ein einzelnes Stück dieser alten Läden gefunden, welches auch noch Bemalungsspuren aufwies. Zudem hatten sich die Ladenklöben an den steinernen Kreuzstöcken erhalten. Herr Prof. Dr. Zemp war jedoch ein ausgesprochener Gegner der Wiederanbringung, indem er betonte, dass der Palast ohne dieselben das ihm zukommende strenge palastartige Gepräge bewahre, welches bei Verwendung von Fensterläden verloren ginge. Er wollte eine Verbürgerlichung des Hauses vermeiden.»[6] Aus alledem geht hervor, dass Leuzinger persönlich zur Anbringung der Fensterläden neigte. Aber er und der Stiftungsrat folgten schliesslich Zemps kunstgeschichtlicher Autorität und Idealvorstellung, und so gab man dem Bau willkürlich das Gepräge eines vornehmen Palazzo im Stile der Renaissance.

Leider versäumte man es damals, nach ursprünglichen Verputzpartien mit der früheren Farbgebung und mit allfälligen dekorativen Malereien zu suchen, obwohl Leuzinger bereits 1934 richtigerweise eine ursprüngliche, «reiche Sgraffito-Dekoration» vermutet hatte. «Leider» deshalb, weil der Verputz – ausser am Erker – an allen Fassaden samt den Quadergurten und Lisenen abgeschlagen wurde. In jenen Jahren erkannte man nämlich den Verputz und die Farbigkeit eines Gebäudes noch nicht als charakteristische Stilmittel, sondern nur als eine Nebensache, als ein Gewand, das man so machte, wie es dem persönlichen Geschmack am besten entsprach. Infolgedessen erhielt der Palast damals einen modernen, ausgefluchteten Verputz und eine feine Farbgebung in hellem Ocker. Das originale Steinwerk der Portal- und Fenstergewände und die Steinmetzarbeiten im Inneren zeigen noch heute deutliche Spuren einer ursprünglichen dunklen Graufassung. Doch um 1940 war es üblich, Steine «materialgerecht» als Steine zu belassen, und so fasste man sie auch hier nicht farbig.

Das Innere restaurierte man nach denselben Grundsätzen wie das Äussere. Nachträgliche Veränderungen – aufgedoppelte Böden, Zwischenwände, Tapeten usw. –

wurden weggetan und beschädigte Teile sorgfältig ergänzt. Früher entfernte Teile – etwa eine Holzdecke im Gang des zweiten Obergeschosses und Fenster – rekonstruierte Leuzinger sorgfältig bis in die Profile nach zeitgenössischen glarnerischen Vergleichsbeispielen. Die Farbgebung der Steinmetzarbeiten, der Stukkaturen sowie der gegipsten Wände und Gewölbe untersuchte man indes nicht näher. Das Steinwerk blieb steinsichtig, Stukkaturen und verputzte Räume wurden geweisselt, Fachwerkwände trotz Spuren alter Rotfassung holzfarben belassen.

Der Freulerpalast um 1920. 1887 wurden das Dach verändert, der mittlere Dacherker am Hauptbau und die Fensterläden entfernt, sowie ein Abortanbau eingefügt; die Hofseite nach der Aussenrestaurierung von 1983.

Würdigung

Zusammenfassend darf man aus heutiger Sicht feststellen, dass die Renovation des Freulerpalastes von 1937–1947 eine beispielhafte Leistung der damaligen Denkmalpflege in der Schweiz darstellt. Leuzinger und Zemp restaurierten und ergänzten die bauliche Substanz überzeugend bis in Einzelheiten. Insgesamt erreichten sie ein harmonisches und eindrückliches Gesamtbild, teilweise freilich auch ein ungeschichtliches. Denn wegen des Verzichtes auf geflammte Fensterläden und infolge der nicht den Befunden entsprechenden Farbgebung fehlten dem Palast doch wesentliche Charakterzüge seiner ursprünglichen Erscheinung. Dabei hielt sich Leuzinger bereits nahe – in der Frage der Fensterläden sogar näher als Zemp – an den Grundsatz, den Prof. Dr. Linus Birchler 1948 formulierte: «Der Bau restauriert sich im Grunde selber. Die genaue Bauuntersuchung und Einzelheiten, die während der Arbeit ans Licht treten, schreiben uns vor, was wir zu tun haben.»[7] Birchler, Zemps Nachfolger als Präsident der Eidgenössischen Kommission für Denkmalpflege (EKD), schätzte Hans Leuzingers denkmalpflegerisches Können sehr hoch, und 1942 veranlasste wohl er Leuzingers Wahl in die EKD.

Der Freulerpalast nach der Renovation 1937–1942. Die Architektur wurde soweit als möglich auf den anfänglichen Zustand zurückgeführt, der Ziergarten rekonstruiert. Die einheitliche, «materialgerechte» Farbgebung gab den Fassaden nur wenig Gliederung.

In den Jahren 1983–1991 führte die Stiftung erneut eine Aussen- und Innenrestaurierung durch.[8] Aufgrund exakter Farbuntersuchungen an Einzelteilen sowie baugeschichtlicher und denkmalpflegerischer Überlegungen gab man nun dem Freulerpalast aussen und innen so weit als möglich die ursprüngliche Farbgebung zurück und auch geflammte Fensterläden. Durch die farblich unterschiedliche Fassung der Einzelteile gewann die Formensprache der Architektur ihre anfängliche Kraft und Klarheit wieder. Die prachtvollen Stukkaturen überraschen nun durch einen hellgrauen Grundton, reiche Vergoldungen sowie feine, beinah naturalistische Farbtöne bei Gesichtern und Früchten. Die Renovationen des Freulerpalastes von 1887/88, 1937–1947 und 1983–1991 beleuchten beispielhaft Grundzüge jener Beständigkeit und jener Wandlungen, von denen die schweizerische Denkmalpflege in den vergangenen hundert Jahren in Doktrin und Praxis geprägt wurde.[9]

Hans Leuzinger stellte den renovierten Freulerpalast in zwei gut bebilderten Berichten vor: 1943 in der Zeitschrift *Heimatschutz* und 1944 in der *Schweizerischen Bauzeitung*. Zwei Manuskripte vermitteln wertvolle zusätzliche Informationen zu den damals ausgeführten Arbeiten, die durch umfangreiche Bauakten, Skizzen, Pläne und gute Fotos von Hans Schönwetter, Glarus, dokumentiert sind.

Mitarbeit am Museum des Landes Glarus

Hans Leuzinger beschäftigte sich auch sehr eingehend mit der Gestaltung des historischen Museums im Freulerpalst. Bereits am 16. und 17. November 1933 – der Palast diente noch als Altersheim – forderte er die Leser der *Glarner Nachrichten* auf zu einem imaginären «Gang durch das zukünftige Heimatmuseum im Freulerpalast», der sich wie eine Vision dessen liest, was dann zwischen 1942 und 1946 Wirklichkeit wurde. Landesarchivar Dr. Jakob Winteler, ein bedeutender glarnerischer Geschichtsschreiber, leitete die Museumskommission, der auch Leuzinger angehörte; Fachleute und Gönner aus dem ganzen Kanton gewährten ihr Unterstützung. Leuzinger arbeitete intensiv am inhaltlichen und gestalterischen Konzept der Ausstellung mit. Am Vortag der Näfelser Fahrt 1946, am 4. April, erfolgte die in der ganzen Schweiz vielbeachtete offizielle Eröffnung des Museums des Landes Glarus. Hans Leuzinger hielt die Ansprache:

«Von Gefühlen der Freude und der Dankbarkeit bewegt, möchte ich einige Worte an Sie richten. Wenn ich nun zurückdenke an die Anfänge, da man von einem Kauf und der Gesamtrenovation des Palastes sprach und man ernsthaft den Vorschlag machte, es würde genügen, wenn man vorerst einmal das Dach gründlich flicken wolle und nachher könne man wieder sehen, oder wenn ich, in meiner Phantasie mir bereits den Palast bis unter das Dach als Museum vorstellend, einem ungläubigen Lächeln begegnete und die beliebte Bemerkung hörte: ‹Mir händ ja nüt, was wänd ihr au usstellä?› – so werden Sie meine Freude und Dankbarkeit nachfühlen können. … Wir wollten ein lebendiges Museum schaffen. Ein Museum, das jedem Glarner etwas sein könnte, ob er nun zu den Intellektuellen gehört oder zum Bauern- oder Arbeiterstand. Ein jeder sollte hier einen Anknüpfungspunkt für sein Verständnis finden. … Das Museum sollte damit das Seine beitragen zu einer Verinnerlichung und Vertiefung des Heimatgedankens. Der Freulerpalast sollte zu einer Stätte der Anregung und Belehrung werden. Das Museum erfüllt eine kulturelle und erzieherische Aufgabe. Es wächst über den Begriff des Heimatmuseums hinaus und ist trotzdem ein Bekenntnis zur Heimat.»[10]

Hans Leuzinger, Glarner Zinnkanne und Schale, Federzeichnung, in: J. Winteler, «Das Heimatmuseum im Freulerpalast», 1943.

An den damals verwirklichten Zustand des Palastes und des Museums erinnert der 1952 erschienene Führer. Hans Leuzinger verfasste die kurze Beschreibung des Gebäudes, Konservator Hans Thürer den Rundgang durch die Räume und die Ausstellung. Annähernd vierzig Jahre blieb die Ausstellung unverändert. Zwischen 1983 und 1993 erfolgte mit der Innenrestaurierung etappenweise auch eine vollständige Neugestaltung des Musuems, immerhin mit vielen Objekten, die man bereits damals gesammelt und gezeigt hatte. Und als Konservator, der diese Neugestaltung betreut hat, darf der Schreibende sagen: Wir haben das Museum auch im Sinn und Geist von Hans

Leuzinger und seiner Gesinnungsgenossen zeitgemäss neu gestaltet, nämlich unter grösster Rücksichtnahme auf den Charakter der einzigartigen Räume sowie mit einer einprägsamen Darstellung der Geschichte und Kultur des Glarnerlandes, die alle Kreise der Bevölkerung anzusprechen vermag.

Das Schloss Greifensee – archäologische Untersuchungen und Aussenrestauration 1948–1953

Eine vergleichbar anspruchsvolle Arbeit wie bei der Renovation des Freulerpalastes durfte Leuzinger nochmals ausführen, nämlich 1948–1953 am spätmittelalterlichen Schloss Greifensee. Die archäologischen Sondierungen begleitete Dr. Hugo Schneider vom Schweizerischen Landesmuseum. Ziel der eingreifenden, teilweise rekonstruierenden Restaurierung des Schlosses war die Wiederherstellung des Zustandes vor 1798. Das Ergebnis der archäologischen Untersuchung und der Aussenrestaurierung beschrieb Leuzinger in einem wissenschaftlichen Aufsatz, der 1956 in der *Zeitschrift für Archäologie und Kunstgeschichte (ZAK)* und 1957 in einem Sonderdruck herauskam. Im Vorwort des Sonderdrucks würdigte Regierungsrat Dr. Paul Meierhans dessen Leistung:

«Um die Restauration hat sich in besonderem Masse Architekt Hans Leuzinger verdient gemacht. Mit grosser Gewissenhaftigkeit, unermüdlicher Kleinarbeit und einem bewundernswürdigen historischen Sinn, gepaart mit der Erfahrung eines gewiegten Restaurators, hat der Architekt seine Aufgabe durchgeführt. Heute steht das Schloss Greifensee als stolze Zierde in der Reihe unserer zürcherischen Baudenkmäler vor uns. Hans Leuzinger gebührt Dank und Anerkennung.»

Alt-Glarus und sein Modell

In der Nacht vom 10. auf den 11. Mai 1861 legte eine verheerende Brandkatastrophe den ganzen Kern des Fleckens Glarus in Schutt und Asche, insgesamt 593 Gebäude, darunter die mittelalterliche Pfarrkirche, das Rathaus von 1559, das Regierungsgebäude von 1837 und den grössten Teil der älteren Bürger- und Wohnhäuser. Der Verlust an bedeutenden Baudenkmälern und Kulturgütern in diesem alteidgenössischen Hauptort lässt

Hans Leuzinger, aquarellierte Zeichnung von Alt-Glarus: Blick vom Bürgli gegen das Oberdorf. Rekonstruktionsversuch von 1951 auf Grund einer Fotografie der Brandstätte von R. Geyser.

sich kaum abschätzen, muss jedoch enorm gross gewesen sein. Verschont blieben lediglich die alten Ortsteile im Westen des Spielhofs und im Oberdorf sowie die neueren Quartiere im Süden und sämtliche Stoffdruckereien. Alt-Glarus, die Brandkatastrophe und der planmässige Wiederaufbau des Hauptortes finden bis heute das Interesse eines verhältnismässig breiten Kreises der einheimischen Bevölkerung, denn diese Themen bilden seit jeher einen unabdingbaren Bestandteil glarnerischer Heimatkundebücher für die Schule.

Hans Leuzinger indes beschäftigte sich von Kindheit an aussergewöhnlich eingehend mit Alt-Glarus: «Die ersten Anregungen zu den Studien über das alte Glarus gehen bis in meine Kindheit zurück. Immer wieder habe ich in meinem Elternhaus und bei Verwandten und Bekannten der Familie erzählen hören von dem grossen Brande, der Glarus zerstört und seine Bewohner um Hab und Gut gebracht hatte. Persönliche Erlebnisse jener Tage wurden immer wieder aufgefrischt und den begierig zuhörenden Kindern erzählt.»[11] – «Erst in reiferen Jahren, als der erste Drang des Architekten, Neues zu bauen, schon eine gewisse Befriedigung erfahren hatte, nahm ich die Studien für Alt-Glarus wieder auf, wurde zum regelmässigen Besucher des Landesarchivs, suchte nach weiterem Bildmaterial und trug zusammen, was mir dienen konnte.»[12] Was ihm diente, erwähnte er da und dort selber.

Grundlagen

Bei seinen Forschungen über Alt-Glarus wertete Leuzinger alle ihm zugänglichen Archivalien, Bilddokumente, Pläne und Hinweise in der Literatur aus. Literatur und Archivalien geben für die Zeit vor 1860 über Kirchen und öffentliche Gebäude einige baugeschichtliche Auskünfte, über Wohnhäuser indes schweigen sie sich beinah aus. Vor allem enthalten sie wenig Angaben, die einzelne Bauten näher beschreiben. Immerhin sind für Glarus drei Häuserverzeichnisse aus verschiedenen Zeiträumen bekannt (um 1560, 1797, 1831), der Helvetische Kataster von 1802 sowie das erste Grundbuch von 1846; ihnen lassen sich zumindest Hinweise auf die ungefähre Lage, Schätzwerte und Eigentümer der Gebäude entnehmen. Von grossem Wert war auch für Leuzinger das einzigartige *Genealogienwerk des Kantons Glarus*, das J. J. Kubly-Müller (1850–1933) angelegt hatte.

Wissen über das Aussehen der damals abgebrannten Gebäude vermitteln hauptsächlich noch Bilddokumente: vor allem druckgrafische Ortsansichten, aber auch Zeichnungen, Aquarelle, Gemälde und frühe Fotos. 1939 erschien das bis heute grundlegende Werk *Der Kanton Glarus, ein beschreibender Katalog der gedruckten Landkarten, Pläne, Ortsansichten und Landschaftsbilder von den Anfängen bis 1880* von Hans Jenny-Kappers. Dieser glarnerische Kunsthistoriker war der Verfasser des berühmten ersten *Kunstführers durch die Schweiz* von 1934, der pionierhaft bereits wichtige Bauten des 19. und 20. Jahrhunderts erwähnt. Im *Katalog* verzeichnete und beschrieb Jenny über 100 Ortsansichten von Glarus von 1548 an, und zwar mit der Angabe der wichtigsten Standorte. Dieses Verzeichnis war für Leuzinger eine wesentliche Hilfe, zumal ihm der Zugang zu den entsprechenden Sammlungen offen stand. Wichtige grafische Blätter erwarb er zudem selber.

Die bedeutendste Zeichnung von Alt-Glarus ist eine grossartige Panoramaansicht des Niederländers Jan Hackaert. Kurz nachdem Sven Stelling-Michaud sie in Wien wiederentdeckt hatte[13], stellte Leuzinger sie 1936 den Glarnern in einem Zeitungsartikel vor. Weitere Zeichnungen und Aquarelle von Alt-Glarus stöberte er in öffentlichen und privaten Sammlungen auf, besonders Darstellungen der Maler G. A. Gangyner (1807–1876) und J. H. Jenny (1768–1854). Als wertvollste Unterlage für das Studium des alten Glarus bezeichnete Leuzinger 1952 den Plan 1:1000 «Glarus und seine Brunnenleitungen», angefertigt 1860 von F. Vogel und Linthingenieur G. Legler. Nach dem Brand von 1861 liess der Gemeinderat Glarus einen genauen Katasterplan der Liegenschaften aufnehmen. Die Brandstätte ist in einigen Fotos und grafischen Blättern überliefert.

Hans Leuzinger, Zeichnung 1:250 von Alt-Glarus, Bleistift und Aquarell, 1951 (Ausschnitt am Adlerplatz).

Texte zu Alt-Glarus

Zum Jubiläum des Eintritts des Landes Glarus in den Bund der Eidgenossen 1352 gab der Historische Verein 1952 eine Festgabe heraus mit «Beiträgen zur Geschichte des Landes Glarus», verfasst von führenden Glarner Historikern und einigen auswärtigen Forschern. Hans Leuzinger, damals bereits Ehrenmitglied des Historischen Vereins, steuerte ebenfalls einen wertvollen Aufsatz bei: *Gilg Tschudis Häuserverzeichnis von Glarus im sog. dicken Tagwensbuch.*

Der berühmte Glarner Staatsmann und Chronist Ägidius Tschudi (1505–1572) legte 1561/62 im einem Tagwensbuch ein Häuserverzeichnis des Fleckens Glarus an: «Des Dorffs zuo Glarus hüser, so in der Wacht und Brunnen Kosten sind.» Er verzeichnete und numerierte schliesslich alle Häuser des Tagwens Glarus mit den Namen der Eigentümer, insgesamt 134 Gebäude. Die Bebauung im Ortskern unterteilte er mit den Namen der Strassen, Plätze und Quartiere. Die erste Seite des Verzeichnisses mit neunzehn Nummern in einem Randgebiet ist verloren gegangen.

Hans Leuzinger «lockte es, nach langjährigen Studien über das alte Glarus vor dem Brande, das Gilg Tschudische Häuserverzeichnis für die Kenntnis des ‹Dorffs zuo Glarus› des 16. Jahrhunderts auszuwerten. In ihm schon mussten die Grundlagen enthalten sein, auf denen während genau drei Jahrhunderten der Hauptflecken des Landes sich weiter entwickelte bis zu seiner fast völligen Zerstörung durch den grossen Brand.» Und er kam zu dieser baugeschichtlich gültigen Schlussfolgerung: «Es ist wohl durch diese Ausführungen nachgewiesen, wie viele Grundzüge des Dorfes von 1560 im Flecken Glarus vor 1861 noch enthalten waren. Es ist geradezu auffällig, wie weitgehend die Zahl der Hofstätten oder Häuser längs der Dorfstrasse mit Angaben des Grundbuches von 1846 übereinstimmt. … Wie wir den Schilderungen der Zeitgenossen entnehmen können, hat der grosse Brand von 1861 nicht bloss den Kern des Fleckens ausgetilgt, sondern er hat auch eine Scheidewand zwischen der alten vergangenen und einer neuen Zeit aufgerichtet.»[14]

Leuzinger beschrieb sachkundig die damaligen topografischen Verhältnisse und die bauliche Entwicklung des Fleckens bis um 1560. Anschliessend folgte er Tschudis Häuserverzeichnis zu einem kommentierten Rundgang durch den Flecken, wobei er sein geschichtliches Wissen über einzelne Gebäude und ihre Besitzer ausbreitete. Auf der Grundlage des Planes von Vogel und Legler (1860) zeichnete er einen «Plan von alt Glarus zum Häuserverzeichnis von Gilg Tschudi», der eine genaue Vorstellung vom damaligen Umfang des Fleckens vermittelt.

Hans Leuzinger, Skizze für das Modell von Alt-Glarus – ein Beispiel dafür, wie sorgfältig er auch einen scheinbar nebensächlichen Stall erarbeitete.

Ausgehend von diesen Forschungsergebnissen verfasste Leuzinger 1961 ein Manuskript über Alt-Glarus, das er anlässlich der Gedenkfeier für den Brand und der Übergabe des Modells vortrug. Dabei verfolgte er die Baugeschichte und das Wachstum des Ortes im Verlaufe der Jahrhunderte und erklärte kurz die öffentlichen Gebäude und bedeutenden Wohnhäuser. Die Forschung förderte er damit kaum mehr weiter. 1961 erschien zum Gedenktag das Buch *Glarus, Geschichte eines ländlichen Hauptortes.* Landesarchivar Jakob Winteler beschrieb darin anschaulich den Flecken vor dem Brand,

Hans Leuzinger, Bleistiftzeichnung für das Modell von Alt-Glarus, um 1959 (Westseite einer Häuserreihe am Adlerplatz, 1:250).

wobei er eigene Quellenforschung mit Leuzingers Kenntnissen vereinigte und die wichtigsten alten Ortsansichten abbildete.[15] Leuzinger und Winteler arbeiteten im Museum und bei der Erforschung von Glarus kollegial zusammen, ein Gewinn für beide persönlich und für die Sache.

Das Modell von Alt-Glarus

«In meinen Mussestunden als Architekt kam mir der Gedanke, wie wäre es, wenn man das alte Glarus in einem Modell eindrücklich vor Augen führen könnte?»[16] Dieser Gedanke liess Leuzinger nie mehr los; in den 1950er Jahren setzte er ihn in die Tat um: 1961, zum 100. Gedenktag an den Brand von Glarus sollte das Modell fertig sein. Als vorläufiges Ergebnis seiner Studien fertigte er bereits 1952 eine grosse perspektivische Darstellung des Fleckens 1:250 an, die er gediegen aquarellierte, um eine zuverlässige Vorstellung vom angestrebten Modell zu vermitteln. Der Gemeinderat Glarus übernahm später die Kosten für die Herstellung des Modells.

Für die Bauforschungen und für die Erstellung des Modells verfügte Leuzinger über zahlreiche Bilddokumente und über zuverlässige planliche Grundlagen, die den Umriss der Grundfläche jeder einzelnen Baute festhielten. Aber alle diese Informationen wie in einem Zusammensetzspiel für jedes Gebäude in massstabgetreue Fassadenansichten umzusetzen, das war geistig und körperlich eine unsagbar mühsame Arbeit. In vorgerücktem Alter beugte Hans Leuzinger während Jahren seinen Rücken ungezählte Stunden über den Plänen und Zeichnungen. Er schrieb dazu:

«Kein Haus wurde modelliert, ohne ihm eine Grundriss-Skizze entsprechend seiner Lage zu Strasse und Hintergasse und die notwendigen Fassadenskizzen im Massstab 1:250 zu Grunde zu legen, immer unter genauer Auswertung sämtlichen Bildmaterials. Dies erforderte Hunderte von massstäblichen Zeichnungen und Skizzen. ... Das Modell selbst ist in einem relativ grossen Massstab 1:250 ausgeführt, der es gestattete, die einzelnen Bauten in ihrem Charakter und in ihrer Individualität zu erfassen. Die Aufgabe wurde damit reizvoller, aber auch schwerer. Kunst- und baugeschichtliche Studien ermöglichten mir, wie ich hoffe, der Arbeit fast wissenschaftlichen Charakter zu verleihen.»[17] War die Gliederung einer Fassade oder eines Anbaus nicht oder nur ungenau bekannt, so entwarf Leuzinger aus seinen grossen baugeschichtlichen Kenntnissen heraus eine möglichst wahrscheinliche Ansicht. Auch die Farbgebung der einzelnen Gebäude klärte er sorgfältig ab.

Bereits um 1945 hatte Leuzinger die reizvolle, 1916 abgebrochene Zeugdruckerei Egidius Trümpy im Oberdorf von Glarus auf diese Weise in Plänen rekonstruiert, um für

Hans Leuzinger und Emil Wehrle, Modell von Alt-Glarus im Massstab 1:250, Blick gegen Norden.

das Museum im Freulerpalast ein Modell herstellen zu lassen. Die Ausführung jenes Modells übergab er Emil Wehrle in Zürich. «Damit war auch der Mann gefunden, der einst das Modell von Glarus zu erstellen fähig war. Seine zahlreichen Interessen und Kenntnisse alter Bauart befähigten ihn dazu».[18] Seit 1958 arbeitete Wehrle am Modell von Alt-Glarus, wie Korrespondenzen belegen, und mit aller Anstrengung vollendete er es rechtzeitig im Frühjahr 1961. Linus Birchler schrieb am 6. Juni 1961 in der *Neuen Zürcher Zeitung*: «Ich kenne kein Modell einer schweizerischen Stadt, das mit ähnlicher Gründlichkeit ausgearbeitet ist wie das des alten Glarus». Es bedeutete für Leuzinger eine besondere Freude, dass «sein» Modell in «sein» Kunsthaus Glarus kam, das er zehn Jahre zuvor als Architekt gebaut hatte: zwei seiner besten Leistungen waren damit vereinigt. Jedenfalls bis 1990, denn seither steht das Modell im Gerichtshaus in Glarus.

Texte zum neuen Glarus

Der Brand von Glarus und der anschliessende Wiederaufbau des Ortes nach einem städtischen Gesamtplan der Architekten Bernhard Simon, Niederurnen/St. Gallen, und Johann Caspar Wolff, Zürich, ist gut dokumentiert mit Archivalien, zeitgenössischen und späteren Schriften sowie mit Bilddokumenten. Hans Leuzinger befasste sich im Zusammenhang mit der Ortsplanung von Glarus 1948 und in einem Vortrag 1961 auch mit dem wiederaufgebauten Glarus; damit wollte er vor allem die Wertschätzung und Bewahrung des Ortsbildes fördern, nicht die Forschung. Die Besonderheiten und die baugeschichtliche Bedeutung der Stadtanlage mit ihrem differenzierten Netz rechtwinklig sich schneidender Strassen erfasste er klar. Zur Architektur der öffentlichen und privaten Neubauten jener Epoche fand er den Zugang recht gut, weil sie insgesamt einem zurückhaltenden Klassizismus verpflichtet ist, der im Glarnerland eine wichtige biedermeierliche Vorstufe kennt. Auch Bauten, die stärker der Architektur des Historizismus verpflichtet sind – wie die Stadtkirche oder den Bahnhof – wollte er am liebsten unverändert stehen lassen, obschon deren Formensprache weniger seinem Geschmack entsprach.

So setzte er sich als Ortsplaner in Glarus bereits in einem frühen Zeitpunkt für die sorgfältige Bewahrung der Strassen- und Platzräume sowie der Fassaden aus der Zeit des Wiederaufbaus ein. Das belegt ein Zitat im Beitrag von J. Zweifel. Dennoch sind seit 1950 in Glarus viele – nein, zu viele – Neubauten, Umbauten, Aufstockungen und Veränderungen bewilligt worden, die dem Ortsbild gar nicht zur Zierde gereichen. Dem stehen einige beispielhafte Restaurierungen gegenüber, sowohl von öffentlichen Gebäuden wie von Wohnhäusern, besonders am Rathausplatz und am Spielhof.[19]

Erforschung der Glarner Bauernhäuser und Kunstdenkmäler

In diesem Beitrag ist stets die Rede gewesen von Leuzingers bewahrender, forschender und schriftlicher Auseinandersetzung mit glarnerischer Baukultur. Was leistete er darüber hinaus noch hinsichtlich der Erforschung der Glarner Bauernhäuser und Kunstdenkmäler? Vor allem legte er dazu während Jahrzehnten eine schliesslich umfangreiche Materialsammlung an.

Materialsammlung

Sie besteht aus hunderten von Fotos, Plänen, Skizzen und Notizen, grob geordnet nach einzelnen Ortschaften und Gebäuden.[20] In früheren Jahren fotografierte Leuzinger oft selber und recht brauchbar. Später beauftragte er gerne Hans Schönwetter, Glarus, mit mittel- oder grossformatigen Aufnahmen von Ortsbildern, Kunstdenkmälern, Museumsgut und eigenen Neubauten. Dieser Fotograf, ein Meister seines Fachs, pflegte eine nüchterne, aber keineswegs stimmungslose Sachlichkeit, die die jeweiligen Objekte bei ausgewogener Beleuchtung bis in die charakteristischen Einzelheiten klar darstellt.

Die Schweizerische Gesellschaft für Volkskunde beantragte 1931 dem glarnerischen Regierungsrat, alte Bauernhäuser durch arbeitslose Techniker planlich und fotografisch aufnehmen zu lassen. «Von der Glarner Regierung wurde ich schliesslich als Leiter einer allfälligen Aktion bezeichnet. Da mich nun die Gesellschaft für Volkskunde auf die Bauernhaus-Fährte gesetzt hatte, liess mich ihre ‹Witterung› nicht mehr los. Vorerst habe ich als Spürhund auf eigene Faust landauf, landab photographiert, was mir gut schien, oft belächelt und missverstanden.»[21] Später nahm Leuzinger in Zürich Kontakt auf mit dem Technischen Arbeitsdienst (TAD) und erwirkte vom Kanton, vom Historischen Verein und vom Kunstverein die notwendigen Beiträge für Planaufnahmen. In den Jahren 1935/36 erstellte eine Gruppe des TAD nach seinen Angaben zahlreiche Planzeichnungen von rund 200 älteren Bauern- und Bürgerhäusern sowie von einigen Kirchen: Fassaden, Grundrisse und Schnitte, aber auch konstruktiv und künstlerisch wertvolle Einzelheiten. Diese sorgfältig erstellten Pläne bilden eine Dokumentation von bleibendem Wert, zumal manche der erfassten Gebäude nicht mehr oder nur stark verändert bestehen.

Die wissenschaftliche Quellenforschung und Aufarbeitung der Literatur, wie sie – besonders heute – für die Inventarisation der Kunstdenkmäler nötig ist, musste Leuzinger aus zeitlichen Gründen auf den Freulerpalast und Alt-Glarus beschränken. Von etlichen bedeutenderen Gebäuden jenes Fleckens schrieb er mit der Maschine die Baugeschichte und eine Beschreibung ins reine. Für ältere Kirchen und Einzelbauten in anderen Ortschaften trug er bei Gelegenheit Zeitungsausschnitte und allerlei Angaben aus der Literatur zusammen.

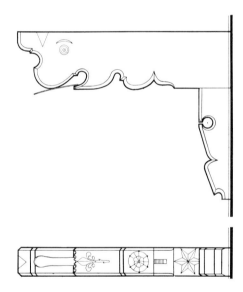

Aufnahmen des Technischen Arbeitsdienstes, 1935/1936. Grundriss eines typischen Glarner Doppelhauses in Rüti, 1748; Firstpfette als Drachenkopf ausgebildet, Unterseite mit Kerbschnitzereien, von einem Doppelhaus in Elm Vorderauen, 1773.

Schriften

Die Schriften von Hans Leuzinger haben wir in einem Verzeichnis (siehe weiter hinten) zusammengestellt und die wichtigeren von ihnen auch bereits erwähnt. Das gesammelte Material und die Kenntnis der einschlägigen Literatur[22] verschafften ihm eine zuverlässige Übersicht über die Konstruktion und Entwicklung des Bauernhauses in der Schweiz und im Glarnerland. In den 1930er Jahren grenzte er den alten Holzhausbau immer wieder entschieden vom zeitgenössischen Chalet ab, suchte aber als Architekt nach Lösungen für einen zeitgemässen modernen Holzhausbau. Sein Wissen über das Glarner Bauernhaus fand seinen Niederschlag in einem kurzen Aufsatz von 1938 und in einem kenntnisreichen Vortragsmanuskript von 1953. Es blieb jedoch dem Geografen Jost Hösli vorbehalten, das von Leuzinger gesammelte Material und weiterreichende eigene Forschungen zu verarbeiten und 1983 zu veröffentlichen im Band *Die Bauernhäuser des Kantons Glarus*.

Hans Leuzinger strebte im Alter nicht die Niederschrift eines Buches über das Glarner Bauernhaus an; sein Wunschdenken zielte auf des Verfassen des Bandes *Die Kunst-*

denkmäler des Kantons Glarus innerhalb der schweizerischen Kunstdenkmäler-Reihe. Anfang April 1949 schrieb er an Dr. Dora F. Rittmeyer, die Erforscherin schweizerischer Goldschmiedekunst: «Bezüglich der Glarner Kunstdenkmäler haben Sie noch gar nichts verpasst, da ich in den letzten Jahren durch mein Architekturbüro voll beansprucht, an eine eigentliche Inventarisation nicht denken konnte.»[23] Auch in den folgenden Jahren blieb er als Architekt ausgelastet mit der Gestaltung seiner reifen Alterswerke Kunsthaus Glarus und Gemeindesaal Niederurnen sowie mit kleineren Arbeiten. Und fortan füllten die Erforschung und das Modell von Alt-Glarus seine Freizeit aus. Als das Modell im Frühjahr 1961 vollendet war, stand er im 75. Lebensjahr, und die Beschwerden des Alters machten ihm zunehmend zu schaffen.

In der Einsicht, dass er nicht mehr die Kraft finde, den Glarner Kunstdenkmälerband selber zu schreiben, zogen er und die Gesellschaft für Schweizerische Kunstgeschichte Ende 1961 als Verfasser den Altmeister der Kunsttopografie bei: Dr. h. c. Erwin Poeschel (1884–1965), der 1961 eben seinen zehnten Kunstdenkmälerband vorgelegt hatte und dessen Schriftenverzeichnis rund 330 Titel aufwies.[24] Poeschel, drei Jahre älter als Leuzinger, machte sich mit der ihm eigenen Sorgfalt, Eindringlichkeit und Zielstrebigkeit an die Arbeit. 1962 verfasste er eine Kantonseinleitung und eine Darstellung der 1861 abgebrannten Pfarrkirche von Glarus. Am 26. Juni 1962 schrieb Leuzinger an ihn: «Ihr Manuscript habe ich in den letzten Tagen mit grossem Interesse durchgelesen und es vorzüglich gefunden. Wenn ich etwas dazu bemerken darf, so ist es, dass ich eigentlich Bedauern und einige Bedrücktheit darüber empfinde, dass ich bei der Redaktion dieses grossen wichtigen Teils (d. h. der Kantonseinleitung) nicht mehr beitragen konnte. Während ich noch mit der Beschreibung der einzelnen Objekte beschäftigt war – jeweils von Ihrem viel rascheren Arbeitstempo überholt wurde. Es ist mir wohl bewusst, dass ich zeitweilig langsam arbeite und Phasen der Ermüdung und des Aussetzens habe. Ich habe mir vorgestellt, dass für mich die Möglichkeit bestünde, mir Zeit zu lassen, um einzelne Abschnitte oder Kapitel selbständig zu bearbeiten und dann Ihrer Kritik zu unterbreiten. Ich hätte z. B. den Wunsch, Einleitung und Darstellung des alten Fleckens Glarus, mit dem ich mich doch sehr intensiv beschäftigt habe, selbständig zu bearbeiten oder zum Beispiel den Freulerpalast mit Einleitung zur Gemeinde Näfels, auch das Haltli in Mollis und die Druckindustrie (Eg. Trümpy), heimische Bauweise – den Übergang vom Bauern- zum Bürgerhaus. Dies alles natürlich mit Ihrem Einverständnis, wobei ich immer wieder betonen muss, wie wertvoll Ihre Mitarbeit im Hinblick auf das Ganze ist.»[25] Leuzingers Resignation, aber auch seine vornehme Gesinnung gegenüber Poeschel sind unüberhörbar. Alter und Krankheit zwangen indes beide, die Feder aus der Hand zu legen. Die Inventarisation der Glarner Kunstdenkmäler kam so 1962 zu einem vorläufigen Abschluss.

Hans Leuzinger rang sich noch drei kurze einleitende Abschnitte ab über die Siedlungen, das Glarner Bauernhaus und das Glarner Bürgerhaus, also über Themen, die er bereits früher mehrfach zusammenfassend beschrieben hatte. Sie erschienen 1966 im Druck unter dem Titel *Siedlungs- und Bauformen des Glarnerlandes*. Im letzten Abschnitt ging er nochmals auf die Glarner Industriebauten und Hängetürme ein, deren Wert und Bedeutung für die glarnerische Kulturlandschaft er lange vor jener Zeit erkannt hatte, in der man endlich auch in der Schweiz «Industriearchäologie» zu einem ernsthaften Thema und zu einem Anliegen der Denkmalpflege und Kunsttopografie machte. In den nächsten Jahren wird es die Hauptaufgabe des Schreibenden sein, den ersten der drei jetzt vorgesehenen Glarner Kunstdenkmälerbände, jenen über das Unterland, fertig zu bearbeiten und zum Druck bereit zu machen.

Hans Leuzinger, Federzeichnungen, in: J. Winteler, «Das Heimatmuseum im Freulerpalast», 1943: Heilige Barbara, Holzstatue aus der Kirche Näfels, um 1655; silberner Deckel des Gebets- und Reisebüchleins von J. H. Elmer, 1645.

Zum Schluss

Hans Leuzinger hat sich um die Erforschung und Bewahrung glarnerischer Baukultur bleibende Verdienste erworben und auf einzelnen dieser Gebiete als Vorläufer, Bahnbrecher und Fürsprecher gewirkt. Seinen Vorträgen und den meisten seiner Schriften eignet denn auch ein gewisser erzieherischer und aufklärerischer Grundzug. Sie sind nicht sehr umfangreich, sachlich fundiert und sprachlich sorgfältig bedacht. Leuzinger pflegte dabei eine einprägsame, aber niemals polemische Gedankenführung, die den Leser oder Hörer von seinen Anliegen und Ansichten aufgrund von Tatsachen überzeugen sollte. Meistens schrieb oder sprach er für einen breiten Leser- oder Zuhörerkreis. Daneben verfasste er auch einige Forschungsbeiträge, wie seine Aufsätze über die Renovation des Freulerpalastes, das Schloss Greifensee oder Gilg Tschudis Häuserverzeichnis belegen. Er hoffte, seiner Arbeit am Modell von Alt-Glarus «fast wissenschaftlichen Charakter zu verleihen»[26]. Das ist ihm tatsächlich auch gelungen. Die Erforschung von Alt-Glarus, die im Modell – nicht in einem Text – ihren Gipfel erreichte, stellt zweifellos seine herausragende und bleibende wissenschaftliche Leistung dar. In der Vollkommenheit des Gelingens ist das Modell eine einzigartige Frucht von Leuzingers Doppelbegabung als Architekt und als Bauforscher – sowie der Mitarbeit eines vortrefflichen Modellbauers. In vergleichbarer Weise konnte sich seine Doppelbegabung bei der Renovation des Freulerpalastes erfüllen; freilich musste sich diese Leistung – von vornherein und unausweichlich – als zeitbedingter erweisen.

Hans Leuzinger und Emil Wehrle, Modell der Zeugdruckerei Egidius Trümpy im Oberdorf von Glarus, angefertigt 1948. Diese baulich vielgestaltige und bedeutendste Zeugdruckerei im Kanton Glarus wurde 1916 vollständig abgebrochen.

Wenn ich Hans Leuzingers gesamtes Lebenswerk überblicke, so komme ich zum Schluss, er habe mit seiner langen Tätigkeit als Architekt die stärkere Seite seiner Doppelbegabung und seine eigentliche Berufung zur Hauptsache seines Schaffens gemacht. Das Leistungsvermögen des schöpferischen Architekten überragte bei ihm meines Erachtens jenes des vielseitig interessierten Kenners und Anwaltes glarnerischer Kultur und Kunst. Auch wenn Leuzinger die Erforschung der Glarner Baukultur zu seiner Hauptaufgabe gemacht hätte, so hätte er von seinen sprachlichen und spezifisch wissenschaftlichen Fähigkeiten her als Kunsthistoriker kaum das Format eines Erwin Poeschel, Linus Birchler oder Albert Knoepfli erreicht, um nur drei hervorragende

Schweizer Kunsthistoriker und Inventarisatoren zu nennen, die er persönlich gekannt und geschätzt hatte. Ein Buch hat er denn auch nie geschrieben. Zu seiner Zeit besass Glarus einige vorzügliche Historiker, von denen einige hier an entsprechenden Stellen genannt wurden. Als Architekt dagegen überragte er seine Glarner Kollegen und fand er auch in der Schweiz Beachtung. In dieser richtigen Gewichtung seiner Begabungen und Tätigkeiten konnte Hans Leuzinger für sich persönlich und für den von ihm geliebten Kanton Glarus am meisten erreichen. Ganz so, wie er es 1946 bei der Einweihung des Museums im Freulerpalast bekannte, wobei im folgenden Zitat die Arbeit an «Palast und Museum» mit seinem Lebenswerk als Architekt und für die Glarner Kultur gleichgesetzt werden darf. Denn auch hinsichtlich moderner Architektur war Glarus nämlich etwas im Hintertreffen, bis Leuzinger hier dem Neuen Bauen zum Durchbruch verhalf:

«Wenn ich noch sagen darf, woher mein Anstoss und meine Begeisterung für das nun vollendete Werk kamen, so ist es wohl dies: Ich war noch ein Schulbub, als ich schon eifersüchtig das Glarnerland mit den Bruderkantonen verglich, stolz war, wo es führte, betrübt, wo es zurückstehen musste. Ihm einmal dienen zu können war mein Bubenehrgeiz. Seit Jahren wohne ich nun am Zürichsee, und immer wieder fühle ich die Verbundenheit mit der Heimat, in deren Dienst ich die Arbeit an Palast und Museum stellte. Ich habe versucht dies zu tun auf einem Gebiet das ich liebte, auf einem Gebiet, wo eben das Glarnerland bis jetzt etwas im Hintertreffen stand.»[27]

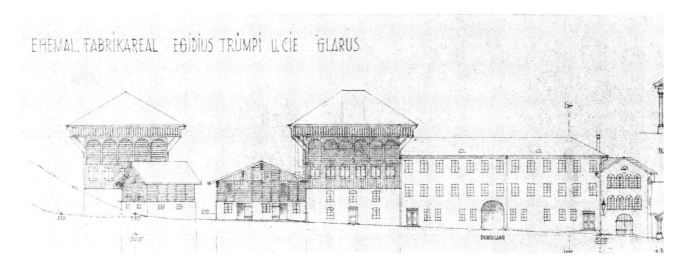

Hans Leuzinger, Skizze für das Modell der Zeugdruckerei Egidius Trümpy im Oberdorf von Glarus, 24.4.1946. Skizze und Modell befinden sich im Freulerpalast Näfels.

Die Schriften von Hans Leuzinger (HL) sind hier nur abgekürzt zitiert; vollständige Angaben im Schriftenverzeichnis.

[1] Die Architektenfirma Streiff und Schindler fand noch keine Darstellung. Vgl. Nachruf auf Joh. Rudolf Streiff, in: *Schweizerische Bauzeitung (SBZ)*, 17. Juli 1920, S. 31–33. – Den Nachruf auf Gottfried Schindler (1870–1950) schrieb Hans Leuzinger in: *SBZ*, 2. Dezember 1950, S. 676. – Einzelne Arbeiten der Firma Streiff und Schindler publizierten zwischen 1898 und 1920 die SBZ (1898, S. 81f., 278f.; 1903, S. 240; 1907, S. 29–33, 45–51; 1908, S. 43–45, 142f.; 1909, S. 293–299; 1910, S. 241, T. 50–53; 1913, S. 193–199, 329–336; 1914, S. 141, T. 21, 270f., 288f., T. 46–53; 1915, S. 221, T. 29.; 1920, S. 85f. und *Die Schweizerische Baukunst* (1913, S. 33, 40f.; S. 134–140).

[2] HL, «Einführungsworte», Mskr. 1932, S. 2f., 7f.

[3] HL, «Ziele der Heimatschutzbewegung», Mskr. 1936, S. 2f., 13.

[4] Wie Anm. 3, S. 17.

[5] HL, «Die Renovation des Freulerpalastes», in: *SBZ*, 11. März 1944, S. 131.

[6] HL, «Der Freulerpalast in Näfels», Mskr. um 1942/43, S. 25.

[7] Linus Birchler, *Restaurierungspraxis und Kunsterbe in der Schweiz*, Zürich 1948, S. 15. – Birchler sandte diese originelle und angriffige Schrift «Hans Leuzinger in Freundschaft» mit einem kurzen, für ihn typischen Begleitbrief (17.7.48): «Mein Lieber, Hier bekommst Du eine in recht deutscher Sprache geschriebene Broschüre. Wenn Du sie gelesen hast, so schreibe einen kräftigen Brief, in dem Du die Jämmerlichkeit unseres Kredites betonst. Ich werde dann den Brief (Bundesrat) Etter unter die Nase halten, der jetzt noch der kindlichen Meinung ist, eine Erhöhung auf 200 000 Fr. bedeute für uns eine Wohltat. Dabei haben wir momentan bereits Verpflichtungen für 750 000 Fr. – Herzlich Dein Linus B.»

[8] Jürg Davatz, «Der Freulerpalast in Näfels. Seine baulichen Veränderungen im Laufe

der Zeit und die Aussenrestaurierung von 1983», in, *Glarnerland/Walensee,* 1984, S. 33–39, auch als Separatdruck. – Ders., «100 Jahre Denkmalpflege am Freulerpalast in Näfels», in: *Unsere Kunstdenkmäler,* 1987/1, S. 126–130. – Ders., «Les stucs du Palais Freuler à Näfels», in: *ICOMOS 90,* Lausanne 1990, S. 57–59. – Ders., *Freulerpalast Näfels – Museum des Landes Glarus, Schweizerische Kunstführer GSK* (in Vorbereitung).

[9] Albert Knoepfli, *Schweizerische Denkmalpflege,* Zürich 1972. Im allgemeinen Zusammenhang mit dem Freulerpalast und Leuzingers denkmalpflegerischer Arbeit, die nicht besonders erwähnt werden, besonders: S. 40–44 (Heimatschutz, Doktrinen der Materialechtheit), S. 45–55 (zu Leuzingers Freunden Josef Zemp und Linus Birchler), S. 79–124 (Rekonstruktion, Nachschöpfung, Verflechtung und freie Schöpfung)

[10] HL, «Ansprache zur Eröffnung des Museums des Landes Glarus», Mskr. 4. April 1946, S. 1–3.

[11] HL, «Das alte Glarus», Mskr. 1961, S. 1.

[12] HL, «Zum Modell von Alt-Glarus», Mskr. 1961, S. 2.

[13] Sven Stelling-Michaud, *Unbekannte Schweizer Landschaften aus dem XVII. Jahrhundert,* Zürich-Leipzig 1937. – Gustav Solar: *Jan Hackaert: Die Schweizer Ansichten 1653–1656,* Zürich 1981.

[14] HL, «Gilg Tschudis Häuserverzeichnis», in: *JHVG 1952,* S. 338 u. 358.

[15] Jakob Winteler, *Glarus, Geschichte eines ländlichen Hauptortes,* Glarus 1961, S. 15–43.

[16] Wie Anm. 11, S. 2.

[17] Wie Anm. 12, S. 2.

[18] Wie Anm. 12, S. 3f.

[19] Jürg Davatz, «Die Bedeutung von Glarus als Baudenkmal», in: *Glarner Nachrichten,* 8. u. 9. Juni 1973, 21. Juli 1973.– Replik von Jakob Zweifel, *Glarner Nachrichten,* 6. u. 7. - Juli 1973. – Werner Stutz, «Glarus», in: *Inventar der neueren Schweizer Architektur 1850–1920 (INSA),* Band 4, Bern 1982. – Jürg Davatz, *Glarus, Schweizerische Kunstführer,* Nr. 328/329, Bern/Glarus 1983.

[20] Die Materialsammlung befindet sich zum grösseren Teil im Landesarchiv Glarus und zum kleineren im Freulerpalast Näfels.

[21] HL, «Das Glarner Bauernhaus», Mskr. 1953, S. 2.

[22] J. Hunziker, *Das Schweizerhaus,* III, Graubünden nebst Sargans, Gaster und Glarus, Aarau 1905. – E. Buss, *Das Bürgerhaus im Kanton Glarus;* Zürich 1919. – H. Brockmann-Jerosch, *Das Schweizer Bauernhaus,* Bern 1933. – Peter Meyer, *Das Schweizerische Bürgerhaus und Bauernhaus,* Basel 1946.

[23] Briefkopie im Archiv der Kdm-Inventarisation Glarus, Ordner Leuzinger. – Frau Rittmeyer inventarisierte später die Glarner Gold- und Silberschmiedearbeiten für Leuzinger.

[24] Zu Erwin Poeschel vgl.: Albert Knoepfli, «Zum 80. Geburtstag von E. P.», in: *Unsere Kunstdenkmäler,* 1964/4, S. 159ff. und anschliessende Bibliografie. – Emil Maurer, «E. P. zum Gedenken», in: *Unsere Kunstdenkmäler,* 1965/3, S. 133ff.

[25] Briefkopie im Archiv der Kdm-Inventarisation Glarus, Ordner Leuzinger.

[26] Wie Anm. 12.

[27] Wie Anm. 10, S. 13.

Marion Wohlleben
Der Heimatschutz zwischen Tradition und Moderne

Heimatschutz in der Schweiz: Vor- oder Fehlurteile

Der Heimatschutz hat seine Wurzeln im 19. Jahrhundert und ist eine – gemessen am eigenen Anspruch – nie wirklich erfolgreich gewesene Reformbewegung gegen jene fundamentalen Veränderungen, die mit der Umstrukturierung zur Industriegesellschaft zusammenhingen.[1] Vor seiner Gründung (1904 in Deutschland, 1905 in der Schweiz) hatte es bereits kleinere Gruppierungen gegeben, die sich für verschiedene, vornehmlich natürliche Schutzobjekte einsetzten – für alpine Pflanzen- und Tierarten, für einzelne Bäume oder Felsformationen. Die Heimatschutzvereinigung bündelte solche Initiativen, erweiterte die bis dahin spezialisiert gebliebenen Interessen sowie deren Wirkungsbereich.[2]

In seinen Anfängen war der Heimatschutz eine Protestbewegung und, entgegen einem landläufigen Vorurteil, vorwiegend antikapitalistisch und international. Nationalistisch-offensive Tendenzen, die von patriotisch-defensiven unterschieden werden müssen, blieben die Ausnahme.[3] Und schliesslich: Der Heimatschutz war nicht auf die deutschsprachigen Länder beschränkt. Gründungsinitiativen gingen in der Schweiz gleichzeitig von den welschen Kantonen wie von Bern, Basel und Zürich aus.[4] Sogar die Programmschriften des Heimatschutzes, die grosse Verbreitung fanden, stammen von französischsprechenden Autoren und sind ohne Parallele in der deutschen Schweiz geblieben: die Bücher von Guillaume Fatio, *Ouvrons les Yeux. Voyage esthétique à travers la Suisse* (Genf 1904), Georges de Montenach, *Pour le visage aimé de la Patrie!* (Lausanne 1908) und Ernest Bovet, *Malfaiteurs inconscients* (Genf 1908).

Guillaume Fatio, Seite aus «Ouvrons les Yeux, Voyage esthétique travers la Suisse», Genf 1904.

Bei aller Bürgerlichkeit lässt sich bei vielen Protagonisten des Heimatschutzes eine kapitalismuskritische Einstellung bei gleichzeitiger internationaler Orientierung vielfach belegen. Akademische Berufe waren bei ihnen keine Seltenheit, denn selbstverständlich setzte das aktive Engagement für die Sache des Heimatschutzes eine ästhetische und jedenfalls ansatzweise intellektuelle, vergleichende Auseinandersetzung mit der Umwelt voraus.[5] Gerhard Boerlin, Mitbegründer und langjähriger Vereinsvorstand aus Basel, legte jedoch Wert auf die Feststellung, dass Heimatschutz «kein Fach, keine Wissenschaft und kein Beruf, sondern eine Gesinnung sei».[6] Anhand der frühen Schriften, Zeitschriftenbeiträge und Kongressakten der beiden ersten internationalen Kongresse von 1909 in Paris und 1912 in Stuttgart oder der 1. Gemeinsamen Tagung für Denkmalpflege und Heimatschutz in Salzburg 1911, an denen nicht nur verschiedene Nationen – unter ihnen die Schweiz – teilnahmen, lässt sich zeigen, dass auch der «politische» Standort zur Sprache kam. Die Frage, ob man etwas so Nationales wie den Heimatschutz überhaupt international betreiben könne, beantwortet Karl Johann Fuchs in seinem Grundsatzreferat in Stuttgart: «Das dem ganzen Heimatschutz zugrundeliegende Problem ist doch in allen modernen Kulturstaaten dasselbe. Es ist der Kampf gegen den rücksichtslos das Gewordene und seine Schönheiten zerstörenden Kapitalismus…»[7] In Paris hatte es kaum anders geklungen, doch blieb es nicht bei diesen Festreden; der Austausch mit den Kollegen in anderen Ländern scheint ähnlich selbstverständlich gewesen zu sein wie bei Naturwissenschaftlern oder Architekten, die sie ja auch waren.[8] Allerdings erlitten die internationalen Kontakte – wie die Bewegung insgesamt – durch den Ersten Weltkrieg einen schweren Rückschlag. Mitgliederzahl und Subventionen sanken, Aktivitäten wurden eingeschränkt und die Engländer zogen sich als Gönner zurück.[9]

Humoristische Postkarte der Jahrhundertwende.

Vor allem aber vertiefte sich in der Schweiz selber der Graben zwischen den französisch- und deutschsprechenden Landesteilen.[10] Zwar bewahrte die Schweiz ihre politische Neutralität, doch das sprachlich und kulturell begründete Zusammengehörigkeitsgefühl zu je einem der beiden kriegführenden Länder Deutschland und Frankreich stellte den eidgenössischen Konsens auf eine harte Probe, und es war nicht zuletzt der vielseitige und mehrsprachige Philologe Ernest Bovet (1870–1941), Professor für romanische Literatur an der Universität Zürich, Präsident der Vereinigung von 1912–1918 und ihr vielleicht bedeutendster Vertreter, der sich in Beiträgen für seine Zeitschrift *Wissen und Leben* sowie mit seinem Engagement für den Völkerbund unermüdlich für die Vermittlung zwischen germanischem und romanischem Element einsetzte.[11]

Es war keineswegs immer leicht für die verschiedenen Sprachregionen, sich auf das zu verständigen, was als für alle Landesteile typisch schweizerisch gelten konnte. Zwar hatte man sich bereits seit dem 18. Jahrhundert und seit Johannes von Müller darauf geeinigt, dass die Alpen die einigende Kraft seien, «die alle Schweizer verbindet»[12]; die Frage jedoch, wer die eigentlichen, die besseren Schweizer seien, stellte sich immer wieder. Anlässlich der Landesausstellungen Zürich (1893) – Genf (1896) – Bern (1914)[13] kamen derartige Konkurrenzen ins Spiel, die erst 1939 angesichts der Gefahren von Faschismus und Krieg, die von Deutschland ausgingen, gemildert werden konnten.

Dennoch muss festgestellt werden, dass die nationalistischen und wie immer feindlich gesinnten (antisemitischen, rassistischen) Töne, die man von einigen deutschen Heimatschützern, besonders aber von Paul Schultze-Naumburg[14] kennt, in der Schweiz kaum zu vernehmen waren.

Politisch gesehen bot die frühe Heimatschutzbewegung ein heterogenes Bild. Je nachdem, wer in der Sektion oder in der Gesamtvereinigung seinen Einfluss geltend machte, unterscheiden sich Äusserungen und Praxis, und es wird deutlich, dass es sich beim Heimatschutz nicht um eine Partei handelt, die alle ihre Mitglieder auf ein verbindliches Programm verpflichten kann. So sind nicht nur unterschiedliche, sondern auch widersprüchliche Aspekte zu verzeichnen. Es gibt, um nur einige Kategorisierungen vorzunehmen, soziale, konfessionell oder sozialistisch orientierte Äusserungen, manchmal mit klassenkämpferischem Anflug, es gibt die international weitsichtigen Bildungsbürger, die mehr oder weniger patriotisch argumentieren, oder die Konservativen und Xenophobischen (Fremdenangst), die wirtschaftlich-protektionistische Ziele verfolgen oder auf die ständische, vorindustrielle Gesellschaft zurückgreifen wollen. Offenbar war die Organisation so offen und die Vereinigung politisch so wenig festgelegt, dass diese unterschiedlichen Einstellungen nicht nachhaltig miteinander kollidierten; gewisse Schwierigkeiten waren jedoch vorprogrammiert. Es liegt natürlich auf der Hand, dass so gegenläufig erscheinende Ziele, wie die internationale Aufgeschlossenheit und der Wunsch nach Wahrung kleinräumlicher Eigenarten und Eigenheiten – vom Brauchtum über die einheimische Flora und Fauna bis hin zur ortsüblichen Bauweise –, schwer nebeneinander aufrechtzuerhalten waren.

Wie die Sozialisten verurteilte man im Heimatschutz Bauspekulation und Ausbeutung, lehnte aber gleichzeitig die revolutionären Ziele der internationalen Arbeiterbewegung ab, die die Ablösung der bürgerlichen, vom Individuum getragenen Kultur durch die proletarischen Massen proklamierte. Man war nicht grundsätzlich gegen wirtschaftliches Wachstum und technischen Fortschritt, wissend, dass hier Lebensgrundlagen betroffen waren. Doch die ständig expandierenden Investitionen kapitalkräftiger (oft ausländischer) Unternehmen und die zerstörerische Beseitigung aller für das Kapital hinderlichen Schranken waren meistens die Ursache der Probleme, gegen die der Heimatschutz auftrat. Für Sozialisten und Heimatschützer gab es also gemeinsame Gegner, Profitinteresse und Ausbeutung, die in vielen zeitgenössischen Beiträgen klar und deutlich angeprangert werden.[15] Während sich aber die Politik der Sozialisten gegen die unbeschränkte Ausbeutung der Arbeitskraft richtete, konzentrierte sich der Heimatschutz auf diejenige von Natur und Kultur.

Durch die Zielvorgaben des Heimatschutzes und die damit zusammenhängende zwangsläufige «Nahsicht» sowie die unumgängliche Bindung an den kleinen, örtlichen und überlieferten Massstab, Qualitäten die man bei den «Gegnern» vermisste, ergaben sich für die Vereinigung Probleme, mit denen sie quer zu den existierenden Fronten stand und die bestimmte Koalitionen schwieriger oder unmöglich machten. An der Glaubwürdigkeit der in Stuttgart 1912 geäusserten Überzeugung, dass die Liebe zur Heimat in verschiedenen Ländern über den Weg internationaler Kongresse zu einer kulturellen Annäherung der Völker führen könne, ändert das meines Erachtens jedoch nichts.[16]

Die Heimatschutzbewegung ist freilich ohne eine gewisse, vor allem wirtschaftspolitisch naive, an traditionellen kulturellen Werten orientierte, idealisierte Weltsicht nicht vorzustellen. Vergegenwärtigt man sich aber einmal die Beweggründe dieser Bewegung, der es letztlich um die Wahrung oder Wiederherstellung des menschlichen Massstabes ging, um die würdige Existenz in einer unzerstörten, harmonischen und gesunden Umgebung, um die Erhaltung oder Wiederherstellung ethischer, ästhetischer und sozialer Qualitäten und damit um Bedingungen für Heimat, dann dürfte die Kritik gerade der Anfänge des Heimatschutzes eigentlich heute nicht mehr so vernichtend ausfallen.[17]

Offensichtlich liess sich weder die anfängliche Euphorie noch eine gewisse Radikalität, mit der die ersten Heimatschützer auftraten, im Klima des ständigen Wirtschaftswachstums aufrechterhalten. Auf ein alternatives Wirtschaftskonzept konnte man nicht zurückgreifen, ebensowenig wie auf irgendwelche Macht- oder Rechtspositionen. Statt dessen baute man auf den guten Willen und war auf Kompromissbereitschaft, vor allem auf die eigene, angewiesen. Knoepfli spricht in diesem Zusammenhang vom «Kompromissklima der Praxis»[18], und attestiert dem Heimatschutz, dass er nur ungenügend die grundsätzliche Unvereinbarkeit seiner Ideen mit dem geltenden Prinzip «Fortschritt um jeden Preis» gesehen habe.[19] Schliesslich dürfte es aber wohl gerade jene Kompromissfähigkeit sein, die dem Heimatschutz bis heute ein Überleben ermöglicht hat.

Heimatschutz und Funktion

«La locomotive manifeste et son rôle et sa fonction; c'est là, la première qualité de tout objet.» Dieser Satz stammt aus der 1908 erschienenen Schrift *Pour le visage aimé de la Patrie!*[20] von Georges de Montenach (1862–1925), dem Westschweizer Schriftsteller und Programmatiker des Heimatschutzes der ersten Stunde, ausnahmsweise nicht aus der Feder eines ausgewiesenen Funktionalisten. Dies ist in mancher Hinsicht bemerkenswert, denn es handelt sich hier nicht um eine zufällige Bemerkung über die Schönheit von Lokomotiven, der man keine weitere Bedeutung beizumessen hätte, sondern offenbart im Gegenteil eine Seite des Heimatschutzes, die bislang zu wenig berücksichtigt wurde – wohl weil sie dem gängigen Bild von dieser Bewegung zuwiderläuft –, nämlich die funktionale.[21] Montenach und seine Kollegen sind keine verschrobenen Maschinenstürmer, die um jeden Preis die bäuerlich-ländlichen Verhältnisse retablieren wollen. Die Industrie und ihre Folgen, Verkehr und städtische Entwicklung werden, jedenfalls nicht von der Mehrheit der schreibenden Protagonisten in der Schweiz, nicht grundsätzlich abgelehnt. In dieser Hinsicht geht man auch bewusst über die Ahnen der Bewegung, die Arts-and-Crafts-Vertreter William Morris und John Ruskin, hinaus, welche die industrielle Maschinenproduktion für die Ursache der Probleme hielten, und nähert sich den Vorstellungen des Werkbunds. «Die Heimatschutzfreunde», so Gerhard Boerlin 1911, «haben nie verkannt, dass die Entwicklung nicht stille stehen darf, dass die neuen Zeiten sich in neuen Bahnen betätigen müssen. Sie fühlen nicht in erster Linie antiquarisch. … Im Gegenteil hat die Schweizerische Vereinigung für Heimatschutz von Anfang an versucht, das Ihre dazu beizutragen, um im einzelnen Falle die beste Lösung zu finden. … Ein Gegensatz zur modernen Technik ist damit nicht ausgesprochen; vielmehr wird ein Zwiespalt zwischen den beiden Interessen durchaus verneint.»[22]

Was man verhindern will, ist das ungehemmte, wir würden heute sagen exponentielle Wachstum. Man möchte die Geschwindigkeit der Veränderungen drosseln und auf ein für Menschen verträgliches und verständliches Mass reduzieren. Veränderungen hätten sich früher, so Montenach, (von Naturkatastrophen abgesehen, die aber selten und räumlich begrenzt waren) viel langsamer vollzogen und seien daher kaum spürbar gewesen.[23] Die Geschwindigkeit, mit der Veränderungen seit der Industrialisierung stattfanden, erlebten viele als harten und bedrohlichen Bruch mit allem Vertrauten, und der Heimatschutz machte es sich zur Aufgabe, diesen Bruch oder diese Brüche auszugleichen, zu heilen und ihnen entgegenzuwirken.

Für Architektur und Städtebau hiess das «Anpassung» (Gerhard Boerlin) oder das «Anschliessen» (Paul Ganz)[24] neuer Bauten an die Nachbarschaft und an die umgebende Landschaft – Eigenschaften, die man bei der Architektur aus vorindustrieller Zeit für selbstverständlich hielt. Das hiess jedoch nicht Kopieren der Bauten jener Zeit, sondern das Anknüpfen an und Weiterentwickeln von bewährten Bauten und Bautypen.[25]

Aber obwohl die neuere Entwicklung als Fehlentwicklung betrachtet wird, propagiert man keineswegs die gewaltsame Beseitigung von bestehenden Eisenbahntunnels, bereits existierenden Bergbahnen oder anderen technischen Bauwerken, wie die eiserne Hängebrücke von Fribourg. Nach seinem seitenlangen Referat über die «offiziellen Zahlen» der damals bereits existierenden Bergbahnen – die erste war 1871 die Zahnradbahn von Vitznau auf die Rigi, inzwischen waren es einundvierzig – sagt Ernest Bovet: «Wir wollen über das Geschehene keine Träne vergiessen, und keine bereits gebaute Bergbahn zerstören. So töricht sind wir nicht: wir brauchen unsere Kraft für die Zukunft. Braucht die Fremdenindustrie ihr Dutzend Panoramagipfel, so hat sie sie bereits. Nun ist es aber genug. Von den noch verschonten Gipfeln mittlerer Höhe sollte keiner mehr preisgegeben werden, es sei denn, dass irgendeine kantonale Souveränität es zu ihrem Besten unbedingt verlange. Von den Hochgipfeln jedoch, die unsere Heiligtümer sind, darf kein einziger geschändet werden.»[26] War die Kompromissbereitschaft sonst durchaus vorhanden, endete beim Thema Hochgebirge jede Toleranz. «Ein Gebiet gibt es aber, wo die Heimatschutzvereinigung Bedürfnisse des wirtschaftlichen Lebens nicht anerkennt, oder sie höheren Gütern unterzuordnen für ihre Pflicht hält. Es ist die Hochgebirgswelt unseres Landes, die frei bleiben soll von all den vielen durch die Fremdenindustrie, wie das schändliche Wort nun einmal lautet, unvermeidlich im Gefolge mitgeführten vielen unedlen Unternehmungen zum Geldverdienen.»[27] Die Fortschreibung dieser Entwicklung, die Realisierung aller noch geplanten Vorhaben (Matterhorn, Jungfrau und andere mehr) sollte gestoppt oder doch wenigstens drastisch eingeschränkt werden.

Angesichts der ökologischen Probleme am Ende des zwanzigsten Jahrhunderts, welche die hochalpine Welt offenbar besonders empfindlich treffen, kann man für diese Haltung eigentlich doch einiges Verständnis, wenn nicht sogar Hochachtung aufbringen.[28] Hingegen liesse sich die Frage stellen, wieso es nicht gelungen ist, diese Forderungen durchzusetzen.

Erforschung und Erhaltung der Baukultur

Neben seinem Engagement für einen schonenderen Umgang mit Landschaft und natürlichen Ressourcen und für zeitgenössische Architektur, die sich in ihre Umgebung einpasst, hat sich der Heimatschutz um einen anderen Bereich verdient gemacht, der einen Schwerpunkt seiner Arbeit darstellt: die Erhaltung der einheimischen Baukultur. Als er mit diesem Anspruch um die Jahrhundertwende antrat, stand er damit noch alleine da und zielte in eine Lücke, die erst langsam, viel zu langsam, vom Denkmalschutz ausgefüllt wurde. «Gegenüber der damaligen Denkmalpflege», so schreibt Albert Knoepfli, «treten sofort die breitere Grundlage, die organischere Auffassung bedrohter Ganzheiten, so der Ortsbild- und Landschaftsschutz im umfassenden Sinne in Erscheinung…»[29]

Die Denkmalpflege, das heisst die Inventarisation der Kunstdenkmäler, die seit 1887 von der Schweizerischen Gesellschaft für Erhaltung historischer Kunstdenkmäler, Vorläufervereinigung der heutigen GSK (Gesellschaft für Schweizerische Kunstgeschichte, u.a. die Herausgeberin der Kunstdenkmälerinventare) geleistet wurde, war, wie in anderen Ländern auch, eine Vereinigung von Historikern, weniger von Kunsthistorikern, deren Interesse auf mittelalterliche und ältere Bauten und Relikte gerichtet war. Die Gesellschaft kümmerte sich um die Restaurierung von Kirchen und Burgen und kaufte auf der anderen Seite gefährdete Objekte an, um sie ins neugegründete Zürcher Landesmuseum zu bringen. Ausserdem war die Kommission für die Begutachtung von Restaurierungen zuständig, die, wie man weiss, damals noch weniger vom Gedanken des Konservierens und Dokumentierens ausgingen als vom schöpferischen Nachschaffen. In jedem Fall handelte es sich aber um herausragende Monumente der älteren sakralen oder feudalen Geschichte. Für die Alltagskultur vom einfachen Bauernhaus bis zum städtischen Bürgerhaus hatten die ersten «Denkmalpfleger» noch kaum ein Auge und insofern ist es dem Heimatschutz zu verdanken, dass er wichtige Vorarbeiten geleistet hat in Bereichen, für die sich die an der Repräsentationsarchitektur geschulten Kunsthistoriker nur langsam erwärmen konnten. Offenbar mit Bezug auf die Bauernhausforschung, wie sie seit der Mitte des 19. Jahrhunderts existierte, schreibt Montenach, «la maison suisse populaire, longtemps indifférente aux érudits, est devenue pour eux, depuis quelques années, le champ de recherches intéressantes et pleines d'enseignements...»[30] Die Autoren dieser Werke waren zwar weder Heimatschützer noch Denkmalpfleger, aber es scheint, als wenn vom Heimatschutz die Notwendigkeit derartiger Forschungen, zur Verbreitung der Kenntnis über die einfachen lokalen Bauformen – als Grundlage für die Heimatkunde – zunächst einmal sehr viel ernster genommen worden wäre. Erst in der Bau- und Beratungspraxis scheint dann das geschmäcklerische Gestalten, das ohne tiefere Kenntnisse auskam, Oberhand gewonnen zu haben, so dass offenbar die Grenzen zwischen Denkmalkunde und Neugestaltung immer unklarer wurden. Und so kann man Albert Knoepflis Kritik verstehen, dass man wohlmeinenden Laien ein Feld überliess, das der systematischen Erforschung und wissenschaftlichen Bearbeitung – vor allem Denkmalkunde und Bauforschung – bedurft hätte. «Die sinnvolle Aufteilung der Aufgaben zwischen Denkmalpflege und Heimatschutz und die Möglichkeiten, sie optimal zu lösen», meint Knoepfli, «ist erst in neuerer Zeit wahrgenommen worden.» Er erhebt den Vorwurf des «Restaurierungsdilettantismus» und fährt fort: «Man hat eingesehen, dass gutgemeinte, aber eben doch unwissenschaftliche, mit der linken Hand erledigte Denkmalpflege nicht mehr verantwortet werden kann...»[31]

Das Verhältnis zum Bauen

Trotz des bisher Gesagten kann es nicht Sinn dieses Beitrages sein, den Heimatschutz sozusagen von einer vornehmlich wertkonservativen zu einer progressiven Bewegung umzumünzen – das würde wohl auch kaum gelingen. Es geht hier aber darum, feststehende Meinungen und Pauschalurteile über Heimatschutz und Heimatstil etwas zu korrigieren. Man kann nicht übersehen, dass der Heimatschutz auf neu auftauchende Probleme – wie die Zerstörung der Landschaft durch Industrie, Verkehr und Tourismus – aufmerksam gemacht hat, und dass er bestrebt war, aktiv zur Lösung dieser Probleme beizutragen. Auch seine Forderungen nach besseren Wohn- und Lebensverhältnissen, nach Heimat, als Bedingung für psychische und soziale Gesundheit sind nicht völlig von der Hand zu weisen. Je nach Werthierarchie kann man darin altmodische bis reaktionäre oder aber in Ansätzen auch vorausschauende und fortschrittliche Momente erkennen. Vorausgesetzt allerdings, dass man nicht der Ansicht ist, dass die Entscheidung zwischen Flachdach und Steildach die einzig wichtige Entscheidung des 20. Jahrhunderts gewesen ist, die gute und schlechte Architektur vorab in zwei Lager teilt. Diese und andere Streitpunkte aus der damaligen Architekturdebatte waren ein Streit um Ideen, Weltanschauungen und Geschmack; aber sie waren auch ein Konkurrieren um Einfluss, um Aufträge und um Marktanteile.

Es wäre auch viel gewonnen, wenn man von einer zu simplen Polarisierung, wie sie in der Sekundärliteratur noch immer anzutreffen ist, abkommen könnte.[32] In jüngerer Zeit wurde, beispielsweise von Vittorio Magnago Lampugnani für die deutschen Verhältnisse, damit begonnen, das traditionalistische oder konservative Lager auszuleuchten und innerhalb desselben Tendenzen, Qualitäten sowie Einzelpersönlichkeiten genauer zu differenzieren. Ein Problem dabei ist bekanntlich, dass Begriffe wie traditionalistisch, konservativ, reaktionär, progressiv, avantgardistisch, die zur Unterscheidung gesellschaftspolitischer Programme taugen, sich nicht ohne weiteres auf Architektur übertragen lassen und dass auch die von den Architekten geäusserten Vorstellungen diesbezüglich nicht mit dem Gebauten identisch sein können. Jedenfalls müssen Etikettierungen von Personen und Programmen am architektonischen Material jedes einzelnen Architekten und jedes einzelnen Werkes genau überprüft werden.[33]

In diesem Sinn kommt es auch für die Architektur der Heimatschutzbewegung darauf an, Anspruch und Leistungen genauer zu bewerten. Ausstellung und Katalog über Hans Leuzinger bieten solch einen längst fälligen Anlass, denn Leuzinger gehört zu jenen, die aufgrund einer Etikettierung als Heimatschutzarchitekt bisher viel zu wenig Beachtung fanden und dies, obwohl er bei näherer Beschäftigung nicht nur ein moderner, sondern auch ein guter Architekt gewesen ist. Freilich liegen seine Bauten mit ihren individuellen Qualitäten weit über der durchschnittlichen, vom Heimatschutz propagierten Architektur, und doch ist es kein Widerspruch zu behaupten, dass diese ihrerseits besser ist als ihr Ruf. Jedenfalls sind Unterschiede oder gar fundamentale Gegensätze zu anderen, gleichzeitig auftretenden Baurichtungen, wie beispielsweise derjenigen des Werkbunds, manchmal nur schwer auszumachen. Es scheint, als wenn bestehende Verwandtschaften besonders vehement bestritten werden müssten. In diesem Fall sorgte jedoch nicht allein die Zeitgenossenschaft, sondern auch die Identität von Idealen und Qualitätsvorstellungen im Bereich von Materialien, Bauausführung und Erscheinung für bestimmte Ähnlichkeiten.

Zweifelsfrei ist jedenfalls, dass der Heimatschutz im allgemeinen nicht das propagiert hat, was heute landläufig als «Heimatstil» angesehen wird; den hat er sogar ausdrücklich abgelehnt. Er propagierte für Neubauten nicht das Kopieren altertümlicher Bauformen und ebensowenig war sein Engagement ausschliesslich ästhetisch motiviert. Er hatte ein umfassendes Ideal, das sich mit dem zeitgenössischen Begriff als «gute und ehrliche Baugesinnung» charakterisieren lässt und das ethische und soziale Momente einschliesst. Was im einzelnen darunter zu verstehen ist, steht oft zwischen den Zeilen, aber eklektizistische Stilimitationen waren es nicht.[34] Das seit der Mitte des 19. Jahrhunderts als Ferien- oder Landhaus zunehmend beliebter werdende Chalet[35] beispielsweise war für die ersten Vertreter des Heimatschutzes ebenso ein Greuel wie für ihre «modernen» Widersacher und repräsentierte in keiner Weise das, was sie unter bodenständiger Bauweise verstanden (vgl. Christof Kübler). Montenach spricht von «pseudo-maisons campagnardes à l'usage du snobisme contemporain».[36] Dem Heimatschutz ging es um eine andere Form der Aneignung des ländlichen Bauens, und noch Hans Leuzinger sah sich in den dreissiger Jahren genötigt, sich mit dem Chaletbau auseinanderzusetzen. In verschiedenen Vorträgen erklärt er so geduldig wie engagiert den Unterschied zwischen einem guten, zeitgemässen Holzhaus und einem Swiss Chalet, das er als ein Produkt «sentimentaler Romantik» ansah. Doch er kannte auch die ökonomischen Hintergründe für die Beliebtheit dieses Haustyps: «Es ist eben nicht allein die romantische Einstellung, welche die Leute zum Chaletbau veranlasste. Es ist auch die gewandte Geschäftspraxis dieser Firmen, welche den Interessenten schlüsselfertige Bauten übergaben. Es ist begreiflich, dass der kleine Mann, der mit einer begrenzten Summe Geldes rechnen musste, vor Überraschungen gesichert sein wollte.»[37] Infolgedessen hat Leuzinger sich intensiv mit der Typisierung eines modernen Holzhauses beschäftigt. Tatsächlich hat das Chalet wenig mit regionalem Bauen zu tun; es ist vielmehr eine Spielart des Eklektizismus und Historismus. Dies musste sowohl der regionalen Optik des Heimatschutzes als auch seiner Forderung nach hoher handwerklicher Qualität zuwiderlaufen. Und es ging ihm nicht um die wahllose Verbreitung irgendwelcher altertümlichen, wenn auch entfernt auf schweizerischer Tradition basierenden Bauformen. Er propagierte das Fortschreiben der jeweils lokalen Bautradition. Folgerichtig unterstützte er – lange vor dem Denkmalschutz – die ältere Bauernhausforschung wie sie durch Carl Adolf de Graffenried und Ludwig von Stürler in ihrem 1844 erschienenen Werk *Architecture suisse ou choix de maisons rustiques des Alpes du canton de Berne* oder von Ernst Georg Gladbach, Professor am Zürcher Polytechnikum, und seinem umfangreichen Werk seit der Jahrhundertmitte vorgelegt wurde.[38] Diese Zeichnungen sind so etwas wie massgerechte (noch nicht verformungsgerechte) Hausporträts, in denen sowohl Konstruktionsdetails als auch charakteristische Ausstattungsstücke gezeigt werden. Interessant im Vergleich mit späteren, wissenschaftlich exakten Bauaufnahmen erscheint mir darüber hinaus die Einbettung der Häuser in ihre unmittelbare Umgebung, oft mit der dazugehörigen Vegetation.

Einfache schweizerische Wohnhäuser (Ein Wettbewerb)

«Einfachheit», «Schlichtheit» und «Sachlichkeit» sind neben «Schönheit», dem vielleicht wichtigsten, neben «Bodenständigkeit», «klarer architektonischer Erscheinung» und «handwerklicher Durcharbeitung» die immer wiederkehrenden Kriterien der Heimatschutzvertreter für gute Architektur. In den älteren einfachen ländlichen oder städtischen Bauten sah man – unterstützt durch die Erkenntnisse der Hausforschung – all diese Forderungen erfüllt. Um so mehr meinte man, sie auch von Neubauten fordern zu können. Doch der Heimatschutz übersieht nicht die funktionalen Notwendigkeiten, auch er fordert die Befriedigung «neuer Bedürfnisse». In der vereinseigenen Zeitschrift werden häufig Alternativentwürfe für die verschiedensten Bauaufgaben vom Kraftwerk bis zum Hotelbau vorgestellt. Dennoch stand zweifellos das Wohnhaus im Vordergrund seiner Beschäftigung, und es lässt sich an dem 1908 veranstalteten Wettbewerb zeigen, dass man sich ansatzweise auch mit der Frage des Mehrfamilienhauses befasst hat.

Damals schrieb die Schweizerische Vereinigung für Heimatschutz einen Wettbewerb für *Einfache Schweizerische Wohnhäuser* aus. Die grosse Bedeutung, die man diesem Wettbewerb beimass, drückt sich bereits in der Publikation der Ergebnisse in einer eigenen Buchveröffentlichung des Heimatschutzverlages aus.[39] Ähnliche Wettbewerbe, mehr Ideenwettbewerb als Bauplanung, waren in jenen Jahren ein beliebtes Mittel, um Bauherren, anderen Architekten und der Öffentlichkeit zu zeigen, was man sich unter ortstypischer «bodenständiger» Bauweise vorstellte. Die in deutschen Städten zur gleichen Zeit veranstalteten «Fassadenwettbewerbe» sind damit allerdings kaum zu vergleichen. Dort ging es nämlich nicht um Wohnhauslösungen, also auch nicht um Grundrisse, sondern einzig um Platz- und Strassenfassaden zur (irritierend genug) «Wahrung altertümlicher Ortsbilder».[40]

Der Wettbewerb von 1908 hingegen forderte von den (einheimischen) Architekten Entwürfe zur Erlangung von Plänen für einfache Wohnhäuser, «vor allem auch der weniger bemittelten Bevölkerung». Weitere Zielvorgaben waren möglichst niedrige Baukosten sowie: neben der «praktischen Ausnützung des verfügbaren Bauplatzes und wirtschaftlicher Grundrisslösung heimische Bauweisen zu berücksichtigen. Besonders soll darauf gesehen werden, dass das Dach in einer unseren klimatischen Verhältnissen entsprechenden Weise auch über die Mauern der Giebel vorspringe und durch möglichst einfache und billige Dachverfallungen eine ruhige, der Umgebung sich gut einfügende Umrisslinie zeige. ... Die Grundrisse müssen klar und übersichtlich, die Räume im Verhältnis zum überbauten Platz geräumig und derart verteilt sein, dass sie ein heimeliges Wohnen erlauben. Auf die geschickte Anordnung der Fenster und ihr Verhältnis zur Mauerfläche ist besonderes Gewicht zu legen...»[41] *Die Schweizerische Bauzeitung* warb für die Konkurrenz mit folgendem Text: «Jedes Haus ist für eine bestimmte Gegend der Schweiz und einen im Lageplan genau zu charakterisierenden Platz zu entwerfen. ... Die architektonische Gestaltung soll einfach aber materialgerecht sein, mit starker Betonung von Dach, Giebel und Farbe und unter Anschluss an heimische Bauformen und Baugewohnheiten.»[42] Geliefert wurden 152 Entwürfe für Ein-, Zwei- und Dreifamilienhäuser; die Einfamilienhäuser überwogen jedenfalls in der publizierten Auswahl. Preisrichter waren Albert Burckhardt-Finsler, Regierungsrat und erster Vereinspräsident, der Zürcher Architekt Gustav Gull, Stadtbaumeister K. Mossdorf, Münsterbaumeister K. Indermühle sowie Architekt und Herausgeber der Vereinszeitschrift *Heimatschutz* C. H. Baer. Zehn Arbeiten wurden prämiert und mit 100 Franken dotiert, zwanzig erhiel-

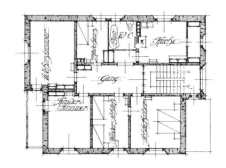

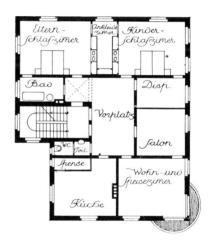

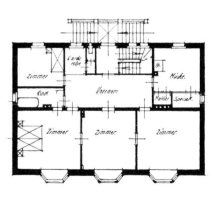

«Einfache schweizerische Wohnhäuser», Wettbewerbseingaben:
von Rudolf Gaberel für Davos; von Raul Béguin für Chur;
von Albert Rieder und Eduard Herkert für das Prättigau.

ten eine undotierte «Ehrenmeldung». Der aus heutiger Sicht wohl unerwartetste Teilnehmer, der mit seinem Zweifamilienhaus Guardaval eine Ehrenmeldung einholte, war der Bündner Architekt Rudolf Gaberel, der sich später in Davos als Sanatoriumsspezialist profilierte.[43] Die Veranstalter waren mit dem Wettbewerbsergebnis sehr zufrieden; sie fügten der Veröffentlichung jedoch eine Warnung bei: «Die Publikation soll aber kein Vorlagewerk darstellen, dessen Inhalt ohne weiteres kopiert werden kann, vielleicht sogar von Laien und derart, dass dann ein gut bernisches Oberländer Haus am Ufer des Zürichsees oder ein Waadtländer Landhaus in den Bergen Graubündens erbaut würde. Die Schweizer. Vereinigung für Heimatschutz will damit nur Anregung geben und vor allem weitesten Kreisen klar und deutlich zeigen, dass es in der Tat möglich ist, auch mit bescheidenen Mitteln bequem und praktisch und doch schön und heimatlich zu bauen; es ist nur nötig, dass sich der Bauherr einem fähigen Architekten anvertraue, der Entwurf und Ausführung den Bestellern und der Örtlichkeit anzupassen versteht.»[44]

Wie sind die Entwürfe architektonisch zu beurteilen? Eindeutig ist zunächst, dass man das städtische Mietshaus umgeht, einen jener neueren Bautypen, die man mit bestimmten ästhetischen und sozialen Missständen in Verbindung brachte – Massenwohnungsbau, Charakterlosigkeit, Bauspekulation, Heimatlosigkeit usw. Das Haus für drei Familien war offensichtlich die letzte Konzession, die man an den gewachsenen Wohnraumbedarf machen wollte. Diskussionen über das Ein- oder Mehrfamilienhaus wurden in der Schweiz bereits in den sechziger Jahren geführt. Bestehende Missstände liessen jedoch das Einfamilienhaus immer attraktiver erscheinen. Erstaunlicherweise spielte hier, anders als in Deutschland oder England, die Siedlung, speziell die Arbeitersiedlung eine untergeordnete Rolle, denn man versuchte, «die Arbeiter in die bestehenden Gesellschaftsformen und damit auch in ihre Siedlungsstrukturen zu integrieren».[45] Es wundert daher nicht, dass gerade der am traditionellen Familienbild orientierte Heimatschutz Ein- bis Dreifamilienhäuser, nicht aber eine Siedlung in Auftrag gab.

Stilistisch lassen sich die Wettbewerbsentwürfe nicht einheitlich zuordnen. Sie unterscheiden sich nach Grösse, gewähltem Standort, nach Bauformen und Darstellungsweise. Es gibt Häuser mit mehr ländlichem Charakter und solche städtischen Zuschnitts. Den verpönten Chalet-, Schweizerhaus- oder Laubsägestil sucht man jedoch vergebens, genauso wie die türmchenverzierte Gründerzeitvilla im Stil eines oberitalienischen Landhauses oder einer mittelalterlichen Rheinburg. Trotz erkennbarer Bezüge zu typischen schweizerischen Bauformen, vor allem Dächern, scheint auch das (englische) Landhaus bei manchem Detail Pate gestanden zu haben. Andere Entwürfe erinnern an gleichzeitige Projekte in Deutschland – zumal an solche aus dem Umkreis des Werkbunds. Anklänge an einen zurückhaltend instrumentierten, «ländlichen Jugendstil» werden verstärkt durch die Art der zeichnerischen, expressiven und dekorativen Darstellung. Deutlich wird in jedem Fall das freistehende, in einen Garten eingebettete *Haus* thematisiert, das allerdings nach heutigen Kriterien kaum als schlicht oder gar als bescheiden angesehen werden kann – eher als gediegen. Schliesslich überwiegt der Eindruck, dass die Häuser doch mehr ihre Zeitgenossenschaft – etwa zwischen Jugendstil und Werkbund – kundtun als die Typik des Ortes, für den sie entworfen wurden. Nebenbei sei bemerkt, dass das Tessin als Baulandschaft fehlt. Allen Entwürfen gemeinsam ist das geforderte, im Umriss geschlossene Dach, mal steiler, mal flacher, wahlweise als Walm-, Sattel- oder Mansarddach, mit Gauben oder Zwerghäusern aufgelockert.

Sofern sie nicht achsial und symmetrisch ist, liesse sich die Art der Fensterverteilung oft als «malerisch» bezeichnen. Mit gleicher Berechtigung könnte man sie jedoch auch als funktional bezeichnen, denn verschiedene Räume geben sich nach draussen durch verschieden grosse und unterschiedlich gestaltete Fenster zu erkennen. Betont malerisch gestaltet erscheinen allerdings die grösstenteils asymmetrischen Aussenansichten, die noch untereinander so differenziert werden, dass kaum eine der anderen gleicht. Man ist sehr um Abwechslung bemüht, Erker fehlen selten, so als wolle man die geforderte Einfachheit auf keinen Fall mit Eintönigkeit verwechselt wissen. Es überwiegen Putzbauten; rustizierte Sockel, Zierfachwerk oder Verbretterung werden dekorativ, aber massvoll eingesetzt. Gemalter Dekor beschränkt sich in der Regel auf Fensterläden. Der Darstellung des Aussenraumes wie Gärten, Gartenzäunen oder Mauern, Treppen wird besondere Aufmerksamkeit geschenkt. Die Bau- und Aussenraumgestaltung vieler Entwürfe lässt sich gut vergleichen mit den Haustypen der ein Jahr später in Zürich gebauten Riedtli Siedlung von Friedrich Fissler.

«Die Grundrisse», schreibt Othmar Birkner, «zeigten, dass hier eine Wohnkultur angestrebt wurde, mit welcher sich der Arbeiter und der Beamte in gleicher Weise identifizieren konnten. Im Erdgeschoss wurde neben der Küche und der Stube meist noch die sogenannte ‹bessere Stube› oder der ‹Salon› angefügt. Zu den durchschnittlich drei Schlaf- und Kinderzimmern im Obergeschoss gehörte das Bad. Stallungen wurden nicht mehr vorgesehen, doch war der Gemüsegarten obligatorisch. Immer mehr Beachtung schenkte man im Zuge dieser Entwicklung nicht nur dem gutbürgerlichen Möbel, sondern auch dem ‹billigen und zweckmässigen Möbel›.»[46]

Der Wettbewerb der Vereinigung für Heimatschutz von 1908 kann deutlich machen, dass der Heimatschutz sich nicht ausschliesslich mit Dachform und Fassadengestaltung befasst, wenngleich beiden ein sehr hoher Stellenwert eingeräumt wird. Auf der Suche nach einer Sprache, die das Thema «Zuhause» sinnfällig auszudrücken vermag und die gleichzeitig daran erinnern soll, wie man früher hier lebte oder doch wenigstens gelebt haben könnte, finden und erfinden die Architekten Häuser, die eigentlich in keinem Fall mit einem alten Haus verwechselt werden können, die einem dennoch irgendwie bekannt – vielleicht sogar vertraut – vorkommen. Wenn dieser heute formulierte Eindruck richtig ist, dann dürfte er sich wohl mit den Zielen der Veranstalter und ihren Vorstellungen vom Wohnhaus decken.

Peter Meyer und der Heimatschutz

1927, im Entstehungsjahr der Stuttgarter Weissenhofsiedlung, schreibt der Kunsthistoriker Peter Meyer sein Buch *Moderne Architektur und Tradition,* in dem er den Standort der modernen Architektur zu bestimmen sucht: Gute moderne Architektur befinde sich sozusagen in einem «juste milieu»; von avantgardistischen Manieriertheiten ebensoweit entfernt wie von jeglichen Historismen.[47] Meyer erweist sich hier durchaus als Kritiker der Avantgarde, nicht aber als Gegner der Moderne; ein Freund des Heimatschutzes aber scheint er damals nicht gewesen zu sein. Zwischen 1927 und 1955 hat sich seine Einstellung zum Heimatschutz jedoch offensichtlich gewandelt. 1927 kritisiert er am Heimatschutz, dass er Altes imitiere: «…unerträglich wirkt einzig die Nachahmung eines antiken Stückes zwischen echten Antiquitäten. Gerade das aber pflegt das Ideal der Heimatschutzbegeisterten zu sein.»[48] Dies bei einer sonst durchaus sensiblen Erörterung von Entwurfsbedingungen: «Ein besonders heikles Grenzgebiet zwischen moderner Architektur und Tradition bilden die Heimatschutzfragen. Gegebene Situationen sind objektive Tatsachen, so gut wie die Eigenschaften und Preise der Baumaterialien; sie machen sich im Endergebnis geltend, ob dies dem Architekten erwünscht ist oder nicht. Und gleicherweise ist eine örtliche Bautradition eine Gegebenheit, ein seelisches Klima, dem man sich nicht entziehen kann, mit dem man also auch dann rechnen muss, wenn man ihm schliesslich auch aus bestimmten triftigen Gründen widerspricht. Allgemeines ist darüber kaum zu sagen, denn letzten Endes wird das Einfügen eines neuen Bauwerkes in seine Umgebung unter allen Umständen eine Taktfrage sein, die mit modern oder unmodern nichts zu tun hat.»

Aus Anlass des fünfzigjährigen Jubiläums der Vereinigung und ihres Publikationsorgans, der Zeitschrift *Heimatschutz,* hat Peter Meyer 1955 einen Beitrag mit dem Titel «Die Auseinandersetzung des Heimatschutzes mit den Fragen der Zeit» geliefert. Darin lässt er Artikel aus fünf Jahrzehnten Revue passieren und kommt zu folgender Einschätzung: «In einer gewissen Schicht von ‹progressiven› Intellektuellen gehörte lange Zeit und gehört vielleicht heute noch ein gewisser Hohn auf den ‹Heimatschutz› zum guten Ton. Man stellte seine Bemühungen als Inbegriff reaktionären Widerstandes gegen die Modernität hin, man sah in ihm ein Sammelbecken spiessbürgerlicher Engstirnigkeit. Und kein Zweifel: die Heimatschutzbewegung hat ihre Spiessbürger, wie die Modernität ihre Snobs, und beide können sich dieses Ballastes nicht immer erwehren. So schlägt man die alten Bände der Zeitschrift *Heimatschutz* nicht ohne einiges Zögern auf, in der ein wenig gönnerhaften Erwartung, vieles, was damals gepriesen wurde, könnte inzwischen zum Gegenbeispiel geworden, und manches Bekämpfte am Ende zum Vorbild avanciert sein.

Und nun wird jeder, der sich die Mühe nimmt, diese fünfzig Bände einmal durchzusehen, mit wachsendem Erstaunen merken, dass er sich getäuscht hat. Sie wirken über alle Erwartungen frisch, man braucht zu keinerlei mildernden Umständen Zuflucht nehmen. Selbstverständlich sehen die fast ein halbes Jahrhundert alten Hefte anders aus als die letzten – nach Inhalt wie nach Aufmachung. Aber wie richtig damals schon die Probleme gesehen wurden, mit wie offenem Verständnis gerade auch das gute Neue von Anfang an begrüsst und gezeigt wurde – das ist geradezu erstaunlich. Es soll im folgenden an *Stichproben* bewiesen werden.»[49] In den *Stichproben* kommentiert Meyer Architekturbeispiele, die vom Heimatschutz damals entweder kritisiert oder empfohlen wurden, und er kommt dabei zu denselben Ergebnissen wie jener. So sah ein kritischer Vertreter der Moderne die Situation 1927; knapp dreissig Jahre später fiel ihm zum Thema Heimatschutz doch wesentlich Positiveres ein. Das erscheint nach seinen abwertenden Bemerkungen von 1927 um so erstaunlicher.

Hans Leuzinger

Die Einstellung und die Bauten von Hans Leuzinger wären ein hervorragendes, doch vielleicht nicht ganz zulässiges Beispiel für die Behauptung, dass der Heimatschutz und die von ihm verbreitete Architektur besser sei als ihr Ruf. Man würde (auch nachdem hier über den Heimatschutz viel Positives gesagt wurde) der innovativen schöpferischen Leistungen von Hans Leuzinger nicht gerecht, würde man ihn ausschliesslich als einen Architekten des Heimatschutzes behandeln. Er beansprucht eine besondere Stellung. Zwar steht es ausser Frage, dass Leuzinger ein überzeugter Vertreter der Ideen des Heimatschutzes der zweiten Generation ist. Aber er geht dennoch nicht restlos im Heimatschutz auf.

Auf der einen Seite seines Schaffens steht der Einsatz für die Erforschung und Erhaltung der glarnerischen Baukultur, die bei ihm vom Bauernhaus bis zum Industriebau reicht. Auf der anderen Seite liegen seine durchaus erfolgreichen Bemühungen, aus der Analyse der einheimischen Bautradition Grundlagen für neue Bautypen, besonders für das Ferienhaus in den Bergen, zu formulieren und weiter zu entwickeln. In seinen Überlegungen wird kaum ein Aspekt ausgespart: Tradition, Klima, Landschaft, Vegetation, Umgebung und Funktion werden ebenso diskutiert wie Baumaterial, Farbe, Ästhetik und Geld.

Den Schutz der Heimat versteht Leuzinger im weitesten Sinn und quasi in zwei Richtungen – Geschichte und Bauentwicklung gehören für ihn aufs engste zusammen: «Zwei Merkmale sind dem guten alten und dem guten neuen Bauen gemeinsam. Beide suchen nichts anderes als die schlichte Erfüllung der Bauaufgabe. Sie lösen dieselbe auf möglichst einfache und zweckmässige Art.»[50] Seine grosse Qualität besteht darin, dass es ihm gelingt – theoretisch wie praktisch – das eine mit dem anderen selbstverständlich und sinnfällig zu verbinden.

Und so war auch die von Leuzinger betriebene Gründung der Ortsgruppe Glarus in der Schweizerischen Vereinigung für Heimatschutz im Jahr 1932 nur folgerichtig. Hier

Landi-Dörfli, 1939, Blick auf Genossenschaftshaus, Gemeindehaus und Landgasthof.

Hans Leuzinger, Pavillon «Bauen und Wohnen» an der Landi 1939.

trat er von Anfang an gegen rückwärtsgewandte Positionen an, die es unter Heimatschützern immer gegeben hat, und die zu seiner Zeit ganz besonders durch den langjährigen Präsidenten und Vorsitzenden des Schweizerischen Bauernverbandes, Ernst Laur, vertreten wurden. Eine Kontroverse entwickelte sich beispielsweise anlässlich des vom Bauernverband für die Landesausstellung von 1939 geplanten «Dörfli». Gegen das geplante Vorhaben versuchte Leuzinger in einem Brief vom 15. Juli 1936 an den Architekten Armin Meili darauf Einfluss zu nehmen, dass der Heimatschutz «in absolut fortschrittlichem, dem neuen Bauen zugeneigten Geist vertreten ist ... Es läge uns ausserordentlich daran, zu verhindern, dass wieder wie früher eine sentimentale romantische Auffassung durchdränge. Es scheint uns gegeben, dass der in absolut fortschrittlichem, dem neuen Bauen zugeneigte Geist vertreten ist, und dass damit ein für alle Mal der nur rückwärts blickende Bauernverband allen Grund hat, nicht alte Bauernhäuser oder deren Copien aufzustellen, sondern solche Bauten, welche aus der heutigen wirtschaftlichen Lage und dem Stand der landwirtschaftlichen Betriebstechnik sich entwickeln; werden diese im ‹Werkbund Sinn› gelöst, so sind sie auch das, was ein moderner Heimatschutz wünschen kann.»

Mit seinen Arbeiten knüpft Leuzinger an die positiven und progressiven Tendenzen an, die im Heimatschutz teils offenliegen, teils schlummern und die das Schwergewicht dieses Beitrages (mit Blick auf die programmatischen Äusserungen der ersten Heimatschutzgeneration) darstellen. Wenn es von Anfang an das Ziel des Heimatschutzes war, an der Gestaltung der Baukultur aktiv mitzuwirken, so war dies eine Forderung, der Hans Leuzinger in höchstem Masse entsprechen konnte. Insofern ist er nicht nur ein Mitglied in der langen Kette der Anhänger des Heimatschutzgedankens, das dessen Ziele nach aussen vertritt und verbreitet. Leuzinger hat den Heimatschutz enorm bereichert; aber seine Ideen und Bauten sind auch für das Glarnerland und für die Architektur der gesamten Schweiz ein grosser Gewinn.

In verschiedenen Vorträgen vertritt Leuzinger darüber hinaus einen bemerkenswerten, dynamischen Heimatbegriff. Nicht allein die Natur und nicht ein einziger geschichtlicher Zustand bilden für ihn Heimat. Mit dem Begriff der «durch menschliche Tätigkeit geformten Kulturlandschaft»[51] ist er in der Lage, die Entwicklungen und Verän-

Hänggiturm der Baumwolldruckerei Widen in Schwanden.

derungen als wertvolle Teile der Geschichte seines Kantons zu sehen. «Am Rande der Ortschaft, wo ein Bach oder die Linth ihre Wasserkraft darbot, entstanden die Fabriken. Ursprünglich Fremdkörper, sind sie im Tale der Linth zur Selbstverständlichkeit geworden. Auch sie haben noch profitiert von der Gestaltungskraft und vom Formwillen der frühern Baumeister und Handwerker. Ihre grossen, klaren Baumassen mit ihren blitzenden Fenstern und die Dächer mit den Reihen der gutgeformten Lukarnen bringen in die Glarner Landschaft den grossen hellen Baukörper, wie er andernorts durch ein Kloster oder eine Schlossanlage vertreten wird. Noch vor einem halben Jahrhundert gehörten die mächtigen hölzernen Hängetürme der Zeugdruckereien mit den flatternden Fahnen bunter Tücher zum typischen Glarner Dorfbild. Heute sind diese hervorragenden Zeugnisse der Zimmermannskunst selten geworden.»[52]

Von den meisten seiner Kollegen im Heimatschutz unterscheidet sich Leuzinger wohl vor allem dadurch, dass er von Anfang an Interesse und Verständnis für das Neue Bauen aufbrachte. Bereits im Jahr nach ihrer Fertigstellung schildert er mit deutlicher Sympathie seine Eindrücke von der Stuttgarter Weissenhofsiedlung vor dem Gewerbeverband Glarus. Er wirbt um Verständnis, aber ohne die oft programmatischen oder gar dogmatischen Positionen zu bemühen und versucht, den vermutlich überwiegend skeptischen Zuhörern die Vorstellungen der Stuttgarter Architekten zu vermitteln.[53]

Nicht nur dieser Vortrag enthüllt Leuzingers besondere sprachliche und argumentative Fähigkeiten. Viele seiner Vortragsmanuskripte aus den dreissiger und vierziger Jahren sind erhalten und lassen eine grosse Sensibilität für die Sprache erkennen. Die Vermeidung von fertigen Bildern und gängigen Klischees, die Abwesenheit von Pathos und kämpferischen Parolen, zu denen ja nicht nur Heimatschützer, sondern die dreissiger Jahre insgesamt neigten, ist überraschend und äusserst wohltuend, so dass sich der verführerische Gedanke anbietet, Leuzingers einfache, ebenso individuelle wie differenzierte Sprache mit seinem ebenso differenzierten architektonischen Ausdrucksvermögen in Beziehung zu setzen.

Mit diesem Beitrag sollte deutlich gemacht werden, dass die Positionen des Heimatschutzes nicht ausschliesslich als Gegenposition zur erklärten Moderne gesehen werden können und dass sich der Heimatschutz in vielem durchaus auf der Höhe der Probleme seiner Zeit befindet. Er zeichnet sich vielfach durch das Sehen von Zusammenhängen aus und kommt zu Erkenntnissen, die wir heute als vernetztes oder ökologisches Denken bezeichnen. Bei bestimmten Themen (Landschaftsschutz, Verkehr, Tourismus u. a.) demonstrieren einzelne Vertreter einen Weitblick, der gerade aus heutiger Sicht als

Vorgriff und keineswegs als Rückwendung erscheinen muss. Hans Leuzinger steht ganz in dieser Tradition, die *auch* fortschrittliche Züge aufweist. Aber es ist gleichermassen Leuzingers Verdienst, diese Positionen zusammengetragen, erweitert und praktisch umgesetzt zu haben.

Interessanterweise sind es in der Schweiz gerade die dreissiger Jahre, in denen die Modernen und die Traditionalisten näher zusammenrücken. Leuzingers Bekenntnis zum Heimatschutz *und* zur modernen Architektur liegt in einer Zeit, wo allgemein konservative und nationale Stimmen wieder lauter wurden und wo traditionelle Werte Konjunktur hatten. Dennoch gelang es beispielsweise an der Landesausstellung von 1939 besonders durch die Ausstellungsarchitektur, an der Hans Leuzinger als Architekt mitarbeitete, auf exemplarische Weise, architektonische und gesellschaftliche Qualitäten einer freien, fortschrittlichen und vergleichsweise wohlhabenden Schweiz vorzuführen.

Schlussbemerkung

Etwas provokativ soll abschliessend die Behauptung aufgestellt werden, dass Heimatschutzarchitekten – und dabei ist nicht nur an Hans Leuzinger gedacht – oft nicht weniger funktional denken (und arbeiten) als die Funktionalisten, sondern dass sie dieses Ziel, die optimale Erfüllung der jeweiligen Bauaufgabe, mit einer anderen Formensprache erreichen und dass sie einen anderen Code verwenden.

Mit ihrem Verständnis von Funktion, das sich in der Organisation von Grundrissen ebenso niederschlägt wie in der Herstellung von Aussenraumbeziehungen – vom Hausgarten zum Quartier – sowie in der Suche nach Eigenschaften wie Sicherheit, Wohnlichkeit, Gemütlichkeit usw., Eigenschaften, die wir als Wohnqualität bezeichnen würden, erweisen sich die Architekten des Heimatschutzes durchaus als kompetente Vertreter ihres Faches, für die Bauen eine umfassende, gesellschaftlich relevante Tätigkeit darstellt. In diesem Punkt unterscheiden sie sich übrigens nicht von den Vertretern der Moderne. Die Unterschiede liegen zum einen (allerdings nicht in jedem Fall) im ideologischen Überbau – wobei an soziales Engagement in beiden Lagern erinnert werden muss. Zum anderen liegen sie aber im formalen Ausdruck, im ästhetischen Code, der über den praktischen Gebrauch hinaus eine Reihe von spezifischen Werten zu vermitteln hat.

Die Architektur, die der Heimatschutz vertreten hat, bauen wollte und teilweise gebaut hat, kann als eine Spielart des funktionalen (wohlgemerkt nicht des funktionalistischen) Bauens angesehen werden. Funktion in diesem Sinn beinhaltet eben, wie die Liturgie, neben dem Brauchbaren eine (andere) Reihe von symbolischen Bezügen.

[1] Vgl. Rolf Peter Sieferle, *Fortschrittsfeinde? Opposition gegen Technik und Industrie von der Romantik bis zur Gegenwart,* München 1984, S. 170

[2] Literatur zum Heimatschutz: Klaus Bergmann, *Agrarromantik und Grossstadtfeindschaft,* Meisenheim 1970; Rolf Peter Sieferle, (wie Anm. 1), besonders S. 167–173; Albert Knoepfli, *Schweizerische Denkmalpflege,* Zürich 1972, besonders S. 40–45; François Walter, *Les Suisses et l'environnement. Une histoire du rapport à la nature du XVIII siècle à nos jours,* Genf 1990; Diana Le Dinh, *Heimatschutz, une ligue pour la beauté,* Lausanne 1992; Walther Schoenichen, *Naturschutz, Heimatschutz,* Stuttgart 1954.

[3] Georg Kreis, «Die besseren Patrioten. Nationale Idee und regionale Identität in der französischen Schweiz vor 1914», in: François de Capitani und Georg Germann (Hrsg.), *Auf dem Weg zu einer schweizerischen Identität 1848–1914,* Freiburg 1987, S. 55–74, S. 66.

[4] Georg Kreis (wie Anm. 3), S. 65, 66.

[5] Zur berufssoziologischen Gliederung, vgl. Diana Le Dinh (wie Anm. 2).

[6] Gerhard Boerlin, *25 Jahre Heimatschutz,* Basel 1931, S. 5.

[7] Zitiert nach Rolf Peter Sieferle (wie Anm. 2), S. 168.

[8] Vgl. auch Walther Schoenichen (wie Anm. 2).

[9] Als erste Schweiztouristen und leidenschaftliche Liebhaber der Bergwelt hatten die Engländer 1905 *The English movement for the support of Swiss efforts to preserve the beauty of Switzerland (english branch),* gegründet und die Arbeit der Vereinigung unterstützt. Vgl. *Heimatschutz,* 1907, Heft 2; Gerhard Boerlin (wie Anm. 6), S. 6.

[10] Die 3. Landesausstellung in Bern, die durch den Ausbruch des Krieges am 14. Juli 1914 stimmungsmässige und wirtschaftliche Rückschläge für viele Teilnehmer bedeutete, hatte von Anfang an Konflikte, nicht zuletzt über die Stilfrage bei der Ausstellungsarchitektur, zwischen Welsch- und Deutschschweizern hervorgerufen. Vgl. hierzu: Peter Martig, «Die Schweizerische Landesausstellung in Bern 1914», in: *Berner Zeitschrift für Geschichte und Heimatkunde,* 1984 S. 163–179.

[11] Für biografische Hinweise über Bovet und verschiedene andere leitende Personen des SHS, vgl. Diana Le Dinh (wie Anm. 2), besonders S. 90ff, 111ff. Der erwähnte Graben zwischen West- und Ostschweiz, bzw. welscher und deutschsprachiger Schweiz war nicht erst im Ersten Weltkrieg entstanden, sondern, dem Historiker Georg Kreis zufolge, bereits gegen Ende des 19. Jahrhunderts, und es lag in einem Inferioritätsgefühl der Romands gegenüber den Deutschen und einer konkret erfahrenen wirtschaftlichen Überlegenheit Deutschlands, von der die östlichen Landesteile mit Zürich mehr profitierten als die westlichen, vor allem aber «aus einer tieferen Ablehnung eines gesellschaftlichen Wandels, dem gewisse Schlüsselregionen der französischen Schweiz ausgesetzt waren». Vgl. Georg Kreis (wie Anm. 3), S. 55–76, hier S. 63.

[12] François de Capitani, «Die Suche nach dem gemeinsamen Nenner – der Beitrag der Geschichtsschreiber», in: François de Capitani und Georg Germann (wie Anm. 3) S. 25–38, hier S. 29.

[13] Literatur: Hermann Büchler, «Die schweizerischen Landesausstellungen 1883, 1896, 1914», in: Berner Zeitschrift für Geschichte und Heimatkunde 46, 1984, S. 163–179; INSA Bern, S. 294 ff.; Franz Bächtiger, «Konturen Schweizerischer Selbstdarstellung im Ausstellungswesen des 19. Jahrhunderts», in: François de Capitani und Georg Germann (wie Anm. 3), S. 207–243.

[14] Paul Schultze-Naumburg, Maler, Architekt, Publizist. Er schrieb u. a. seit 1897 für die von Ferdinand Avenarius herausgegebene Zeitschrift Der Kunstwart; 1904 gründete er zusammen mit Ernst Rudorff den Deutschen Bund Heimatschutz, dessen erster Vorsitzender er wurde. Zwischen 1902 und 1917 erschien sein neunbändiges Werk Kulturarbeiten, das rasch zum verbreiteten Manifest des traditionsorientierten Bauens wurde. 1907 gehörte er zu den Mitbegründern des Deutschen Werkbundes, 1928 zur traditionalistischen Architektenvereinigung «Der Block», und zum nationalsozialistischen «Kampfbund für deutsche Kultur», dessen führender Propagandist er wurde; 1930/1931 war er schliesslich kulturpolitischer Berater des nationalsozialistischen Innenministers Wilhelm Frick in Thüringen. Vgl. hierzu Vittorio Magnago Lampugnani, «Die Tradition der Bescheidenheit. Moderate architektonische Avantgarden in Deutschland 1900–1934», in: Dortmunder Architekturtage 1983, Werkheft 6. Lampugnani schildert hier Schultze-Naumburgs Entwicklung vom «weitsichtigen konservativen Mahner zum rabiaten reaktionären Agitator».

[15] So z. B. bei Ernest Bovet in seinem Vortrag Heimatschutz und Bergbahnen, den er 1912 in Stuttgart hielt, heisst es: «Mit der ungerechtfertigten Ausbeutung geht Hand in Hand die Vernichtung dieses Wertes», S. 39, oder bei Gerhard Boerlin, Präsident des SHS, der den Heimatschutz als «Gegenströmung gegen die rein materialistische Ausbeutung der Schönheiten des Landes» beschreibt; vgl. Gerhard Boerlin (wie Anm. 6).

[16] Rolf Peter Sieferle (wie Anm. 11), S. 168.

[17] Eine Probe aufs Exempel, d. h. ein Vergleich von Darstellungen der Sekundärliteratur mit originalen Aussagen von Heimatschützern macht deutlich, dass selbst ein Autor wie Jacques Gubler in seinem wichtigen Buch Nationalisme et internationalisme dans l'architecture moderne de la Suisse nicht ohne Vorurteile an das Heimatschutzthema geht.

[18] Albert Knoepfli (wie Anm. 2), S. 43

[19] Ders. S. 41.

[20] Georges de Montenach, Pour le visage aimé de la Patrie!, Lausanne 1908, S. 94.

[21] Das Bild der Lokomotive als Inbegriff funktionaler Schönheit wird von Schultze-Naumburg verwendet. Paul Schultze-Naumburg, Kulturarbeiten, Bd. 2: Gärten, München 1902, S. 285 (zit. nach Lampugnani, wie Anm. 14).

[22] Gerhard Boerlin, Über Heimatschutz in der Schweiz (Vortrag), Basel 1911, S. 8.

[23] (elles) étaient si lentes qu'elles devenaient insensibles, vgl. Georges de Montenach (wie Anm. 20) S. 11.

[24] Paul Ganz, «Heimatschutz», in: Schweizerische Pädagogische Zeitschrift, 1911, Heft 1, S. 19–30.

[25] Sinnfälligerweise heisst eine damals von Moser, Steiger, Burckhardt, Roth, u. a. ins Leben gerufene Beilage der Schweizerischen Bauzeitung, «weiterbauen».

[26] Ernest Bovet, Heimatschutz und Bergbahnen, Vortrag gehalten auf dem 2. Internationalen Kongress für Heimatschutz in Stuttgart am 14. Juni 1912, S. 44.

[27] Gerhard Boerlin (wie Anm. 22) S. 11.

[28] Aurel Schmidt, Die Alpen. Die schleichende Zerstörung eines Mythos, Zürich 1990.

[29] Albert Knoepfli (wie Anm. 2), S. 42.

[30] Georges de Montenach (wie Anm. 20), S. 49.

[31] Albert Knoepfli (wie Anm. 2), S. 42.

[32] Gubler, Le Dinh; Othmar Birkner ist differenzierter.

[33] Wie sehr sich Architekten in den dreissiger Jahren, nach der nationalsozialistischen Machtergreifung in Deutschland darüber getäuscht haben, welche Architektursprache dem neuen Regime angemessen sei, zeigen die teils dreisten oder schamlosen Anbiederungen an die neuen Machthaber mancher Vertreter des Neuen Bauens (Wassili Luckhardt, Martin Elsässer, Hugo Häring, Martin Wagner, Martin Gropius u. a.) auf der einen und ihrer Gegenspieler (Paul Schultze-Naumburg, Paul Schmitthenner u. a.) auf der anderen Seite. Vittorio Magnago Lampugnani, «Die Abenteuer der Bedeutung – Die entnazifizierte Baugeschichte», in: Die Bedeutung der Form, Zürich 1988, S. 10 – 29, hier S. 14 und 15.

[34] Auch das Village Suisse auf der Landesausstellung in Genf 1898 entsprach nicht den Vorstellungen des Heimatschutzes. Montenach (wie Anm. 20, S. 98) entrüstet sich über die falschen Dörfer aus Pappmaché.

[35] 1865 liess ein Verehrer Charles Dickens' ein in Einzelteile zerlegtes Swiss Chalet an den Wohnsitz des Dichters nach Gadshill verfrachten. Chalets, eigentlich die ersten Fertighäuser, wurden als Beitrag der Schweiz an Weltausstellungen zunehmend beliebter. Vgl. Jacques Gubler, Nationalisme et Internationalisme (wie Anm. 17), (2. Auflage 1988), S. 28; Verschiedene Beiträge in: Unsere Kunstdenkmäler, 1979, Heft 4, und 1989, Heft 2.

[36] Montenach (wie Anm. 20) S. 49.

[37] Vortrag von Hans Leuzinger, Bauernhaus und Chalet von heute (nach 1933), siehe Schriftenverzeichnis.

[38] Ernst Georg Gladbach, Der Schweizer Holzstil in seinen kantonalen und konstruktiven Verschiedenheiten, Darmstadt 1868.

[39] Einfache Schweizerische Wohnhäuser. Aus dem Wettbewerb der Schweizerischen Vereinigung für Heimatschutz, Bümplitz 1908.

[40] Vgl. hierzu das Kapitel Fassadenwettbewerbe, in: Marion Wohlleben, Konservieren oder Restaurieren?, Zürich 1989, S. 20ff.

[41] Einfache Schweizerische Wohnhäuser (wie Anm. 39), S. 3.

[42] Schweizerische Bauzeitung 1908, Heft 51, S. 75. Zitiert nach: Othmar Birkner, Bauen + Wohnen in der Schweiz 1850–1929, Zürich 1975, S. 65.

[43] Vgl. Christof Kübler, «Davos, die Sonnenstadt im Hochgebirge wider den hermetischen Zauber», in: archithese, 1986, Heft 6, S. 33–39, sowie ders., «Der Sonnenstadt entgegen», in: Werk, Bauen und Wohnen, 1993, Heft 1/2, S. 14–22.

[44] Einfache Schweizerische Wohnhäuser (wie Anm. 39).

[45] Othmar Birkner (wie Anm. 42), S. 64.

[46] Ders., S. 65.

[47] Vgl. Katharina Medici-Mall, «Die Avantgarde wirft Peter Meyer über Bord», in: Unsere Kunstdenkmäler, 1991, Heft 3, S. 325–334.

[48] Peter Meyer, Moderne Architektur und Tradition, Zürich 1928 (2. Auflage), S. 33.

[49] Peter Meyer, «Die Auseiandersetzung des Heimatschutzes mit den Fragen der Zeit (Gesehen im Spiegel der fünfzig Jahresbände seiner Zeitschrift)», in: Heimatschutz 1955, S. 24–38, hier: S. 24.

[50] Hans Leuzinger, Vortrag von 1936 (Manuskript), siehe Schriftenverzeichnis.

[51] Hans Leuzinger, Vortrag, Ziele der Heimatschutzbewegung, 1936, siehe Schriftenverzeichnis.

[52] Hans Leuzinger, Das Glarnerland. Ein Heimatschutzbüchlein, Glarus 1952, S. 10.

[53] Hans Leuzinger, Vortrag über die Weissenhofsiedlung 1928, ein Jahr nach dem Bau, vor dem Gewerbeverein Glarus, siehe Schriftenverzeichnis.

Jakob Zweifel
Von Architekt zu Architekt

Für einen Architekten – in der zweiten Hälfte dieses Jahrhunderts tätig – bietet die Auseinandersetzung mit dem Lebenswerk von Architekt Hans Leuzinger faszinierende Aspekte, sei es wegen der zutage tretenden Gesamtschau unseres Berufes, sei es wegen der Spannungsfelder, innerhalb derer sich Hans Leuzingers Tätigkeit bewegt hat. Für uns Nachgeborene, denen die Wende zur Moderne der zwanziger und dreissiger Jahre mit Selbstverständnis in unserem Studium mitgegeben worden war, ist es schwierig nachzuempfinden, wie es einem Architekten wie Hans Leuzinger ergangen sein muss, als er – in voller Tätigkeit stehend – aus einer Schaffensperiode, geprägt durch seine Ausbildung bei Professor Paul Bonatz im Geiste der Jahrhundertwende, sich Mitte der zwanziger Jahre mit einem Riesenschritt der «Moderne» verpflichtete.

Bekenntnis zur «Moderne»

Erstaunlich ist für uns, wie Hans Leuzinger nicht nur mit Bauten, die dem neuen Ideal des Funktionalismus – ein Ausdruck der allerdings die starke soziale Komponente des Neuen Bauens nicht erfasst – verpflichtet sind, in Erscheinung trat, sondern es sind sofort in kubischen wie in räumlichen Belangen – bis hin zu den Details – ausdrucksstarke Neuschöpfungen entstanden, wie das Ortstockhaus in Braunwald und die Planurahütte.

Wie ist es ihm gelungen, seine Kundschaft, mit seinem früheren Schaffen vertraut, zum Neuen zu überzeugen? Hans Leuzinger schreibt in einer «Auseinandersetzung mit dem modernen Bauen» an einen Freund des Heimatschutzes, der sich empört hatte, dass im Heft des Heimatschutzes moderne Bauten als gute Beispiele gezeigt wurden, am 9. Juli 1935: «Unsere Gesellschaft ist nicht mehr diejenige des 18. Jahrhunderts. Das vornehme Haus jener Zeit musste repräsentativ sein. Es zeigte die gehobene Stellung seiner Bewohner, daher die strenge Axialität, die Verwendung reicher architektonischer Motive von Säulen, Portalen usw. Die Gegenwart ist demokratischer und sozialer geworden, wir verlangen keine Repräsentation, sondern Wohnlichkeit und Bequemlichkeit. Wir verzichten auf Symmetrie und gleichmässige Fenstereinteilung zugunsten innerer Brauchbarkeit. Die Sehnsucht nach einem natürlichen und mit der Natur verbundenen Wohnen lässt das Verlangen aufkommen, die Häuser nach aussen zu öffnen, grosse Fenster einzubauen, Sonne und Luft hereinzulassen, den Garten in das Haus einzubeziehen und ihn als erweiterte Sommerstube zu betrachten.» Oder: «Man glaubt, die alte Baukunst wieder aufleben zu lassen und sündigt gegen den Geist der alten Vorbilder, deren Vorzug gerade die logische und materialgerechte Verwendung jeglichen Baustoffes und die selbstverständliche Erfüllung der jeweiligen Bauaufgabe war.»

Sein Selbstverständnis gegenüber den neuen Baumaterialien und Baukonstruktionen kommt auch in einem Referat für den glarnerischen Gewerbeverein aus dem Jahre 1936 zum Ausdruck: «Wie wir mit dem altbewährten Baustoff bauen sollen, lehren uns die alten Beispiele, wie wir die neuen Baustoffe zu verwenden haben, das lernen wir, indem wir ihre Eigenschaften zu erkennen versuchen, sie zweckmässig verwenden und sie materialgerecht bearbeiten und behandeln, indem wir sie beobachten und ihnen nicht Dinge zumuten, die wider ihre Natur sind. Sie bekommen so ihre eigenen Formansprüche und lassen sich eigenartige Schönheiten abgewinnen. In der Form der alten Bautradition dagegen wirken sie als Surrogate, als Fälschungen.»

Pionierhafter Heimatschutz

Fast gleichzeitig aber – mit seinem Bekenntnis für das Neue Bauen – war er Hauptinitiant für die 1932 gegründete Glarner Sektion des Schweizerischen Heimatschutzes (SHS), der Glarnerischen Vereinigung für Heimatschutz. Im Heimatschutzbüchlein *Das Glarnerland,* 1952 erschienen, formuliert er seine beiden Anliegen, den Blick zurück wie den Blick nach vorne, bezogen auf das alte Bauen wie auf das Zeitgenössische, unter anderem wie folgt: «Unsere kleinen Berghäuschen, denen wir da und dort auf Höhenwanderungen noch begegnen, die oft nur zur Sommerzeit bewohnt werden und ausser der ursprünglichen halboffenen Küche nur einen einzigen Wohnraum aufweisen, unterscheiden sich in der Gesamtform kaum von den Häusern aus der Zeit des 14. Jahrhunderts. Später haben dann wohlhabende Bauern auch grössere Bauten errichtet, die von mehreren Familien der selben Sippe bewohnt wurden. Zwei Brüder bauten sich ein solches Doppelhaus, oder ein Vater errichtete dasselbe für sich und seine Kinder, die, auch wenn verheiratet, mit den Eltern unter dem gleichen Dach wohnten. Im Glarner Unterland am Rand der Linthebene bildete sich ein Steilgiebeltyp aus, mit Schutzdächern über den Fenstern und seitlichen Lauben, wie er im Toggenburg und in der March grosse Verbreitung fand. Die meisten unserer Bauernhäuser stammen aus dem 17. und 18. und vom Anfang des 19. Jahrhunderts. Diese Holzbauten, deren Bild noch Mitte des 19. Jahrhunderts in vielen Beispielen fast unversehrt war, waren Meisterwerke der damaligen Zimmerleute. Deren Kenntnisse vererbten sich vom Vater auf den Sohn, und in gesunder Entwicklung veränderte sich das Bild der Bauten nur langsam während Jahrhunderten. Die Häuser wurden stattlicher, die Fensteröffnungen mit der Möglichkeit, sie durch Glas abzuschliessen, grösser. Der Zimmermann brachte einfache Verzierungen an den durchlaufenden Fensterbänken und an den Balkenköpfen (Pfetten) an, welche das weit ausladende Dach trugen. Nur Beil, Messer und Stemmeisen dienten als Werkzeuge, und daher bewahren diese Schöpfungen früherer Jahrhunderte heute noch ihre handwerkliche Frische. … Daneben besteht die andere, ebenso wichtige Aufgabe, sich auch um das ‹neue Bauen›, die täglichen äusseren Veränderungen der Heimat zu kümmern. Der Verlust eines währschaften alten Hauses, das dem Verkehr oder andern modernen Anforderungen weichen muss, lässt sich leichter verschmerzen, wenn an seine Stelle etwas Neues tritt, das seiner Umgebung ebenso gut ansteht, wie das verschwindende alte Werk. Der Heimatschutz will aus dem Lande kein Museum machen und weiss, dass das Gesicht der Heimat im Laufe der wirtschaftlichen und kulturellen Entwicklung nicht das gleiche bleiben kann. Die neuen Bauten sollen aber nicht schlechte Kopien der alten sein, welche unter ganz andern Verhältnissen entstanden. Man soll einem neuen Organismus kein altes Kleid überwerfen. Die äusserliche Übernahme alter Bauformen ist eine gefährliche Sache; man denke an die sogenannten Chalets, deren Erbauer in guter Absicht die reichen, alten Bauernhäuser des Berner Oberlandes sich zum Vorbild nahmen. Die Handarbeit wurde mit der Maschine nachgeahmt, und die Produkte dieser Serienarbeit verunzieren sogar die schönen Rebgelände des Genfersees. Ein Nachläufer dieser Mode ist der ‹Heimatstil›, der in den Kriegsjahren als eine Seuche sich über Stadt und Land ergoss und mit seiner Kinoromantik den primitiven Gefühlen seiner Bewunderer nachkam. Er verfälscht das ehrliche bescheidene Gesicht unserer alten Stuben, unserer alten Häuser und unseres Landes. Der Heimatschutz hält sich von solchen Erscheinungen ausdrücklich fern.»

Ein anderes Phänomen, das die Spannweite seiner Beschäftigung mit dem Bauen belegt, ist Hans Leuzingers pionierhafte Tätigkeit in der Bauernhausforschung, das heisst seine Auseinandersetzung mit dem anonymen Bauen der Bauern und Zimmerleute früherer Jahrhunderte.

Zur Schönheit der einfachen Form

Wenige Architekten, der Moderne verpflichtet und aktiv tätig, haben sich so eingehend mit den anonymen Bauten befasst. Der griechische Architekt Aris Konstantinidis ist hier zu nennen, der die aus funktionellen, konstruktiven und praktischen Bedürfnissen herausgewachsene Formgebung, ja Schönheit anonymen Bauens in Griechenland nachgewiesen hat. Für unsere Architektengeneration wäre die Feststellung nutzbringend, dass aus solcher Haltung und Erkenntnis heraus Leuzinger wie Konstantinidis allem formalistisch geschmäcklerischen Beiwerk abhold gesinnt sind.

Im Büchlein *Das Glarnerland* ist Hans Leuzingers Credo für die Schönheit der einfachen Form als Resultat intensiver Arbeit festgehalten: «Es liegt in der Natur der Sache, dass man von einer Menge leicht übersehener und dem Laien unwesentlich erscheinender Einzelheiten ausgehen muss, die eben als Ganzes das Orts- und Landschaftsbild formen. Es gehört zum schwersten, im Einfachen und Kleinen die Schönheit zu erkennen. Die aufdringlich sich gebärdende Nachahmung alter Bauformen fällt viel eher ins Auge und vermag den unvorbereiteten Beschauer mit ihrer Überbetonung von Schmuck und Zierteilen zu verführen. Es ist viel schwerer, einen Gegenstand ohne Ornament aus Material und Zweck heraus schön zu gestalten. Wenn z. B. die ‹Therma› in Schwanden irgendein Erzeugnis, einen elektrischen Kocher, ein Bügeleisen auf die handlichste und zugleich schönste Form bringt, so geschieht dies auf einem langen Weg der Entwicklung und Verfeinerung; am Anfang steht immer die kompliziertere Form.»

Weit gespannte Verflechtungen

Ich glaube, meine Kollegen gehen mit mir einig, wenn ich festhalte, dass ein Architekt, der aktiv in seinem Beruf arbeitet, in irgendeiner, oft vielfältigen Weise mit unserem gesellschaftlichen und sozialen Gefüge verflochten ist. Im Gegensatz zu andern Künsten findet unser Schaffen nur in begrenztem Masse in der Abgeschiedenheit statt. Auch in dieser Beziehung war bei Hans Leuzinger die Spannweite beträchtlich.

Mit vielen Geschehnissen und Angelegenheiten im Kanton Glarus war er auf solche Weise verklammert. Seine berufliche Anteilnahme war einerseits von echter Besorgnis, andererseits aber auch von Freude am Schönen und Heimatlichen getragen.

Aber mitten in seiner erfolgreichen Tätigkeit übersiedelte er 1931 von Glarus nach Zollikon. Die Aufnahme einer beruflichen Tätigkeit auch in Zürich war – ohne dass er sich dessen damals wohl bewusst war – entscheidend für sein späteres Mitwirken an der Schweizerischen Landesausstellung 1939 in Zürich, der Landi, als Chef der Abteilung «Bauen», und für seinen bedeutenden Einsatz für die Orts-, Regional- und Landesplanung, die während des Zweiten Weltkrieges mit der Gründung der Schweizerischen Vereinigung für Landesplanung (VLP), die in Zürich ihren Sitz hatte, aktiv in Angriff genommen wurde. Aber gleichzeitig bewahrte er seine starke Verbundenheit mit dem Lande Glarus bis ins hohe Alter.

Der persönliche Umgang war getragen von Herzlichkeit, jedoch gleichzeitig von Zurückhaltung, die man als aristokratisch im besten Sinne bezeichnen mag; ähnliche Spannweiten finden sich auch im privaten Bereich. Ältere Semester berichten von seinen langen Jahren der Tätigkeit als souveräner Chef des Alten Ski Clubs Glarus, dem ältesten Skiclub der Schweiz. Schriftliche und mündliche Überlieferungen zeugen von seinen sportlichen Initiativen, Jugendskirennen und dergleichen, von den gesellschaftlichen Anlässen, mit humorvollen Zeichnungen und Texten eingeleitet, deren Initiator er war.

Umfassende berufliche Tätigkeit

Was uns Architekten in besonderem Masse beeindruckt, ist die umfassende Art, in der Hans Leuzinger unseren Beruf in den verschiedenen Sparten – oft als Pionier – mit wertvollster Arbeit belegt hat: Orts- und Quartierplanung, Entwurf von Hochbauten, Konstruktion, Bauausführung, Innenraumgestaltung, Bauforschung, Denkmalpflege nebst publizistischen Arbeiten (für die Baugesetzgebung, Propagierung und Leitung der Bestrebungen des Heimatschutzes und anderes mehr).

Im folgenden versuche ich auf Hans Leuzingers Arbeit auf dem Gebiet der Ortsplanung näher einzutreten, da er mich seinerzeit ersucht hatte, ihn – zusammen mit Kollege Daniel Aebli – bei der Ortsplanung Glarus zu unterstützen. Ich hatte so das Glück, seine grundlegenden Ideen zu dieser Sparte seiner Tätigkeit kennenzulernen und mit ihm öfters in persönlichen Kontakt zu treten.

Ich bin wohl gebürtiger Glarner, aber im St. Gallischen aufgewachsen. Das Ortstockhaus in Braunwald kannte ich aus vagen Erinnerungen von Ferienaufenthalten. Während meiner Studienzeit an der ETH, zur Zeit des Zweiten Weltkrieges, war ich auf einen Vortrag des Architekten Hans Leuzinger über seine Glarner Bauernhausforschung aufmerksam gemacht worden. Wenn ich mich recht erinnere, fand derselbe im Kongresshaus in Zürich statt. So sah und erlebte ich ihn in eindrücklicher Weise zum ersten Mal. In den folgenden Jahren, während meiner Assistentenzeit und zu Beginn meiner beruflichen Tätigkeit im Glarnerland, hörte ich über verschiedene Kanäle von ihm, ohne ihm zu begegnen, obwohl er mit seinem Glarner Geschäftspartner Jacques Speich längere Zeit im grossväterlichen Haus bei meiner Tante am Kirchweg ein Büro im Erdgeschoss gemietet hatte. Ich stellte aber fest, dass er die «graue Eminenz» der Glarner Architekten war, hochkultiviert, auf unaufdringliche Weise einflussreich, ein strenger Hüter der Qualität des Bauens und hochgeachtet in den entscheidenden politischen Instanzen. Ein Direktkontakt ergab sich beim Wettbewerb für die Schwestern- und Ärzteunterkünfte für das Spital Glarus, wo er als Juror und als Experte im Wettbewerb und bei der Beurteilung der überarbeiteten Projekte amtete, die die Verfasser persönlich vorzustellen hatten. Zum leisen Schrecken seiner Kollegen aus dem Vorstand des Glarner Heimatschutzes half er mit, mein Projekt mit einem neungeschossigen Turmbau zur Ausführung zu bringen.

Ich bewunderte seine Offenheit, als er kurz darauf vorschlug, den kleinen Arztpraxisbau mit Flachdach im *Heimatschutzbüchlein* als Beispiel guter moderner Architektur in einem gewachsenen Ensemble älterer Häuser in Ennenda zu publizieren. Ich hatte den kleinen Bau mit dem Architekten Thomas Schmid für dessen Vater errichtet.

Die nächsten Kontakte erfolgten über den Glarner Heimatschutz. Hans Leuzinger hatte mir vorgeschlagen, dieser Vereinigung, der er seit der Gründung als Obmann vorstand, als Mitglied beizutreten. 1953 wurde ich – mehr durch einen Zufall – in den Vorstand gewählt.

Der Beitrag für die Orts-, Regional- und Landesplanung

Hans Leuzinger, als Verantwortlicher der Abteilung «Bauen» der Landesausstellung 1939, gehört zu den Männern der ersten Stunde der während des Zweiten Weltkrieges auf Initiative des ehemaligen Direktors der Landesausstellung Dr. h. c. Armin Meili gegründeten Schweizerischen Vereinigung für Landesplanung (VLP).

Gemäss Hans Marti, der als junger Planer und Architekt Mitte der vierziger Jahre bei der VLP arbeitete, wird erzählt, dass Hans Leuzinger unter den damals Aktiven wie Paul Trüdinger, E. F. Burckhardt, Dr. h. c. Rudolf Steiger als «graue Eminenz» galt. Sein Beitrag zum umfangreichen Werk für die Sanierung der Kurorte, Braunwald als Ferienort betreffend, galt als vorbildlich. In der Gründungsphase – bis ins Jahr 1953 – war er als

Vertreter des Kantons Glarus im Arbeitsausschuss der Regionalplanungsgruppe Nord-Ostschweiz der VLP (RPGNO) tätig. Bereits im Jahre 1944 bearbeitete er die Ortsplanung der Gemeinde Netstal, 1947 die Ortsplanung der Gemeinde Niederurnen.

Im Jahre 1948 hatte er – zusammen mit den Kollegen Egidius Streiff und Daniel Aebli – zuhanden des Gemeinderates in Glarus einen reich bebilderten und in Leinen gebundenen Bericht «Ortsplanung Glarus 1948» verfasst, um zu erreichen, dass der nach dem Brand 1861 aufgrund des sogenannten Simon und Wolff-Planes wieder aufgebaute Stadtkern, die Altquartiere, die stehen geblieben waren, und die Bauentwicklungs-, Industrie- und Gewerbegebiete usw. durch eine Ortsplanung erfasst würden.

Simon und Wolff-Plan von Glarus, 1861.

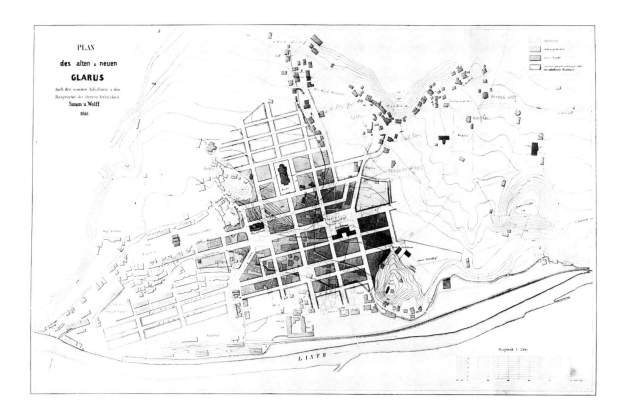

Dies führte Anfang der fünfziger Jahre zum Auftrag zur Durchführung der Ortsplanung, die Anfang 1955 zum Abschluss kam, wobei ich den inzwischen verstorbenen Egidius Streiff zu ersetzen hatte. In der Zeitschrift *Plan,* Ausgabe Januar/Februar 1954, ist unter dem Titel «Die Stadtplanung von Glarus in Geschichte und Gegenwart» diese Arbeit, basierend auf einer Überarbeitung des Berichtes aus dem Jahre 1948, von Hans Leuzinger verfasst, auf zwölf Seiten beschrieben. Dieser Text wiederspiegelt die Arbeitsweise und die Überlegungen Hans Leuzingers auf diesem Gebiet seiner Tätigkeit am besten, weshalb er hier in Zusammenfassung wiedergegeben ist, mit einigen wichtigen Passagen in extenso. Der Bericht belegt gleichzeitig, dass sich in den vierziger und fünfziger Jahren in ihrer angestammten Berufsaufgabe erfolgreich tätige Architekten pionierhaft und intensiv mit den Fragen der Orts-, Regional- und Landesplanung befassten. Sollte dies nicht unsere heutige Architektengeneration nachdenklich stimmen?

Im geschichtlichen Überblick dieses Berichtes manifestiert sich der Blick Hans Leuzingers für die in der Vergangenheit entstandenen Qualitäten sowie gleichzeitig die zufälligen Ergebnisse einer planungslosen Zeitspanne für den Flecken Glarus. Und schon damals erkannte er die auf uns zukommenden Verkehrsprobleme, ohne sich jedoch vorstellen zu können, wie rasant diese Entwicklung vor sich gehen würde. Mit einem leisen Lächeln nehmen wir die «enorme Zunahme» von 91, beziehungsweise 108 Motorfahrzeugen pro Stunde an Spitzentagen (13. Juli 1947 / 27. Juli 1947) auf 144 am 22. August 1948 zur Kenntnis. Doch als weitsichtiger Planer wollte er damals schon die Ortschaften vor Durchgangsverkehr mittels Umfahrungsstrassen und die Fussgänger

Hans Leuzinger, Ortsplanung Glarus, 1948, Trennung der Verkehrswege.

und Velofahrer mittels Trottoirs und Velowegen vor Gefährdung schützen. Ein grosses Anliegen in diesem Zusammenhang war ihm auch die Erstellung öffentlicher Spielplätze, um die spielenden Kinder von der immer gefährlicher werdenden Strasse wegzubringen.

Hans Leuzinger stellt fest, dass der nach dem Brand von Glarus 1861 erstellte Simon und Wolff-Plan die anfallenden Bedürfnisse bis nach dem Ersten Weltkrieg abdeckte, insbesondere da die Einwohnerzahl nach der Blüte der Textildruckindustrie stagnierte. Während langer Zeit fanden zudem kleinere Gewerbebetriebe Platz in den inzwischen stillgelegten Fabriken der Druckindustrie. Nach 1918 entstand jedoch das Bedürfnis nach neuen Bauquartieren, einerseits weil im Carrégebiet vermehrt Wohnraum Büros oder Läden weichen musste, andererseits weil sich die Haushaltungen von Grossfamilien mit vielen Kindern zu Kleinfamilien mit wenigen Kindern entwickelten.

Für Hans Leuzinger stellte diese Situation eine planerische Herausforderung dar: «Die heutigen, keineswegs erfreulichen Verhältnisse, die samt deren Entstehung im Vorstehenden skizziert worden sind, lassen die Notwendigkeit einer systematischen Planung deutlich erkennen. Als dringliche Planungsprobleme, für die in nächster Zeit eine Lösung gefunden werden muss, zeichnen sich ab:
1. Mangel an Bauland, welches die Gemeinde zur Verfügung stellen sollte: für den vermehrten Bedarf an Wohnbauten – für die Unterbringung öffentlicher Bauten – für die Ansprüche von Gewerbe und Industrie.
2. Ständiges Anwachsen des Verkehrs, dessen reibungsloser Abwicklung die heutigen Anlagen nicht mehr genügen und die ihre Aufgabe vor allem in bezug auf Sicherheit der Einwohner und Schutz der Wohnquartiere nicht mehr im nötigen Mass erfüllen.
3. Unbefriedigende bisherige Resultate des Weiterausbaues innerhalb der Gesamtentwicklung der Ortschaft.
4. Ungenügender Schutz des Ortsbildes vor baulichen Verunstaltungen.
5. Fehlen von Richtlinien für eine planmässige, bewusste Entwicklung unter Berücksichtigung aller dafür in Betracht fallender Faktoren.

Bei der Aufstellung von Grundsätzen für die zukünftige Entwicklung ist auszugehen von der Planung, welche 1861 einsetzend das Bild des heutigen Glarus bestimmte. Im Vordergrund stand damals der Wiederaufbau des zerstörten Ortskerns in geschlossener, städtischer Bauart, wobei als Unterlage der Carréplan mit den hiefür aufgestellten Vorschriften diente.

Um das Ziel einer gesunden, entwicklungsfähigen und elastischen Planung zu erreichen, sind einige neue Massnahmen durchzuführen, die verwaltungsmässig oder organisatorisch eine bessere Einflussnahme auf die bauliche Gestaltung der Gemeinde gewährleisten.»

Hans Leuzinger, Ortsplanung Glarus, 1948, Quartiercharakter am Rathausplatz, 1862, und in der Schwertgasse.

Um diesen seinen Forderungen nachzukommen, schlug er die Einteilung des Gemeindegebietes in Zonen vor, «welche die Ausscheidung bestimmter, deutlich getrennter Funktionen bedeutet»: Wohnzonen, Zone für öffentliche Gebäude, Zone für Gewerbe und Industrie, Grünanlagen, Gebiet für Landwirtschaft, Schutz und Verbesserung der Carrébebauung.

Er erkannte deren Qualität, die Glarus erst sein städtisches Gepräge gab, kritisierte jedoch deren Nachteil bezüglich der speziellen Besonnungsverhältnisse (ungleichwertige Wohnungen je nach Lage im Carré), übersah nicht die Problematik des Wildwuchses unzähliger An- und Kleinbauten in den Innenhöfen und bemängelte den unharmonischen Übergang zu den vom Brand nicht betroffenen Altquartieren.

Eine zukünftige Planung muss über die Grenzen des Simon und Wolff-Planes hinausschauen und die neuen Bauquartiere, die wieder vermehrt auf Topografie und gewachsene Strukturen Rücksicht nehmen, flüssig anschliessen:

– Schutz und Verbesserung der Altquartiere: Auch diesen Quartieren, die im Zuge der Industrialisierung in der ersten Hälfte des 19. Jahrhunderts mit einer gewissen Planmässigkeit entstanden waren, attestierte er Wohnqualität, sah sie jedoch bedroht durch übermässige Aufstockungen und fehlende Bestimmungen der rückwärtigen Anbauten zur Sicherung der hygienischen Verhältnisse.

– Neue Bauquartiere: Den nach 1900 entstandenen Wohnquartieren spricht er jedoch die harmonische Einfügung in ein Ganzes ab. Seines Erachtens wurde die Bedeutung einer planmässigen Entwicklung nicht früh genug erkannt.

– Öffentliche Bauten: Mit Nachdruck stellt er die Forderung, dass ein Gemeinwesen rechtzeitig für genügend Landreserven besorgt sein muss, einerseits um die Bedürfnisse für öffentliche Bauvorhaben befriedigen zu können ohne expropriieren zu müssen, andererseits um vermehrt Einfluss auf die bauliche Entwicklung nehmen zu können.

– Grünanlagen: Die Grünanlagen, die in den fünfziger Jahren bestanden, waren das Resultat privater Initiativen (Volksgarten), weniger dichter Bebauung auf Privatland (Villen im Westen und Norden) sowie des Brandes (Westseite des Burghügels).

– Die Erhaltung dieser Grünanlagen sowie eine massvolle Bepflanzung der Plätze im Carrégebiet (Rathausplatz, Gerichtshausplatz, Gemeindehausplatz) und der Wuhranlage, allerdings mit «richtigen» Bäumen, die ihre Kronen sollen entfalten können, waren ihm ein Anliegen.

– Industriegebiete: Besorgt war er über die fehlenden Landreserven für Industriebetriebe, die gut erschliessbar sein mussten, die Wohnquartiere mit Emmissionen verschonen sollten und nicht zu sehr exponiert sein durften.

– Landwirtschaftliches Gebiet: Bereits dreissig Jahre bevor das eidgenössische Raumplanungsgesetz diese Lücke auffüllte, sah er die Problematik der fehlenden Sicherung des Landwirtschaftsgebietes. Wie gegen dessen unerwünschte Bebauung und unrationelle Zerstückelung vorzugehen sei, bildete einen Aspekt seiner vorgeschlagenen Planungsmassnahmen.

– Schutz und Pflege des Orts- und Landschaftsbildes: Wie sehr ihm die Pflege des gesamten Orts- und Landschaftsbildes ein Anliegen war, zeigt folgender Textauszug: «Die Schönheit eines Ortsbildes ist nicht allein abhängig vom Vorhandensein eigentlicher Baudenkmäler, schöner öffentlicher Bauten und einer grossen Anzahl architektonisch hervorragender Privatbauten. Sie wird ebensosehr oder vorwiegend bestimmt durch das gute bauliche Niveau der grossen Menge der übrigen Bauten; es besteht nun gerade darin der grosse Vorzug des nach 1861 wiedererstandenen Glarus, dass seine Strassen und Gebäude dieses Niveau haben. Sie verdanken dies einmal der Tatsache, dass sie im Rahmen eines guten Gesamtplanes und sehr einheitlich durchgebildet sind; sodann schöpfte jene Zeit aus der klassischen Bautradition, die im Stande war, einem Stadtbild Ruhe, Würde und Zurückhaltung zu verleihen, was der Laie heute oft zu Unrecht als Langeweile empfindet. Man sieht an der Gestaltung der Türen und Fenster, der Ladenbauten und an der Gliederung der Stockwerke, der Dachvorsprünge, an der Art und Weise, wie auch die einfachsten und scheinbar nebensächlichsten Dinge nicht vernachlässigt wurden den Einfluss Sempers. Es sind dadurch Platzbilder, wie dasjenige des Rathaus- und Gerichtshausplatzes (Spielhof) entstanden, die in ihrem heutigen Bestand geradezu schutzwürdig sind. Es ist bedauerlich, dass gerade in neuester Zeit durch teilweise schlechte Ladeneinbauten und unerfreuliche Eingriffe überhaupt eine starke Beeinträchtigung erfolgt ist. Auch bei den Altquartieren kündigt sich in den letzten Jahren da und dort eine Verschlechterung des alten Baubestandes an. Es wäre ausserordentlich zu bedauern, wenn vor solchen Eingriffen der ehrwürdige Zaunplatz, die historische Stätte der Glarner Landsgemeinde auch heute noch nicht geschützt werden könnte. Sowohl der Umbau der Apotheke als Abschluss der nördlichen Giebelreihe, wie auch die Veränderungen, welche die gewerbliche Nachbarschaft östlich des Schulhauses in früheren Jahren brachte, sollten genügend zu bedenken geben.

Wichtig ist, dass die Ostseite, deren Bild vorwiegend noch durch die vorhandenen Gärten bestimmt wird, keine Veränderung erleidet. Es sollte der Weg gefunden werden, durch Ziehung einer genügend breiten Baulinie auf der Zaunseite einen Streifen für alle Zeiten vor Überbauung zu schützen, damit der heute bestehende, schöne Abschluss durch die Baumkronen der Gärten erhalten und noch verbessert werden kann.

Südlich des Zaunplatzes, im ‹äussern Zaun›, steht die bekannte Häuserreihe mit den zehn Glarner Giebeln vom Anfang des 19. Jahrhunderts. Was nachher folgt, ist ein Beispiel für unüberlegtes Bauen ohne jede Gesamtplanung. Es entstanden durcheinander Wohnungen, Magazine und gewerbliche Bauten, an welche als Verlegenheitslösung später die Handwerkerschule angebaut werden musste.

Vielfach sind die einfachen Einfriedungen, Mauern oder Zäune, spätere öffentliche Anlagen, wie Hydranteneinbauten usw., nicht mit dem nötigen Verständnis eingefügt worden.

Ein besonders wichtiges Kapitel bilden Schutz und Pflege der Grünanlagen und des Baumbestandes. Anderwärts besteht die Schönheit öffentlicher Anlagen und Baumalleen in der Wirkung der mächtigen Baumkronen, die sich frei entfalten können. Im Gegensatz dazu werden bei uns Baumkronen, kaum haben sie eine gewisse Grösse erreicht, bereits wieder beschnitten oder überhaupt zum Verschwinden gebracht. Bei der Erweiterung des Schützenhauses konnten die Architekten die Baukommission nicht überzeugen, dass auf der Nordseite das Platzbild durch Pflanzung eines oder mehrerer Bäume wesentlich gewinnen könnte. Andernorts werden die Parkplätze mit Bäumen bepflanzt, in deren Schatten der Automobilfahrer mit Vorliebe seinen Wagen stellt (letztes Beispiel Zürich Uraniaplatz).

So unterbleibt auch bei Neuanlage von Wohnquartieren das vorsorgliche Einfügen eines Sitzplatzes mit Bäumen, die für die ganze Umgebung den gegebenen Ruhe- und Schattenplatz ergäben.

Hans Leuzinger, Ortsplanung Glarus, 1948, Begrünung der Hauptstrasse mit Bäumen, vorher und nachher.

Noch viel weniger sind die Grünhecken beliebt, die ein so wertvolles Mittel der gärtnerischen Gestaltung und Gliederung sind. So sind verschwunden die Grünheckeneinfassungen des Volksgartens und der kleinen Anlage auf dem Gerichtshausplatz. Mögen sie auch mehr Unterhalt erfordert und hie und da Lücken und Beschädigungen aufgewiesen haben, so wären sie doch unvergleichlich schöner als die Röhrenfriede oder das üble Schmiedeisengitter, durch die sie ersetzt worden sind.

Es ist schon früher auf die Bedeutung des Burghügels als Grünanlage hingewiesen worden. Seine Wirkung im Ortsbild kann er nur beibehalten, wenn seine Hänge möglichst von Bebauung frei bleiben.»

Als Instrumentarium, um diese hochgesteckten Ziele zu erreichen, schlägt Hans Leuzinger einen Richtplan und spezielle Bestimmungen in einer Bauordnung vor.

Der Richtplan legt fest, welche Gebiete überbaubar sein sollen, welche frei zu halten sind, verhindert die allzulange praktizierte Verzettelung entlang der Strassen sowie das Zusammenwachsen mit Nachbargemeinden, und eröffnet die Sicht auf eine optimale Lösung auch des Einzelproblems, entgegen der Tendenz, es da unterzubringen, wo der Widerstand momentan am kleinsten ist.

Die Bauordnung bezeugt den klaren Willen zu einer systematischen baulichen Entwicklung der Gemeinde in organisatorischer und ästhetischer Beziehung.

Wie sehr Hans Leuzinger sich auch als Planer engagierte, wird aus seiner Schlussbemerkung ersichtlich: «Es gibt kaum eine dankbarere Aufgabe, als eine Ortschaft, deren Wiederaufbau aus einem Guss entstanden ist, in ihrer baulichen Weiterentwicklung zielbewusst zu lenken und selber schöpferisch an einer zweckmässigen und schönen Gestaltung des Heimatortes mitzuarbeiten. Allerdings ist dazu ein Unterordnen der immer vorhandenen Einzelinteressen unter diejenigen der Gemeinschaft erforderlich, und ebenso ist ein starker Wille nötig, um ungeachtet der auftauchenden Hindernisse den geraden Weg zu dem als richtig erkannten Ziel zu beschreiten.»

Zielstrebiger Geist des Realisierens

Bis Anfang der fünfziger Jahre verfügte der Kanton Glarus noch über kein Baugesetz. Massgebend war das Einführungsgesetz zum Zivilgesetzbuch, das zum Beispiel einen minimalen Grenzabstand von 90 cm, aber keinen minimalen Gebäudeabstand vorschrieb. Ein Nachbar hatte lediglich die Möglichkeit, gegen Entzug von Licht und Sonne zu klagen, was zu einem Prozess vor dem Augenscheingericht und zu einer Entschädigung in der Höhe von wenigen Hundert Franken führte. Hans Leuzinger zeigte mir ein Beispiel, wo ein Wohnzimmerfenster an einer Südfront durch einen vorgelagerten Bau in ein Lichtschachtfenster verwandelt worden war. Entschädigung für den Betroffenen: Fr. 200.–. Einzig die Gemeinde Glarus verfügte über ein Baureglement. Hans Leuzinger war bestrebt, durch Ortsplanungen und entsprechende Bauvorschriften rechtliche Grundlagen zu schaffen, denn er misstraute der einsetzenden Bautätigkeit. Dies gelang ihm vorerst mit den Ortsplanungen von Netstal und Niederurnen, die durch den Gemeinderat, die Gemeindeversammlung sowie durch den Regierungsrat genehmigt worden waren. In diesen wird – pionierhaft – Ortsbild- und Ensembleschutz miteinbezogen, zu einer Zeit, als dies für die Denkmalpflege des Bundes, die sich damals nur mit wertvollen Einzelobjekten befasste, noch kein Thema war.

Für die Landsgemeinde vom 4. Mai 1952 hatte er – im Auftrage des Regierungsrates – zusammen mit dem Juristen Dr. Georg Gähwiler ein kantonales Baugesetz erarbeitet, das bereits die Elemente der Raumplanung und der Denkmalpflege enthielt und damals längere Zeit als eines der fortschrittlichsten und übersichtlichsten Baugesetze der Schweiz galt, bis sich der neueren Gesetzgebungen des Bundes wegen eine Revision als notwendig erwies. Hans Leuzinger hat sich nicht nur in zahlreichen Artikeln mit dem Thema der Landesplanung, unseren Dorfbildern und der Denkmalpflege befasst, er hat zielstrebig auf Realisierung gedrängt, sei es durch sinnvolle Planung, sei es durch Restaurierung und anderes mehr. Er hat mit Nachdruck versucht, alle betroffenen Instanzen und Personen durch Wort, Bild und Zeichnung zu überzeugen. Seine starke zeichnerische Begabung setzte er dabei ein.

Bezeichnend für sein pragmatisches Vorgehen ist seine Eingabe, eingereicht durch die Glarnerische Vereinigung für Heimatschutz, gerichtet an die kantonale Baudirektion und datiert vom 21. Juni 1944 – mit dem Titel: «Heimatschutzaufgaben und ihre Lösung durch die Arbeitsbeschaffung in Krisenzeit».

Man befürchtete damals – wie nach Ende des Ersten Weltkriegs – nach Kriegsende und Demobilmachung eine Welle der Arbeitslosigkeit. An verschiedenen Objekten wurden in Wort, Bild und mit konkreten Vorschlägen sechzehn mögliche Einsätze formuliert.

Hans Leuzinger schrieb hiezu unter anderem programmatisch: «Es können also darunter fallen: Renovationen und Umbauten von Baudenkmälern, von Häusern, welche geschichtliches Interesse beanspruchen oder welche durch ihre Bauart typisch für das betreffende Orts- und Landschaftsbild sind und dasselbe bereichern. Einfachere Bauten, welche in ihrer Wiederholung und Gruppierung typische Strassen- oder Ortsbilder ergeben. Dies trifft auch bei uns für die Mehrzahl der Bauten vor 1860 zu. Als Beispiele führen wir die bäuerlichen Siedlungen von Adlenbach und Hintersteinibach an. Die Schönheit der einzelnen Dorfbilder besteht ja nicht nur im Vorhandensein eines oder mehrerer Baudenkmäler (Freulerpalast zum Beispiel), sondern in der Wiederholung der gleichartigen Baukörper und Bauelemente, in der Verwendung des gleichen einheimischen Baumaterials, in den guten Verhältnissen der Einzelheiten, welche auf langer Überlieferung und einheimischer Handwerkstradition beruhen, als Beispiel Elm, mit dem einheitlichen Dachmaterial des einheimischen Schiefers, den einfachen alten Haus- und Dachformen. Gestützt auf die vorgenannten gesetzlichen Grundlagen hat es sich nun der Glarner Heimatschutz zur Aufgabe gestellt, einzelne typische alte Glarnerhäuser, sowohl bürgerliche, wie Bauernhäuser, zu renovieren, deren Erhaltung für spätere Zeiten erwünscht ist. Es sind vorzugsweise Bauten, welche bereits in der Aktion zur Beschäftigung arbeitsloser Techniker in den Jahren 1935/1936 mit Kantons- und Bundessubvention aufgenommen und zeichnerisch festgehalten und deren Pläne dem Landesarchiv in Glarus übergeben worden sind. Wir haben darauf gesehen, eine gewisse regionale Verteilung anzustreben, damit diese Häuser innerhalb ihres engern Gebietes vorbildlich wirken und den Sinn für die Erhaltung der guten alten Bauweise fördern helfen.»

Die erwartete Krise ist nicht eingetreten. Aber das Dokument bildete für die nachkommende Generation nicht nur ein hervorragendes, in kritischen Situationen rasch verfügbares Arbeitsinstrument – wir empfanden es auch als Verpflichtung. Als im Europajahr für Denkmalpflege und Heimatschutz 1975 alle Gemeinden Europas aufgerufen wurden, an einem Wettbewerb unter dem Motto «Eine Zukunft für unsere Vergangenheit» teilzunehmen, war der Kanton Glarus bezüglich der Zahl der Auszeichnungen wohl am erfolgreichsten, was sicherlich mit der seinerzeitigen Aktion Hans Leuzingers und den inzwischen in seinem Geiste durchgeführten Ortsplanungen zu tun hatte. Europaweit wurden 45 Gemeinden ausgezeichnet, die Schweiz war mit zwölf Gemeinden sehr gut vertreten: zwei Auszeichnungen – für Elm und für Mollis – gingen an unseren kleinen Kanton – nebst einer Anerkennung für den Weiler Adlenbach, zurückgestuft nur, weil es sich hier um einen Weiler, nicht um eine Gemeinde handelte.

Die Einleitung zu einem Artikel in der *Neuen Zürcher Zeitung* vom 5./6. Juni 1982 anlässlich der Feier zum fünfzigjährigen Bestehen der Glarnerischen Vereinigung für Heimatschutz hätte ihn sicher gefreut: «scr. Bei aller Skepsis gegenüber Pauschalurteilen kann man heute die Behauptung wagen, die Glarner Dörfer seien in den letzten zwei, drei Jahrzehnten insgesamt schöner und wohnlicher geworden.»

Hans Leuzinger, schützenswertes Ortsbild von Adlenbach.

Zum Abschluss

Die Architekten der älteren Generation, die Hans Leuzinger noch in seinem Wirken erlebt haben, stellen noch immer mit Bewunderung fest, in welch hohem Masse sein Einfluss auf verschiedene Sparten des kulturellen Lebens ausgestrahlt hat und von breiten Kreisen wahrgenommen wurde. Spitze Zungen im Kanton Glarus sagten seinerzeit, man werde wohl bald im Wappen im Giebel über der Hauptfront des Glarner Rathauses den St. Fridolin durch Hans Leuzinger ersetzen müssen. Uns Architekten freute natürlich eine solche Auszeichnung unseres Berufsstandes, galt der Architekt doch früher als der erste Diener des Königs.

Dass diese Anerkennung erarbeitet werden musste, beleuchtet eine Erzählung aus seinen schwierigen Anfangsjahren in Glarus. Ein Konkurrent, ein Architekt, dem man die verschiedenartigsten Eigenschaften nachsagte – er stieg dann allerdings aus dem Beruf aus, wurde Fabrikant, dann Finanzmann und Politiker –, machte ihm zu schaffen. Bei Wettbewerben oder Projektaufträgen an mehrere Architekten wurde Hans Leuzinger mit seiner überzeugenden Arbeit zwar meist mit dem ersten Rang ausgezeichnet, den Auftrag hingegen erhielt fast immer der andere, der im Vereinsleben stark verwurzelt war – man wusste ja nun, wie die Aufgabe am besten zu lösen wäre.

Hans Leuzingers Beharrlichkeit und Zielstrebigkeit waren einzigartig. Ein Beispiel: Sein Sohn Hans Jörg erzählte mir, dass sein Vater bereits in der Sekundarschule von Neugierde getrieben war, wie Glarus vor dem Brand wohl ausgesehen haben mochte. Sein Leben lang sammelte er Dokumente. In Erfüllung dieser Sisyphusarbeit entstand auf das Jahr 1961 hin sein meisterhaftes Alterswerk, das Modell von Alt-Glarus – 100 Jahre nach der grossen Brandkatastrophe. Es zeigt den Flecken Glarus in allen Einzelheiten und lässt beispielsweise – wie Carl Baer, der sachkundige Kenner anschaulich darzulegen weiss – erkennen, wie sich Glarus durch die Gewerbe- und Industriebauten längs der Bachläufe zum hochindustrialisierten Ort entwickelt hatte.

Seine Ansichten, auf präziser Überlegung und intuitiver Einfühlung beruhend, verstand er in einfacher und klarer Weise und mit Überzeugung zum Ausdruck zu bringen. Viele Architekten, die bei ihm gearbeitet hatten, waren ihr Leben lang stolz auf diese Lehrzeit und blieben Hans Leuzinger in Hochachtung und Anhänglichkeit verbunden – um nur einen zu nennen: der spätere Professor an der Architekturabteilung der ETH Zürich, Bernhard Hösli.

Im Kanton wirkten mehrere Architekten, die in seinem Büro gearbeitet hatten, und so wurde er in einem gewissen Sinn zum Patriarchen der Architekten des Kantons, oft leise gefürchtet seines klaren Urteils wegen, das er freimütig äusserte, jedoch allgemein geschätzt, weil man sein aufrichtiges Engagement anerkannte.

Hans Leuzinger, Brückenbau über die Rofla-Schlucht, Kanton Graubünden, um 1918.

Ich beendige meine Betrachtung – von Architekt zu Architekt – mit einem weiteren Hinweis auf die Spannweite von Hans Leuzingers Tätigkeiten, aber auch mit einem Hinweis auf seine Liebe zum Werk. Diese kam zum Ausdruck, als er mir mit nachklingender Freude einmal erzählte, er habe im Ersten Weltkrieg im Raume der Rofla-Schlucht als Sappeur-Hauptmann drei Brückenbauten erstellt. Sie stehen immer noch und dienen heute den Fussgängern, wie mir der langjährige Gemeindepräsident von Andeer, Ami Conrad, kürzlich bestätigte: die erste unterhalb des Restaurants bei der Rofla-Schlucht, die zweite als Verbindung zum Maiensäss Mut und die dritte bei der Suferser-Schmelze.

Hans Leuzinger, Brückenbau über die Rofla-Schlucht, Kanton Graubünden, um 1918, links Hans Leuzinger.

AUSGEWÄHLTE BAUTEN

Bearbeitet von Inge Beckel
Texte von Inge Beckel, Jan Capol, Christof Kübler,
This Oberhänsli, Christina Sonderegger

Kleinkinderschule, Ennenda, 1919

Fridolinshütte, 1921/22

Tuberkulosehaus, Glarus, 1924–1928

Skihütte Elmerberg, Ennetberge, 1926

Wohnhaus Zum Sonnenhügel, Glarus, 1927

Ferienhaus Uf dr Höchi, Braunwald, 1927

Planurahütte, 1929/30

Ferienhaus Fuhrhorn, Braunwald, 1930

Kinderkrippe, Ennenda, 1930/31

Atelier-Haus Morgenthaler, Zürich, 1931

Sporthaus Ortstock, Braunwald-Alp, 1931

Eigenheim, Zollikon, 1932/33

Reihenwohnhäuser, Zürich, 1934/35

Skihütte «Draussen Wohnen», Basel, 1935

Ferienhaus Akelei, Braunwald, 1940/41

Wohlfahrtsgebäude Erlenhof, Schwanden, 1947/48

Kunsthaus, Glarus, 1951/52

Pavillonschule, Niederurnen, 1953/54

Gemeindesaal Jakobsblick, Niederurnen, 1955/56

Kleinkinderschule Ennenda, 1919

Das Projekt für einen Kindergarten in Ennetbühls im nördlichen Teil von Ennenda ging aus einem Wettbewerb hervor. Hans Leuzinger gab diesem frühen Entwurf den Namen «Schlicht». Klare Proportionen, Einfachheit und Bescheidenheit waren primäre Anliegen. Sein Wettbewerbsentwurf zeigt formal Züge einer klassizistischen Idealvorstellung, wie sie beispielsweise Paul Mebes anfangs unseres Jahrhunderts in seinem Buch *Um 1800* propagierte; der in Ennetbühls realisierte Bau geht jedoch weiter und bezieht Aspekte eines die klassizistische Strenge brechenden «Nach-Jugendstils» mit ein.

Die heute leicht veränderte Kleinkinderschule grenzt unmittelbar an die Strasse und bildet den südlichen Abschluss einer aus mehreren Einheiten bestehenden Häuserzeile. Obwohl das Gebäude von der Strasse erschlossen wird, wirkt die breitgelagerte, symmetrisch aufgebaute Giebelfassade, die sich auf den Garten orientiert, als Hauptfront.

Die Fassaden sind einfach aufgebaut. Stehend angeordnete Fenster gliedern den hell verputzten Baukörper. Die Fenster des Obergeschosses werden durch dunkle Klappläden flankiert; die Öffnungen der Bél-Etage, wo der Kindergarten untergebracht ist, weisen keine Läden auf. Die im Vergleich zum oberen Wohngeschoss überhohen Fenster werden durch einzelne Blendbögen optisch noch vergrössert. Die im Verputz leicht vertieften Bögen schmücken ihrerseits in diese eingelassene Kreisreliefs. Hans Leuzinger differenzierte also den unteren halböffentlichen Bereich vom oberen privaten Wohnbereich, indem er die Fensterpartien verschieden ausgestaltete. Das Dachgeschossfenster in der Giebelfassade hat zwar Klappläden, ist jedoch als Bogenfenster ausgebildet. Im Hof wird dem Hauptbaukörper eine mit Satteldach eingedeckte, eingeschossige Laube angegliedert, die über einige Stufen direkt in den Garten überleitet.

Das Wettbewerbsprojekt zeigte gegenüber dem realisierten Bau nur einen Fenstertyp, nämlich einfache, mit Klappläden versehene Öffnungen, während das Giebelfenster als Dacherker geplant war. Die seitliche Laube war ursprünglich grösser vorgesehen, zudem sollte sie flach gedeckt werden.

Das ausgeführte Schulzimmer besteht aus einem grossen Raum, von dem einzig die Toiletten hinten abgetrennt sind. Eine durch Stützen als mittlere Schicht ausgeschiedene Zone dient als Vorraum und Garderobe, während die vordere, dem Garten zugewandte Raumschicht offen bleibt: als Spiel- und Arbeitsfläche der Kinder. Über der Kleinkinderschule liegt eine Wohnung. Zwei zur Strasse orientierte Schlafzimmer einerseits und das Wohnzimmer mit angrenzender Küche und Bad andererseits säumen hier einen zentralen Gang. Das flache Dach der Laube, als Balkon für die Wohnung gedacht, wurde schliesslich nicht realisiert. Im Dachstock sind ein weiteres Schlafzimmer und Estrichräume untergebracht. Der Massivbau ist ganzflächig unterkellert.

Das Innere des Kindergartens ist von Leuzinger sehr sorgfältig und detailreich gestaltet worden: Holztäfer deckt die Wände bis auf die Höhe des Türsturzes, darüber sind Wand und Decke weiss gestrichen. Den eingebauten Schrank schmücken neben abstrakt-floralen Mustern auch Motive mit Hasen und Kindern. Die Lampen bestehen aus heruntergehängten weissen Halbkugeln, gefasst von wagenradähnlichen Scheiben. Dass dem Architekten stets die gute Zusammenarbeit mit den Handwerkern wichtig war, zeigt sich hier besonders deutlich, denn ohne Einverständnis zwischen entwerfender und ausführender Hand wären beispielsweise solch filigrane, minutiös studierte und präzis realisierte Täfer undenkbar. Übrigens betonte Paul Mebes in dem bereits zitierten Buch mit Nachdruck, wie wichtig es sei, Baukunst und Handwerk in einheitlicher Ausdrucksweise zusammenzuführen.

Das Gebäude der Kleinkinderschule ist mit Motiven wie den Blendbögen und den Kreisreliefs so geschmückt, dass die ursprünglich geplante, klassizistische Strenge gebrochen wird. Karl Moser hatte seinerseits kurze Zeit zuvor die Fenster einer Villa an der Kantstrasse in Zürich mit Blendbögen und kleinen Kreisreliefs ausgestattet, und Leuzinger hatte diese selbst fotografiert.

Hans Leuzinger formulierte hier einen gegenüber dem Neuklassizismus freieren Umgang mit Formen und liess sich auch von regional überlieferten Motiven inspirieren. Er gestaltete beispielsweise den unteren Abschluss des Satteldachs in Ennetbühls mit einem kleinen Anschübling und liess ihn so wie eine Krempe leicht ausschweifen.

Inge Beckel

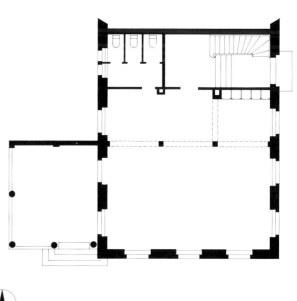

Massstab 1:200

Ansicht von Südosten.

Ansicht von Südwesten mit Laube und Treppe zum Garten.

Wettbewerbseingabe: Kennwort «Schlicht».

Grundriss Erdgeschoss (Wettbewerb).

Klassenzimmer mit eingebauter Schrankwand.

Fridolinshütte
1921/22

1921 erteilte die Sektion Tödi des Schweizerischen Alpenclubs (S.A.C.) Hans Leuzinger den Auftrag, eine Erweiterung der alten, 1890 in Holz gebauten Fridolinshütte vorzunehmen. Er entschied sich für einen Neubau, der etwas höher als die erste Hütte steht, in seiner Grösse, in seinen Proportionen und in der Form sowie der Ausrichtung im Gelände aber zum Äquivalent der ersten Hütte wurde. Einzig in der Materialisierung setzte sich der aus Bruchsteinmauerwerk erstellte Neubau klar von seinem hölzernen «Vorgänger» ab. Die beiden Fridolinshütten liegen am Bifertenälpeli nordöstlich des Tödi, auf einer Höhe von rund 2156 m ü. M.

Der im Grundriss rechteckige Massivbau ist mit einem geschindelten Satteldach eingedeckt und steht giebelständig zum Tal. Die Längsfassaden des Baus sind symmetrisch aufgebaut. Vom terrassierten Vorplatz erschliesst eine längsseitig eingemittete Holztüre den Bau an seiner Traufseite. Im Innern teilen die Eingangszone und die ihr gegenüberliegende, offene Kochnische die Hütte in zwei gleiche Räume: zwei Sitzecken flankieren je die Kochnische, zwei kleinere Pritschenlager den Windfang; eines ist zum Aufenthaltsraum hin offen. Zusätzlich befindet sich ein Massenlager im Dachgeschoss.

Die Wände der Aufenthaltsräume sind mit Holz getäfert, die Böden und Decken sind ebenfalls aus Holz; Stein findet sich nur am Boden der Küche und im Eingangsbereich. Während diese Innenräume einen wohnlich-gemütlichen Eindruck vermitteln, scheint das Äussere der neuen Fridolinshütte jedem Wetter zu trotzen. Die tief in die Mauern eingelassenen Fenster besitzen starke Laibungen, die tagsüber von den gestreift bemalten Klappläden verdeckt werden. Die Fensterbänke und -stürze bestehen aus schmalen, leicht vorkragenden Steinplatten. Letztere werden durch einen scheitrechten Sturz entlastet; über der Türe und über den Fenstern des Dachgeschosses sparen die «Sturzbogen» Giebelfelder aus. Hier zeigt sich, dass Leuzinger das an sich statisch bedingte Element des Sturzes bewusst auch als gestalterisches einsetzte.

Hans Leuzingers erster Hüttenbau lag im damaligen Trend. Nachdem einfachste Holzhütten den Bergsteigern jahrzehntelang Schutz vor Wind und Kälte geboten hatten, realisierte im Jahre 1916 ein Ingenieur aus Zürich, Dr. Gustav Kruck (den Leuzinger über dreissig Jahre später für die Dachkonstruktion des Gemeindesaals von Niederurnen beiziehen sollte), die Cadlimohütte der S.A.C.-Sektion Uto als Massivbau aus Bruchsteinmauerwerk. Kruck zog für das Projekt die in Zürich tätigen Architekten Gebrüder Pfister bei. Er wollte die Hütte nicht nur zweckmässig und solid, sondern auch schön gestalten, wie er in einem Artikel im Werk von 1921 ausführte; für Kruck war blosse Ingenieurästhetik offensichtlich nicht schön genug. Zudem engagierte er den Maler Eugen Meister, um die Hütte mit Farben und bildhauerischen Arbeiten «innen und aussen schmuck auszubilden». Die neue Fridolinshütte ist jener Cadlimohütte nicht nur konstruktiv, sondern auch formal sehr verwandt. Vor dem Kruckschen Hintergrund ist möglicherweise auch das Relief zu sehen, das Hans Leuzinger rechts vom Eingang anstelle eines Fensters in die Wand eingelassen hatte – es zeigt Sankt Fridolin, den Schutzpatron von Glarus, mit dem Hüttenmodell in Händen.

In den späten zwanziger Jahren entstanden viele S.A.C.-Hütten nach dem Vorbild von Gustav Kruck. Hans Leuzinger pries in einem Vortrag von 1933 die neuen «praktischen, gut durchdachten und heimeligen Hütten». Gleichzeitig rühmte er aber die älteren, einfachen Holzhütten als mit den bescheidensten Mitteln erstellte Zweckbauten, die stets gute Dienste geleistet hätten und von der genügsamen Art des Schweizer Clubisten zeugten. Denn inzwischen hatte er begonnen, den Hüttenbau seinerseits neu zu interpretieren: Er hatte die Planurahütte erstellt und kurze Zeit später das Ortstockhaus realisiert. Letzteres ist formal wohl der Planura verpflichtet, ist aber kein Steinbau mehr, sondern ein mit grossen Eternitplatten verkleideter Holzbau.

Inge Beckel

Alte und neue Fridolinshütte.

Eingangssituation mit vorgelagerter Terrasse.

Grundrisse: Ober- und Erdgeschoss.

Ansicht von Nordwesten: vor der Fertigstellung.

Innenansicht mit Küche und Wohnraum.

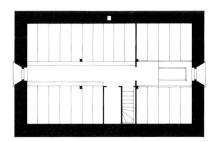

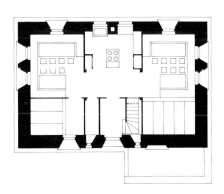

Massstab 1:200

Tuberkulosehaus Glarus, 1924–1928

Das Glarner Kantonsspital liegt im nördlichen Teil von Glarus am Fusse des Sonnenhügels in der unmittelbaren Fortsetzung der Burgstrasse. Es wurde 1880/81 nach Plänen von Paul Reber ausgeführt und 1895–1899 durch einen Krankenpavillon von Balthasar Decurtins erweitert.

Im Jahre 1922 hatte die Sanitätsdirektion des Kantons Glarus einen Wettbewerb für grössere Erweiterungs- und Umbauarbeiten ausgeschrieben. Die Architekten Leuzinger und Truninger, beide erstrangiert, wurden in der Folge mit der weiteren Planung beauftragt. Ausgeführt wurden zwischen 1924–1928 die Erweiterung und Aufstockung des Hauptbaues, die bauliche Verbindung mit dem Frauen- und Kinderpavillon sowie der Neubau eines Tuberkulosehauses mit einer Frauen- und einer Männeretage. Die Erschliessung des ganzen Geländes erfolgt von Norden her, damit die südlich vorgelagerten Gartenanlagen erhalten blieben. Beim Tuberkulosehaus handelt es sich um einen breitgelagerten, einfachen, klassizistischen Bau. Er ist eingedeckt mit einem flachen Krüppelwalmdach, das durch regelmässig angeordnete Dachhäuschen durchbrochen ist. Diese sind jedoch so plaziert, dass sie die ruhige, ausladende Form der Dachsilhouette kaum tangieren. Die Erschliessung erfolgt über einen in der Gebäudeachse angelegten Haupteingang, den ein stark ausgebildetes Vordach auszeichnet und der beidseits flankiert wird von Rundfenstern. Man betritt hier eine Art Vestibül, das die Obergeschosse über eine zweiläufige Treppe mit Zwischenpodest verbindet. Die Treppenanlage ist Teil der rückwärtig definierten Raumschicht, die primär zudienenden Räumlichkeiten vorbehalten ist, wie Schwesternzimmer, Bäder, Laboratorium, Assistentenzimmer und einer Teeküche. Der Korridor zieht sich über die ganze Länge des Hauses hin, an dem sich nach Süden orientiert die einzelnen Krankenzimmer aufreihen. Die Zimmer besitzen einen direkten Zugang zu den ihnen unmittelbar vorgelagerten Loggien, die in den Hauskörper integriert sind. Zwei Freitreppen verbinden diese im Erdgeschoss direkt mit dem Garten.

Der Bau erfüllt konsequent die damals auf dem Gebiet der Tuberkulosebehandlung und -forschung formulierten, architektonischen Rahmenbedingungen. Diese beziehen sich nicht primär auf die formale Ausgestaltung, sondern auf den Bautyp als solchen und besonders auf seine Grundrissdisposition: Sie beinhalten die Forderung nach einer einbündigen Anlage, d. h. alle Krankenzimmer sollten nach Möglichkeit nach Süden orientiert werden, mit Loggia oder Terrasse. Die Schlagworte innerhalb der Tuberkulosebehandlung, die diese Architektur letztlich generierten, hiessen Liegekur und Heliotherapie. Die führende Rolle auf diesem Gebiet hatte Davos. Bereits im ausgehenden 19. Jahrhundert wurden dort die von Ärzten geforderten Heilverfahren hinsichtlich ihrer architektonischen Umsetzung erprobt. Ärzte wie Karl Turban beteiligten sich selbst aktiv am Entwurfsprozess. In den Jahren um 1900 entstand in Davos eine Architektur, die den Patienten die Durchführung der Liegekur erleichterte und die heliotherapeutischen Massnahmen ermöglichte. Letzteres hiess beispielsweise, die befallenen Stellen eines an Knochentuberkulose Erkrankten direkt der Sonne auszusetzen. Die Erfolge beider Heilmethoden, in Leysin, in Davos oder auf dem Plateau d'Assis in den Savoyer-Alpen praktiziert, beschleunigten die rasche Verbreitung dieses Bautyps. Sigfried Giedion, einer der Wortführer der Moderne der Jahre um 1930, ging schliesslich soweit, die Sanatoriumsarchitektur als Prototyp des «befreiten Wohnens» zu bezeichnen: Die heiltherapeutischen Erkenntnisse und der damit zusammenhängende architektonische Niederschlag sollten auch auf den allgemeinen Wohnungsbau übertragen werden, wie es in Davos durch den Architekten Rudolf Gaberel am Beispiel eines Arzthauses bereits geschehen war.

Leuzinger ging mit seinem Tuberkulosehaus im Sinne der Moderne keine formalen Neuerungen ein. Das Haus hätte wohl mit einem Flachdach eingedeckt werden müssen, und die Loggien müssten stützenlos, respektive freitragend konstruiert sein; allenfalls wäre eine Terrassierung ins Auge zu fassen gewesen. Statt dessen realisierte er das Haus in einer einfachen, zurückgenommenen, klassizistischen Formensprache und gliederte es damit nahtlos in die Reihe der in Glarus bereits bestehenden Spitalbauten ein.
Christof Kübler

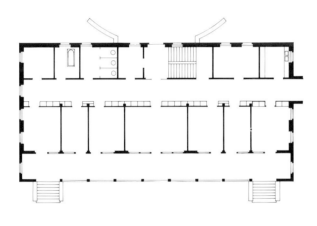

Massstab 1:400

Südfassade mit integrierten Liegeveranden.

Rudolf Gaberel, Arzthaus Burckhardt, Davos 1926.

Grundriss Erdgeschoss.

Haupteingang auf der Nordseite.

Ansicht von Norden.

Skihütte Elmerberg
Ennetberge, 1926

Obwohl der Name einen entlegenen Standort im Sernftal vermuten lässt, liegt die Elmerberg Hütte des Skiclubs Glarus nahe bei Glarus, in den Ennetbergen. 1926 entschlossen sich die Clubmitglieder zum Bau einer eigenen Hütte, einen Auftrag, den ihr damaliger Chef Hans Leuzinger gerne übernahm. «Kein grosses Haus wollten wir, einen einfachen Holzbau, Stube und Küche ein Raum, geschaffen zum gemütlichen Abendhock», so umschrieb der Aktuar Ernst Kadler die Bauaufgabe. Hans Leuzinger wusste, welches Bild seine Kollegen und Kolleginnen von einer Hütte hatten, und er wusste auch, dass diese wohl nie ein Haus bauen würden, das ihren Wünschen nicht entsprach. Der Grossteil der Bauarbeit wurde von den Mitgliedern in Fronarbeit geleistet.

Vom Tal her wirkt die Hütte Elmerberg mit den hellen geschnitzten Klappläden, dem weit ausladenden, mit Schindeln gedeckten, asymmetrischen Satteldach wie ein gewöhnliches, kleines Holzhaus; die gestrickten Wände aus den dunklen, liegenden Balken – verstärkt durch die sichtbaren Pfettenköpfe der Fussbodenbalken – verleihen ihm einen behäbigen, fast urtümlichen Ausdruck. Jedoch verweist neben der hier geöffneten Laube auch das Zeichen an der Giebelfassade, ein Paar gekreuzt montierte Skier, symbolisch auf die andere Nutzung der Hütte.

Baute Leuzinger für seine Clubkameraden ein kleines Bauernhaus? Traditionell werden im Glarnerland in Strick- oder Blockbauweise errichtete Wohnbauten aus «Flecklingen», behauenen Kanthölzern, gebaut; Rundhölzer kommen nur beim Oberbau von Scheunen und Ställen zur Anwendung. Der Elmerberg aber besteht aus «Hälblingen». Leuzinger verfremdete hier das auf den ersten Blick traditionell anmutende Holzhaus.

Was die Grundrissdisposition anbetrifft, so stützte sich Leuzinger auf das traditionelle, einraumtiefe Einzelwohnhaus, eine Hausform, die sich aus dem «Einraum» entwickelt hatte, wo Wohn-, Schlaf- und Kochraum noch vereint waren. Die Trennung von Küche und Wohnraum wird nur durch den unterschiedlichen Bodenbelag (Steinboden in der Küche, Holz in der Stube) angegeben; der Schlafraum ist im Dachstock untergebracht. Ist im Glarnerland ein Bauernhaus in den Berghang hineingesetzt, so erfolgt der Zugang normalerweise über das wetterseitig angebrachte «Brüggli», während die Giebelseite sich dem Tal oder der Sonne zuwendet. Als «Brüggli» bezeichnen die Einheimischen die offene, traufseitig vorgehängte oder vorangestellte Laube unter dem verlängerten Satteldach (heute etwa mit einem Windfang vergleichbar). Der Elmerberg befolgte diese Regeln nur bedingt, denn sein «Brüggli» ist übereck zweiseitig geöffnet und nach Südwesten orientiert. Leuzinger schuf somit einen Sitzplatz im Freien, der bei mildem und warmem Wetter wohl zum wichtigsten Aufenthaltsort der Clubmitglieder wurde. Er wich hier von seinem bäuerlichen Vorbild ab und interpretierte die Laube als Terrasse. Das Credo des Clubs, die Freizeit explizit naturnah zu verbringen, machte die Veranda zum unabdingbaren Bestandteil der neuen Bauaufgabe. Die zwei Stützen, die diese Laube räumlich definieren, sind schief gestellt und kippen aus der Fassadenflucht.

Im Innern sind das WC und die Feuerstelle die einzigen technischen Einrichtungen. Konstruktiv handelt es sich um einen Blockbau, dessen Stösse gefedert sind. Fundament und bergseitige Erdgeschossrückwand sind aus Bruchsteinen.

In der gleichen Gegend baute Hans Leuzinger drei Jahre später, 1929, das Ferienhaus Stockbüchel, der Skihütte Elmerberg stark verwandt, aber im Erdgeschoss um einen Schlafraum erweitert. Auch hier handelt es sich um einen Blockbau, dessen Stösse gefedert sind und der mittels Hälblingen rustikalisiert wurde; wiederum wurde die Laube übereck gestellt und unter dem asymmetrischen Satteldach in den Baukörper integriert. Als frappantester Unterschied zwischen beiden Bauten aber sticht das Fensterband im Erdgeschoss des Hauses Stockbüchel ins Auge: kein stehendes, mit Sprossen kleinmassstäblich gehaltenes Lochfenster mit Klappläden, sondern ein horizontales, sprossenloses Schiebefenster, das sich zusammen mit dem Schiebeladen hinter der gestrichenen Eternitabdeckung verbergen lässt. So entstand ein stark befenstertes Ferienhaus, dessen rustikaler Ausdruck auf Wunsch des Bauherrn zurückgeht.

Inge Beckel

Ansicht von Südwesten mit offener Laube.

*Grundrisse im Vergleich:
Erdgeschoss Skihütte Elmerberg,
Erdgeschoss Ferienhaus Spelty.*

Ansicht von Osten.

*Clubmitglieder vor der Hütte
(links Hans Leuzinger).*

Hans Leuzinger in der Laube.

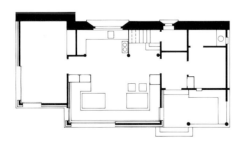

Massstab 1:200

Wohnhaus Zum Sonnenhügel
Glarus, 1927

Auf einer tannenbestandenen Hügelkuppe am nördlichen Rand von Glarus befindet sich das Wohnhaus Zum Sonnenhügel von Dr. E. Fritzsche, dem damaligen Chefarzt des benachbarten Krankenhauses. Westlich des Hauses liegen ein Gemüsegarten und ein Badebassin, südlich davon erstreckt sich Wiesland.

Die Zufahrt zum «Landhaus» der Familie Fritzsche führt entlang der Schmalseite des Gebäudes zu dessen Rückseite, mit Vorfahrt und Garage. Die Erschliessung des Hauses erfolgt über den eingezogenen Eingangsbereich in den um einige Treppen erhöhten Windfang. Von da aus gelangt man in das grosszügig dimensionierte Vestibül, das alle weiteren Räume, auch das Obergeschoss erschliesst. An der Nordostflanke befindet sich ein Kinderzimmer und östlich davon das Elternschlafzimmer; beide sind durch ein beidseitig begehbares Bad voneinander separiert. Der grosse, nach Süden orientierte Wohnraum mit Bandfenster liegt an zentraler Lage. Durch eine Schiebetüre von diesem getrennt, befindet sich der Essraum mit vorgelagerter Veranda. Diese tritt nach aussen als Erker in Erscheinung und stört somit die an sich vorhandene Symmetrie der Südfassade. Im nordwestlichen Teil des Hauses sind die zudienenden Räumlichkeiten untergebracht: eine grosszügige Küche, eine Waschküche sowie ein kleiner Essraum.

Eine einläufige Treppe führt vom Vestibül ins Obergeschoss. Auch hier gruppieren sich alle Zimmer um die grosse offene Erschliessungszone. Auf der Nordseite befinden sich unter dem Dach kleinere Staurräume (etwa für die Lagerung der Vorfenster) und ein Gangfenster. Nach Süden ausgerichtet liegt im Westteil das Arbeitszimmer des Hausherrn mit vorgelagertem Balkon. Es folgen ein weiteres Kinderzimmer sowie zwei Gästezimmer mit gemeinsamem Bad.

Der Grundriss entspricht einem traditionellen Villenschema, d. h. alle Räume sind um eine Art Halle gruppiert. Ansatzweise wird diese Anordnung jedoch durchbrochen, und diese funktionalen «Verstösse» sind im äusseren Erscheinungsbild ablesbar: Man denke an die Veranda oder die südwestlich an die Garage angebaute Laube. Klimatisch bedingt, aber auch formal eingesetzt, ist schliesslich die Ausführung des Satteldaches. Gegen Norden einseitig bis auf die Höhe des Erdgeschosses heruntergezogen, muss das Obergeschoss in diesem Bereich über Dachlukarnen belichtet werden.

Alle Fenster sind mit Klappläden versehen. Sie sind zwei- oder dreiflügelig und mit querrechteckiger Sprossenunterteilung ausgeführt. Eine Ausnahme bilden die Fenster des Wohnraumes und des Essraumes sowie der Veranda: Es sind von Rolläden geschützte, grossflächige und sprossenlose Horizontalschiebefenster. Eine Besonderheit stellt das Westfenster der Veranda dar. Es kann in seiner vollen Grösse, ähnlich den Fenstern älterer Bahnwaggons, in die Brüstung versenkt werden.

Konstruktiv handelt es sich um einen Massivbau aus 25 cm starkem Backsteinmauerwerk. Das Haus Zum Sonnenhügel wurde mit kräftigem Muresco-Rot gestrichen, die Fensterläden sind grau gehalten.

Hermann Muthesius bezeichnete die Landhäuser als Erzeugnis der Städte. Erst diese hätten mit ihrer stickigen Luft, dem Lärm und den langen Häuserfluchten im Menschen die Sehnsucht nach dem Landleben geweckt. Das Haus Zum Sonnenhügel mit seinem funktional bestimmten Grundriss, der asymmetrischen Volumetrie und dem Schrägdach – nach Muthesius für mitteleuropäisches Klima das Vernünftigste – gehört klar in diese Tradition, die mit der Rezeption des englischen Landhauses seit dem Ende des 19. Jahrhunderts auf dem Kontinent ihren Anfang nahm.

Das Haus Zum Sonnenhügel also weist durchaus moderne Züge auf. So erstaunt es nicht, wenn eine zeitgenössische Kritik in der Berliner Zeitschrift *Die Pyramide* (1928–1929) betonte – wohlgemerkt durch die Brille der Moderne –, das Haus sei mit viel Zartgefühl komponiert und stehe ehrlich auf der Seite des Fortschritts. Aber sie unterlässt es nicht anzufügen, dass es etwas abseits vom Grosskampfplatz um die neue Form stehe.
Inge Beckel

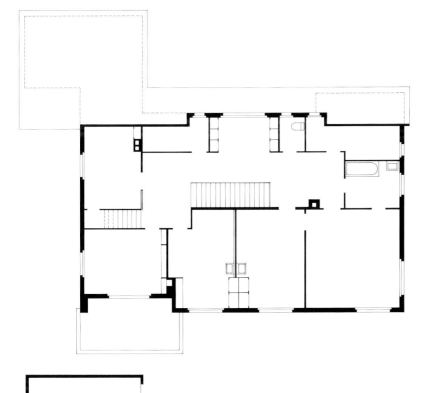

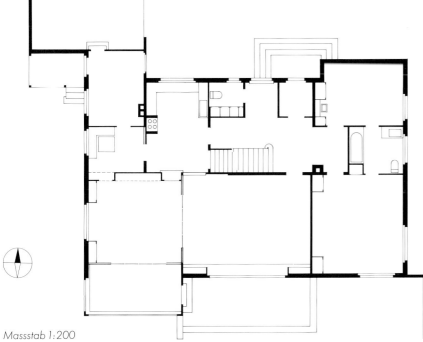

Ansicht von Südosten.

Eingangsbereich im Norden.

Grundrisse: Ober- und Erdgeschoss.

Fassade gegen den Garten.

Ansicht von Westen.

Innenansicht. Südostzimmer im Obergeschoss.

Massstab 1:200

Ferienhaus Uf dr Höchi
Braunwald, 1927

Im Jahre 1927 baute Hans Leuzinger für sich und seine Familie das Ferienhaus Uf dr Höchi. Das Holzhaus liegt an einem nach Südosten orientierten Hang auf der unteren Braunwald-Alp. Endlich war Leuzinger Bauherr und Architekt zugleich: Hier realisierte er sein erstes formal modernes Haus. Er hatte den Bauplatz sorgfältig ausgewählt und präzis vermessen. Topografisch gesehen handelt es sich um eine natürliche Terrasse, die gegen das Tal hin dem Verlauf einer alten Alpmauer folgt, welche ihrerseits die mäandrierende Höhenkurve 1500 aufnimmt. Das ausschliesslich zu Fuss erreichbare Ferienhaus ist so ins Gelände gesetzt, dass die tiefste Stelle der natürlichen Terrasse zum Gartensitzplatz vor dem Haus wird. Tannen, ein Ahornbaum und einige Felsbrocken flankieren den Bau.

Es war stets ein Anliegen Hans Leuzingers, ein Haus mit viel Bedacht an den richtigen Ort zu stellen und die topografischen Verhältnisse nur so weit anzutasten, wie absolut notwendig. Nicht allein von Menschenhand Geschaffenes gelte es zu schützen, auch mit dem Werk des andern, grösseren Baumeisters hiesse es sorgfältig umzugehen, wie er sich einmal ausdrückte. So existierten beispielsweise in Leuzingers Diathek unter der Ortschaft Braunwald nebst Bauten eine ganze Anzahl von Bildern, die mit dem Stichwort «Bäume» oder «Landschaft und Weg» beschriftet sind.

Leuzinger sah für sich keinen rustikalisierten Blockbau vor, wie noch ein Jahr zuvor für den Skiclub Glarus. Das Haus Uf dr Höchi ist eine mit geschuppter Schalung verkleidete Holzfachwerkkonstruktion; es besteht aus zwei Kuben, die beide mit einem zum Tal hin geöffneten Pultdach gedeckt sind. Indem Leuzinger die südseitig vorgelagerte, seitliche Laube vom Wohnhaus trennte, wich er kubisch von der bäuerlichen Referenz, der im Wohnbaukörper integrierten Laube, ab.

Markantestes Zeichen seines Ferienhauses aber ist die Fensterzone, die im Erdgeschoss die gesamte Breite des Gebäudes einnimmt und sich übereck bis zur Laube hinzieht. Die südliche Eckstütze bleibt unverschalt. Auf das weiss gestrichene, dreiflügelige Fenster folgt die auffallende, rot eingefärbte Eternitplatte. Sie dient als Abdeckung und Schutz für den Schiebeladen. Auch die doppelverglasten Fenster lassen sich seitlich hinter diese Eternitabdeckung stossen. Im Obergeschoss befinden sich zwei eingemittete Fenster, die ebenfalls mit Schiebeläden versehen sind. Die geschuppt montierte Schalung besteht rundum aus sägerohen, liegenden Brettern. Das Sturzbrett der vom Hauptbau zurückversetzten Laube stösst aussen genau auf das Sturzbrett des Bandfensters; dadurch wird die Einheit des Gesamtkörpers unterstrichen. Die Sparrenköpfe der Pultdächer sind offengelegt.

Analog zur Skihütte Elmerberg übernahm Leuzinger den funktional bedingten Grundriss, der von den Glarner Bauernhäusern bekannt war, und erweiterte ihn. Der Wohnraum wird über die seitliche, zum Tal offene Laube erschlossen; die rückwärtige, ehemalige Kochnische wird zur Sitz- oder Leseecke, gefolgt von der hier abtrennbaren Küche. Über diese gelangt man in ein weiteres Zimmer, das sogenannte Mädchenzimmer. Im Obergeschoss liegen bergseits das Bad und ein Notlager, talwärts zwei Schlafzimmer. Das Innere der Wohnräume ist mit Holz getäfert.

In einem Vortrag über die Stuttgarter Weissenhofsiedlung (vgl. Schriftenverzeichnis) betonte Hans Leuzinger folgende Aspekte jener Mustersiedlung: Die Baumassen der Gebäude in Stuttgart seien in sich klar gegliedert und in einen gelungenen Bezug zum Gelände gesetzt; die Eigenart der neuen Baustoffe werde zudem gezeigt. Auch sein Haus Uf dr Höchi löst diese Forderungen ein. Die Laube erhält ein eigenes Dach und wird funktional lesbar. Die modern gestalteten Körper sind harmonisch in die Landschaft eingefügt. Dieser Aspekt allerdings kam Leuzinger nicht nur als Verfechter der Moderne, sondern auch als Heimatschützer entgegen. Konstruktiv handelt es sich um ein handwerklich gefertigtes Holzhaus, aber nicht um einen Blockbau, sondern um ein teilweise mit Eternit verkleidetes Fachwerkhaus. Mögen die ansonsten geschuppten Bretter der Horizontalschalung noch entfernt an Holzwände aus Rundhölzern erinnern; die gestrickten Eckverbindungen entfallen und streichen die Körperhaftigkeit der Kuben heraus. Leuzinger gelang hier eine unprätentiöse, aber klar dem Neuen Bauen verpflichtete Interpretation des alpinen Holzhauses.

Inge Beckel

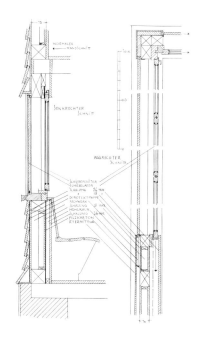
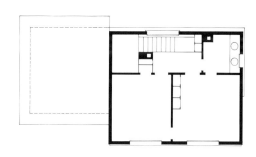
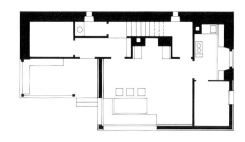

Maßstab 1:200

Ansicht von Südosten.

Wohnraum.

Konstruktionsdetail:
Schiebefenster und Schiebeladen im Erdgeschoss.

Grundrisse:
Ober- und Erdgeschoss

Bauetappen.

Planurahütte
1929/30

Auf der Wasserscheide zwischen Clariden-, Hüfi- und Sandgletscher, auf einer Höhe von 2940 m ü. M. krönt die Planurahütte den Sandpass, der vom Glarnerland ins südwestlich angrenzende Maderanertal führt. Sie wurde der Sektion Tödi des S.A.C. von Robert J. F. Schwarzenbach, dem ehemaligen Schweizer Generalkonsul in New York, gestiftet.

Leuzinger suchte den abgelegenen Bauplatz auf und studierte mit Hilfe von zahlreichen Fotos und minutiösen Aufnahmen die Topografie und den Verlauf des Geländes genau. Er wählte den Standort der Hütte schliesslich so, dass der winkelförmige Bau den Felsgrund hinten zu umklammern scheint. Das Panoramafenster des Aufenthaltsraumes ist nach Norden auf den 3268 m hohen Clariden ausgerichtet. Gegen Südosten spannt die Winkelstellung der Hütte einen windgeschützten Vorplatz mit prächtigem Rundblick auf den Tödi auf, den mit seinen 3614 m höchsten Berg der östlichen Schweiz. Der konkave Baukörper soll die Besucher aber nicht nur vor Wind schützen, sondern soll ihnen auch symbolisch ein Gefühl der Sicherheit vermitteln. Denn Leuzinger argumentierte 1933 anlässlich eines Vortrages vor dem Heimatschutz in Appenzell (vgl. Schriftenverzeichnis), der Bau umklammere den Felsgrund wie Schutz suchend. Das Pultdach der Planurahütte zeichnet die Geländekante parallel nach, überhöht diese sogar. Natürlicher Fels dient dem Steinbau als Sockel. Unmittelbar südlich überragt ein höckerartiger Felsen die Silhouette des Gebäudes um einige Meter. Dieser natürliche Buckel wird zusammen mit dem künstlichen «Felsblock» geradezu zum Ensemble.

Bevor Leuzinger diese expressiv organische Form aus der Topografie des Ortes herausgearbeitet und -moduliert hatte, plante er einen kubischen Steinbau, wie er ihn sieben Jahre zuvor bei der Fridolinshütte realisiert hatte. Ein Projekt vom Februar 1929 zeigt ein künstlich geebnetes Plateau, auf das er zwei parallel versetzte Kuben plazierte und sie mit einem Satteldach eindeckte. Im Oktober desselben Jahres plante er bereits einen Winkelbau, den er mit einem zum Tal hin abfallenden Pultdach eindeckte und dessen Volumen im 90° Winkel zueinander stehen. Die rektanguläre Grundrissform wurde gebrochen, und es entstand eine organisch anmutende Blasenform. Im Aufriss blieb das künstlich geebnete Aussichtsplateau vorerst beibehalten.

Realisiert wurde schliesslich ein erratisch wirkender Block, der ohne vermittelnde Sockelplatte direkt aus dem Felsen sticht. «Es lockt den Architekten, aus der Form des Berges, der Hügelkuppe den Bau herauswachsen zu lassen, um damit die vollkommenste Anpassung an das Gelände zu erreichen», erklärte Leuzinger an jenem Vortrag.

Ausser dem Naturstein musste alles Material vom Tal auf den Bauplatz geschafft werden. Die Umfassungsmauern wurden 50 cm stark aus Bruchsteinen mit Zementmörtel gemauert – neben den ästhetischen, finanziellen und organisatorischen Vorzügen wohl die witterungsbeständigste Konstruktionsart in dieser Höhe –, als Dach dienten eine Holzbalkenlage mit Schalungsbrettern, gedeckt mit Durotekt. Die Fenster wurden mit Panzerglas versehen. Der Kubikmeterpreis belief sich im Jahre 1930 auf knapp 250.– Franken, wobei die Transportkosten gut einen Drittel der Baukosten ausmachten. Dies erscheint recht hoch, wenn man bedenkt, dass der Kubikmeterpreis im Jahre 1930 bei gut 50.– Franken lag (statistischer Mittelwert für Wohnbauten).

An die zentral angeordnete, nicht abgeschlossene Kochnische, die gleichzeitig den Innenraum beheizt, grenzt gegen Norden der öffentliche und ihm gegenüber der private Wohnraum mit Skiabstellraum und Abort. Die offene, einläufige Treppe führt zu den Pritschenlagern. Die ursprüngliche Hütte konnte 18 Personen beherbergen. Doch schon 1965 genügte sie dem wachsenden Ansturm der Bergsteiger nicht mehr und wurde um ihre Bautiefe erweitert, sie bietet heute 53 Alpinisten Platz. Form und Ausrichtung des Baukörpers sind erhalten geblieben, obwohl das Volumen eine Verdoppelung erfuhr.

1917 vollendete Heinrich Tessenow sein einziges, inzwischen leider niedergerissenes Bauwerk in der Schweiz, die Villa Böhler bei St. Moritz. Während dieser Zeit leistete Hans Leuzinger Aktivdienst im Engadin. Ob er den Bau damals selbst gesehen hatte oder später aus Publikationen entnahm, die Art jedenfalls, wie jener rundliche Massivbau die Topografie der Gebirgslandschaft akzentuierte, ohne sie zu dominieren, muss den jungen Leuzinger fasziniert haben. Denn nachdem er 1923 die Fridolinshütte als rechtwinkligen Körper mit Satteldach gebaut hatte und sich damit in die Reihe der damals zeitgenössischen Hüttenbauten einreihte, griff er bei der Planurahütte auf eine freiere, expressiv plastische Formgebung im Sinne der Villa Böhler zurück. Die Domhütte über Zermatt (1957) sowie die Coazhütte bei Pontresina (1964 und 1982), beide von Jakob Eschenmoser erbaut, stehen ebenfalls in dieser Tradition.

Inge Beckel

Ansicht von Nordwesten.

Heinrich Tessenow, Villa Böhler, St. Moritz 1916–1918.

Bauetappen: Nordfassade mit Panoramafenster und Südostfassade.

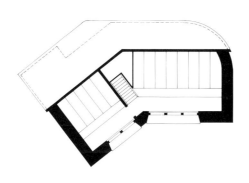

Grundrisse: Ober- und Erdgeschoss.

Blick in den Wohnraum.

Blick vom Wohnraum in die Kochnische.

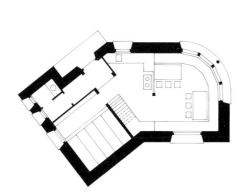

Massstab 1:200

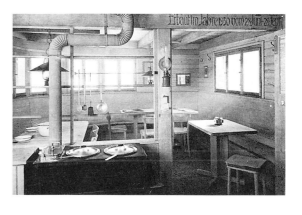

Ferienhaus Fuhrhorn
Braunwald, 1930

Der Textilindustrielle Dr. H. Schaeppi aus Mitlödi liess sich im Jahre 1930 ein hölzernes Ferienhaus auf Braunwald bauen. Das Grundstück liegt am Rande einer kleinen Hügelkuppe am mittleren Berg von Braunwald, auf einer Höhe von gut 1350 m ü. M. Der Bauherr war ein begeisterter Hobby-Astronom, und eine zum Sterngucken vorgesehene Dachterrasse begleitete den Entwurfsprozess durch alle seine Phasen hindurch. Zudem wünschte Schaeppi einen Bungalow, wo alle Räume auf gleichem Niveau angeordnet sind.

Hans Leuzinger realisierte ein mit einem flachen Satteldach eingedecktes, einstöckiges Holzhaus, dessen Ostende von der markanten Dachterrasse beherrscht wird. Der längliche Bau ist im Grundriss leicht geknickt. Die daraus resultierenden Gebäudeflügel umfassen die unmittelbar südlich liegende kleine Hügelkuppe; die Winkelform begrenzt gleichzeitig den privaten Sitzplatz und schirmt diesen gegen Norden zur Strasse hin schildartig ab. Die Horizontalität des langen, flachen Baukörpers wird aussen durch die liegend geschuppte Schalung aus unbehobelten Brettern unterstrichen und durch die charakteristische, bandartige Anordnung von Fenster und Schiebeladen zusätzlich verstärkt.

In Leuzingers Skizzen taucht ein im stumpfen Winkel geknickter Baukörper bereits bei Studien für das Ferienhaus Stockbüchel von 1929 auf. Er hatte dort die beiden Volumen – Wohnhaus und seitliche Laube –, die er bei seinem eigenen Ferienhaus parallel, jedoch leicht gegeneinander verschoben plazierte, erstmals abgewinkelt. Der Bauherr Alex Spelty zog aber eine modern verfremdete Variante des alpinen Blockhauses vor (vgl. Skihütte Elmerberg). Das Fuhrhorn und die gleichzeitig entstandene Planurahütte weisen nun diesen Knick im gebauten Körper auf. Einerseits umfasst diese Winkelform den alpinen Baugrund, andererseits spannt sie das Gebäude zum «Sonnenfänger» auf.

Die Südfassade des Ferienhauses Fuhrhorn ist mit seinen übergrossen Fenstern im Wohnteil und dem direkten Zugang zum Sitzplatz stark geöffnet. Abgesehen von der Grösse unterscheiden sich diese Öffnungen von denjenigen der angrenzenden Schlafzimmer auch dadurch, dass sie keine Schiebeläden, sondern Rolläden aufweisen. Die Westseite des Wohnraumes besitzt ein annähernd quadratisches Lochfenster, ebenfalls mit einem Rolladen. Der rückwärtige Teil des Hauses wird nur von einzelnen, kleinen und mit Klappläden versehenen Fensteröffnungen durchbrochen.

Der Grundriss zeigt einen entscheidenden Unterschied zu früheren von Leuzinger gebauten Holzhäusern. Die Erschliessung erfolgt nicht über eine seitliche Laube, sondern auf der Gebäuderückseite über eine kleine Treppe in den geschlossenen Vorraum. Die Eingangstüre ist als Nische leicht in den Baukörper eingezogen. Die dienende Infrastruktur ist rückwärtig beidseits dieser zentralen Zone angeordnet. Östlich liegen das WC und das Bad, gefolgt von einem offenen Schlafraum; westlich an den Eingang grenzt die Küche und anschliessend das gefangen angeordnete Mädchenzimmer. Gegen Süden orientieren sich zwei Schlafräume sowie der im Grundriss trapezförmige Wohnraum mit der für Leuzinger typischen Sitznische neben dem Kamin.

Konstruktiv handelt es sich um einen Holzfachwerkbau, der auf einem massiven Bruchsteinsockel steht. Im Gegensatz zu anderen Ferienhäusern Leuzingers aber, die teilweise von nur zwei Öfen in Küche und Wohnraum beheizt werden konnten, wies das Haus Fuhrhorn überdurchschnittlichen Komfort auf. In sämtlichen Räumen sind elektrische Schnellheizer montiert. Sogar die Schlafzimmer wurden mit Kalt- und Warmwasser ausgestattet. Das Bad erhielt eine kleine Sitzbadewanne. Als Fussböden wurden buchene und tannene Riemen, in der Küche und im Vorraum rote Plättchen verlegt.

Das auffallendste Moment des Hauses aber war die Dachterrasse, die von innen her erschlossen wurde. Zwei Holzrahmen grenzten sie räumlich gegen das Satteldach ab. Das Geländer bestand aus horizontal montierten Brettern. Die tragenden Pfosten griffen um die Bodenplatte, sie wurden durch Eisen verstärkt und von unten her montiert. Leuzinger störte hier durch die modern anmutende Inszenierung der Dachterrasse die an sich «traditionelle Form» des Ferienhauses Fuhrhorn. Heute besteht der Aufbau nicht mehr.
Inge Beckel

Ansicht von Südwesten:
Rohbau.

Ansicht von Süden.

Innenansicht Wohnraum.

Ansicht von Westen.

Grundrisse:
Ober- und Erdgeschoss.

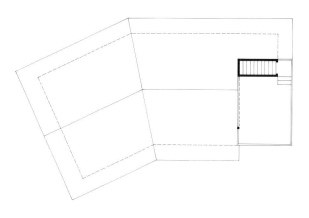

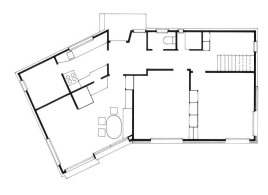

Massstab 1:200

Kinderkrippe
Ennenda, 1930/31

Der Hülfsverein in Ennenda wurde Mitte des 19. Jahrhunderts auf Initiative verschiedener Textilfabrikanten gegründet. Er setzte sich Armenunterstützung, Tuberkulosefürsorge, aber auch Gemeindekrankenpflege zur Aufgabe. In den zwanziger Jahren dieses Jahrhunderts beschloss der Verein, zusätzlich eine Kinderkrippe einzurichten, um die Fabrikarbeiterinnen zu entlasten, aber auch um sie als Arbeitskräfte nicht zu verlieren. Dank Spenden verschiedener Industrieller, insbesondere der Firma Daniel Jenny und Co., konnte ein Neubau in Angriff und 1931 in Betrieb genommen werden. Der Bau wurde kürzlich umgebaut und erweitert.

Die Kinderkrippe steht auf einem rechteckigen, flachen Grundstück, ist nach Süden ausgerichtet und wird beidseitig von Wohnbauten flankiert, die mit Steildächern eingedeckt sind. Sie liegt mit ihrer Hauptfassade parallel zur Strasse und wird von da erschlossen. Das Gelände ist mit einem rohrgefassten Maschendrahtzaun eingezäunt. Über eine leicht ansteigende, mit Platten belegte und daher kinderwagenfreundliche Rampe erreicht man den zurückversetzten und eingezogenen Eingangsbereich. Der Haupteingang führt über einen Windfang unmittelbar in eine Warteraumzone, der leicht abgedrehte Seiteneingang in einen grossen Kinderwagenraum, der rückseitig mit der Wartezone verbunden ist. Nach Süden orientiert schliessen sich weiter Kindergarderobe und Bad an, gefolgt von einem grossen Wohnraum und dem Schlafraum. Letzterer ist durch eine verglaste Wand vom Wohnraum abgetrennt. Nach Norden orientieren sich die Küche, ein kleiner Essraum, ein Büro sowie die Toilette. Eine zweiläufige Treppe, die auf der Rückseite des Hauses als halbrundes Volumen in Erscheinung tritt, verbindet die Geschosse. Im Kellergeschoss befinden sich die Heizung sowie ein Bügel- und Trocknungsraum. Das erste Obergeschoss nimmt die Säuglingsabteilung auf. Es ist im wesentlichen gleich organisiert wie das Erdgeschoss. Anstelle der Küche liegt ein Schwesternzimmer und anstelle des Büros ein Isolierraum. Über dem Eingangsbereich liegt eine grosse Terrasse, die sich nach Süden öffnet und die gegen Norden hin aus klimatischen Gründen als Loggia geschlossen ist. Das dritte Stockwerk des Baues ist dem Personal vorbehalten und weist Abstellkammer, Aufenthaltsraum, Personalzimmer und ein Zimmer für die Vorsteherin der Krippe auf. Dieses Geschoss ist im Grundriss um eine riesige Dachterrasse kleiner, welche sich übereck aufspannt und von einem eisernen Staketengeländer begrenzt wird; in der Südostecke befindet sich ein geschützter Sitzplatz. Das Flachdach wird an dieser Stelle weit vorgezogen und in der Fassadenflucht durch zwei feine Stützen getragen. Im Hinblick auf die damals geforderte «Labilität» und Durchlässigkeit von Innenraum und Aussenraum unterstreicht und thematisiert das Vordach zusätzlich den an sich ohnehin schon «terrassierten» Baukörper. Unterstützt wird dieser Anspruch durch die querrechteckigen, klar eingeschnittenen, mächtigen Hebefenster, welche die Fassade im Sinne von «Licht, Luft und Öffnung» rasterartig öffnen.

Mit der Kinderkrippe realisierte Leuzinger seinen formal modernsten Bau, ganz im Sinne der damals bereits international gängigen Moderne. Leuzinger hatte zwei Jahre zuvor vor dem Glarner Gewerbeverband über die Siedlung Weissenhof referiert und den neuen Strömungen in der Architektur, namentlich jener von Le Corbusier, eine neue Schönheit attestiert. Aber er ging bei seinem Bau in Ennenda formal nicht so weit und realisierte eine «bodenständigere» Variante, ähnlich wie sie Richard Döcker in Stuttgart in Vorschlag brachte und sie in seinem wichtigen, programmatischen Buch *Terrassentyp* im Jahre 1929 publizierte.

Leuzingers Kindergärten für die Gemeinde Mollis (1932) und die Stadt Glarus (1933) führen kurze Zeit danach den Pavillontyp ein. Dieser wurde spätestens 1931 mit der städtischen Kleinkinderschule von Hofmann & Kellermüller an der Zurlindenstrasse in Zürich favorisiert.

Christof Kübler

Ansicht von Südosten: Hauptfront.

Richard Döcker, Haus Dr. K., Stuttgart 1927/28.

Hans Hofmann, Kindergarten, Zürich-Wiedikon 1931/32.

Hans Leuzinger, Kleinkinderschule, Glarus 1933/1934.

Säuglingsabteilung (Heliographie).

Grundriss Erdgeschoss.

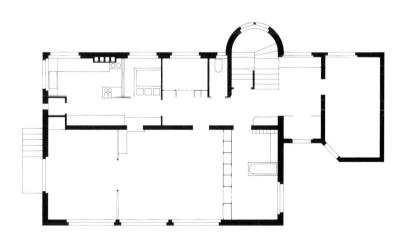

Massstab 1:200

Atelier-Haus Morgenthaler
Zürich, 1931

In Zürich-Höngg, an der Limmattalstrasse, errichtete Leuzinger 1931 ein freistehendes Einfamilienhaus mit Atelier für die befreundeten Künstler Ernst und Sasha Morgenthaler. Er setzte den Wohntrakt als zweigeschossigen Kubus quer zur Strasse und somit senkrecht zu den Höhenlinien in den abfallenden Hang hinein. Seitlich wurde eine Terrasse aufgeschüttet, welche in die Laube des rechtwinklig an den Hauptkörper angeschlossenen Ateliers hineingreift. Die ganze Anlage wirkt kleinräumig. Sie wurde in den fünfziger Jahren von Niklaus Morgenthaler, Gründungsmitglied des Atelier 5, geringfügig verändert.

Die Grundrisseinteilung ist einfach. Der Ateliertrakt besteht aus einem Raum (56 m^2 gross und 3,80 m hoch), der mit Küche und Alkoven in den nördlichen Eckbereich des Wohntraktes hingreift. Grosse, bis an die Decke reichende Fenster an der Nordfassade lassen das von Malern bevorzugte Nordlicht ins Atelier ein. Das Dach, gleichzeitig Sturz, wird im Fensterbereich von Stützen getragen, die im Innern auf dem Sims verankert sind. Die Treppenanlage im Wohntrakt trennt im Erdgeschoss den Funktionsbereich vom Wohnzimmer, das gegen Süden auf dem Gebäudesockel auf der Hangkante thront. Das hohe Südfenster reicht bis unter die Decke. Im zweiten Geschoss sind vier Schlafzimmer in die Tiefe gestaffelt. Ein einbündiger Gang, an dessen nördlichem Ende sich das Bad befindet, erschliesst die Zimmer. Das südlichste Zimmer nimmt als einziges die ganze Gebäudetiefe ein.

Die Konstruktionsweise des Gebäudes ist einfach: Fundamente und Kellermauern sind aus Beton, Fassadenmauern aus Tonkammersteinen. In allen Zimmern sowie im Atelier wurde ein unbehandelter Riemenboden aus Tanne verlegt. Die moderne Konstruktion des Pultdachs rief jedoch Misstrauen von seiten der Verwaltung hervor, und Leuzinger musste für das Kiesklebedach eine spezielle Bewilligung der kantonalen Feuerpolizei einholen. Sie wurde erteilt, allerdings unter Auflage einer alljährlichen Feuerschau. 1935 brauchte die gleiche Dachkonstruktion an der Ackersteinstrasse keine Sonderbewilligung des Kantons mehr.

Das Haus Morgenthaler ist wohl klein, aber nicht heimelig. An diesem Haus fällt die absolute Schmucklosigkeit auf. Geranien vor den Fenstern wären unvorstellbar – sie hätten auch keinen Platz, da die Fenster fast bündig zur Aussenwand gesetzt sind. Die Einfachheit und formale Reduktion gehörte zum modern inspirierten Anspruch Leuzingers: ein Haus ohne Ornamentik, nur nach der Funktion und den Eigenschaften des Materials zu gestalten. Modernes Formenvokabular im Sinn des Neuen Bauens verwendete Leuzinger für jene Fenster, welche Badezimmer, Küche und Gang belichten. Ebenso modern ist die grosse Atelierbefensterung. Für das Wohnzimmer und für die Schlafzimmer, wo Gemütlichkeit und Intimität die Räume bestimmen sollten, leisten die althergebrachten, stehenden Fenster mit ihren Läden gute Dienste. Die Läden allerdings weichen von der üblichen schweizerischen Formgebung ab. Sie sind weder grün noch mit den verstellbaren Lamellen ausgerüstet, sondern dunkelgrau und flächig und passen gut zum rauhen, unbemalten Fassadenputz.

Leuzinger baute 1931 für seine Freunde ein Haus, das eine Synthese zwischen traditionellem und Neuen Bauen darstellt. Er tut dies mit der Gewandtheit eines Architekten, der die Moderne verarbeitet hat und auf die Vorstellungen seiner Bauherrschaft eingeht. Die Morgenthalers wünschten sich ein möglichst einfaches Haus, dessen Stil weder beim Chalet noch beim radikalen Neuen Bauen lag. Die Verwendung des Wortes «Stil», den die Morgenthalers auch für die Formen des Neuen Bauens brauchten, zeigt einen unbekümmerten Umgang mit der damaligen Avantgarde, die gerne von sich behauptete, ihre Formen ausschliesslich aus der Funktion herzuleiten. Sasha Morgenthaler hatte wohl einen bedeutenden Einfluss auf den Bau des Hauses ausgeübt. Sie studierte 1915 in München ein Semester Anatomie, eine der Grundlagen für ihre lebensnahen «Sasha-Puppen», die heute im Wohnmuseum in Zürich gezeigt werden. Einer ihrer Kernsätze lautete: «Es ist das Spiel der Asymmetrie in den Proportionen, das den lebendigen Ausdruck vermittelt. Ein asymmetrischer Aufbau der Puppe, der aber eine Einheit bilden muss, ist die Grundlage für die Vielfalt der Ausdrucksmöglichkeiten.» Wer die Südfassade des Hauses näher betrachtet, erkennt das feine Spiel der Asymmetrie bei grundlegend symmetrischen Proportionen: Die Fenster sind aus der Achse des Firstes um einen Hauch nach rechts gerückt.

Jan Capol

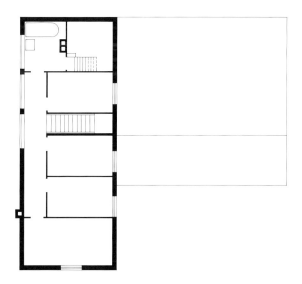

Ansicht von Nordwesten, mit Atelier (links).

Ansicht von Südwesten.
Grundrisse: Erdgeschoss und Obergeschoss.

Gartensitzplatz mit Laube.

Atelier des Malers.

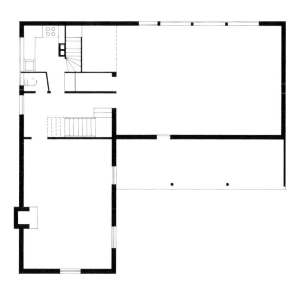

Massstab 1:200

Sporthaus Ortstock
Braunwald-Alp, 1931

Ein Jahr nach der Fertigstellung der Planurahütte ging Hans Leuzinger an die Projektierung des Ortstockhauses auf der oberen Braunwald-Alp. Sie liegt auf einer Höhe von 1786 m ü. M. Der Auftraggeber, Dr. Peter Tschudi aus Schwanden, erkannte die Zeichen der Zeit und reagierte auf den zunehmenden Sommer- und Wintertourismus, indem er ein Sporthaus bauen liess, das eine ganzjährige Bewirtschaftung vorsah. Das Ortstockhaus war für eine grössere Zahl von Übernachtungen, aber auch für Tagesgäste konzipiert und sollte diesen mehr Komfort bieten, als dies bei Hütten des S.A.C. damals üblich war.

Leuzinger realisierte einen einfachen, gebogenen Körper mit Pultdach, der sich punkto Grossform und Ausrichtung an die Planurahütte anlehnte, aber im Grundriss, in der Materialisierung und im Komfort von dieser absetzte. Beide Bauten sind zwar mit einem Pultdach eingedeckt. Doch dasjenige der Planurahütte zeichnet die Bergkante parallel nach, während das Dach des Ortstockhauses sich zum Tal hin öffnet. Blickt die Planurahütte mit ihrer konkaven, windgeschützten Fassade auf den Tödi, so orientiert sich das Ortstockhaus gegen Süden und schliesst den 2716 m ü. M. gelegenen Ortstock ins Blickfeld mit ein. Herrschte nun aber auf den Höhen des Planura-Felsens Gestein als natürliches Material vor, so bot sich auf der tiefer liegenden Braunwald-Alp, knapp unterhalb der Waldgrenze gelegen, Holz als Baustoff an.

Seinem eigenen Ferienhaus von 1927 vergleichbar, gliederte Leuzinger das Ortstockhaus in zwei je von einem Pultdach begrenzte Volumen, in Laube und doppelstöckiges Wohnhaus. Auch die Ortstockhütte ist ein Fachwerkbau auf einem Fundament aus Bruchsteinen und wird vom Vorplatz über die Laube erschlossen. Während Leuzinger sein eigenes Ferienhaus noch mit Holz verschalt hatte, so verkleidete er die Ortstockhütte vier Jahre später mit grossformatigen, schwarz eingefärbten Eternittafeln. Das industriell gefertigte Eternit liess er in Platten von 60 x 120 cm schneiden.

Frontseitig öffnen eine Fenster-Schiebeladen-Kombination im Erdgeschoss, im Obergeschoss eine Fenster-Klappladen-Kombination den Bau zum Vorplatz. Die Fensterzone des Erdgeschosses ist analog zu seinem eigenen Ferienhaus übereck geführt, sie wird durch gestemmte Schiebeläden mit Eternitfüllungen geschützt. Leuzinger liess dieses Fensterband leicht vorkragen. Er verstärkte dadurch dessen Horizontalität, ein typisches Motiv für die Architektur der dreissiger Jahre. Hinten, im schildartigen Gebäuderücken, durchbrechen einzelne Öffnungen punktuell den Eternitpanzer. Die Fensterläden wurden mit Ölfarbe expressiv rot gestrichen; das Dachgebälk und das sichtbare Holzwerk mit Ravennarot. Weiss gerahmte Fenster rundeten neben dem Rot und dem Schwarz der Eternittafeln die kühne Farbgebung ab.

Im Erdgeschoss befinden sich zwei südorientierte, mit hellem Holz verkleidete und untereinander verbundene Stuben. Die eine nimmt die ganze Tiefe des Gebäudes ein, dadurch hat sie zusätzlich Westorientierung. Die andere Stube, weniger tief, ist einem rückwärtig plazierten Pritschenraum vorgelagert. Nach Osten schliesst vorne die Küche und hinten die Treppe an. Im Gebäuderücken folgen Sanitärzellen, ein Abstellraum für Skier befindet sich im hinteren Teil der grosszügig dimensionierten Loggia. Eine ähnliche Aufteilung zeigt das Obergeschoss. Sanitärzellen und drei Zimmer mit Massenlagern liegen im rückwärtigen Teil des Hauses, fünf einzelne Schlafräume für die gehobeneren Ansprüche orientieren sich nach Süden.

Das Gebäude kann von zwei Öfen (Küche und Wohnraum) beheizt werden, Waschräume und WC sind mit fliessendem Wasser ausgestattet. Der Kubikmeterpreis belief sich im Jahre 1931 auf 80.– Franken für den zweigeschossigen Hausteil, 52.– Franken für die angebaute Laube. Infolge Platzmangels wurde das Ortstockhaus inzwischen umgebaut und erweitert, doch konnte in letzter Sekunde dank eines Einspruchs des Glarner Heimatschutzes das Aufsetzen eines giebelständigen Satteldaches verhindert werden.

1927 hatte Hans Leuzinger bereits ein dem Neuen Bauen verpflichtetes Holzhaus verwirklicht. Beim Ortstockhaus ging er noch einen Schritt weiter. Er entrustikalisierte diesen Holzbau, indem er ihn mit grossformatigen Eternittafeln verkleidete. Leuzinger bemerkte einmal, dass es ihn komisch anmute, wenn ein Berliner oder Dresdner in den bayrischen Alpen in Kniehosen und mit Federhüt einhergehe. Genauso gelte es, dem Haus, in dem Städter ihre Freizeit verbringen würden, kein bäuerliches, sondern ein modernes Kleid überzustülpen. Das Ortstockhaus, obwohl verankert in der regionalen Bautradition, repräsentiert eine international ausgerichtete alpine Moderne, vergleichbar etwa dem Sporthotel Monte Pana von Franz Baumann, ebenfalls aus dem Jahre 1931.
Inge Beckel

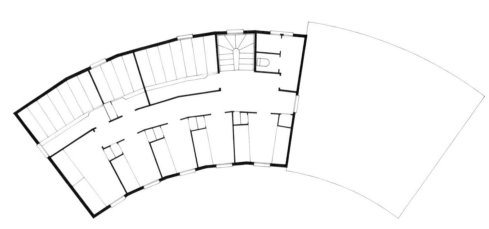

Ansicht von Nordwesten.

Ansicht mit abgesetztem Fensterband.

Ansicht von Südwesten.

Grundrisse: Ober- und Erdgeschoss.

Franz Baumann, Sporthotel Monte Pana, Gröden 1931.

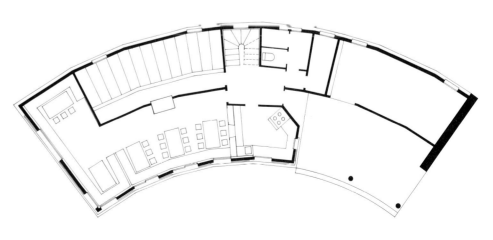

Massstab 1:200

Eigenheim
Zollikon, 1932/33

Beim «Haus des Architekten» fordert kein fremder Bauherr Rücksichtnahme. Der Architekt kann sein architektonisches «Programm» verwirklichen, so wie er es für richtig hält. Die «Zwänge» der Bauordnung bestehen allerdings trotzdem und die fehlende Auseinandersetzung mit der Bauherrschaft mag die Arbeit nicht unbedingt erleichtern.

Hans Leuzinger baute 1932/33 sein eigenes Haus an der Schlossbergstrasse in Zollikon. Nur ein Jahr früher hatte Otto Rudolf Salvisberg sein Eigenheim in Zürich realisiert: Das Haus an der Restelbergstrasse gilt als Musterbeispiel für die Anwendung des Flachdaches und für die um die Ecken geführten Bandfenster; der senkrecht zum Hang über die Stützmauer herausragende Baukörper versetzt in Erstaunen. Salvisbergs «Betonkiste» ist, was Ausdruck und Konstruktion betrifft, konsequenter als Leuzingers Landhaus in traditionellem Backstein (25 cm Backstein und Schlakkensteine als Isolation.

Leuzingers Eigenheim hingegen zeigt eine Verarbeitung der Moderne, ohne sie zu kopieren. Er gehört zu jenen Schweizer Architekten, die das moderne Formenvokabular anwandten, ohne jedoch die dogmatischen Konsequenzen der CIAM (Congrès Internationaux d'Architecture Moderne) zu übernehmen. Das Dach beispielsweise gibt den Anschein eines Flachdaches, ist in Wirklichkeit aber ein nicht begehbares, flach geneigtes Pultdach. Das ausladende Vordach schützt einerseits die Fassaden und spendet Schatten, verunmöglicht andererseits, den Bau als geometrisch geschlossenen Kubus wahrzunehmen. Ein ähnlich stark vorkragendes Dach beim Haus Schlehstud, das Hans Fischli 1933 in Meilen erbaute, verhinderte dessen Aufnahme in die CIAM – Sigfried Giedion empfand es als «rustikal». Die starke Verwurzelung Leuzingers in der traditionellen Architektur zeigt sich auch im Grundriss: Anders als Salvisberg, der die Grundrissdisposition seines Eigenheims auf die L-Form ausrichtete, gebrauchte Leuzinger den typischen Villengrundriss der Jahrhundertwende. Sämtliche Räume gruppieren sich um eine Halle. Würde das Arbeitszimmer ebenfalls zur Halle hin geklappt, so wäre die herkömmliche Villa wiedererstanden. Im Obergeschoss befinden sich, nach Süden orientiert, aneinandergereiht die Schlafzimmer und ein Bedienstetenzimmer. Auf der anderen Seite des schmalen Korridors liegen Treppenanlage, Toilette und Badezimmer. Die Garage liegt wie bei Salvisberg am Ende des eingeschossigen Traktes, direkt an der Strasse. Sie ist, wie die überdeckte Gartenhalle auch, nicht unter Dach zugänglich.

Konsequent modern hingegen ist Leuzinger betreffend Korrespondenz von Innen- und Aussenraum. In die Nordecke des Grundstücks gestellt, den Rücken zur Strasse gewendet, öffnet sich das Gebäude gegen Süden. Die Winkelform ergibt einen vor Einblick geschützten Gartenplatz, der von der Halle aus über eine Schiebetüre erreichbar ist. Die Ausrichtung des Hauses ist bewusst vom See abgewandt. Die Aussicht auf Zürichsee und Zürich bis hin zu den Lägern ist nur durch das Badezimmerfenster und die Fenster der Treppenanlage gegeben. Leuzinger verhindert so das Eindringen der ihm unangenehmen Blendung des Sees in das Innere des Hauses. Für den Glarner hatte die Aussicht auf den See eine geringere Bedeutung als der Blick in den Garten.

Das Eigenheim an der Schlossbergstrasse steht dem Haus Morgenthaler, das Leuzinger kurz zuvor in Zürich-Höngg realisiert hatte, trotz vergleichbarer Grundrissdisposition in vielerlei Hinsicht entgegen: Wirkt ersteres von aussen gross, so erscheint das Innere eher kleinräumig, während das bescheiden wirkende Haus Morgenthaler im Innern durch Grosszügigkeit überrascht. Und deckt Leuzinger das Volumen seines Eigenheims mit einem schwach geneigten und weit ausladenden Pultdach ein, so weist das Atelierhaus in Höngg ein Satteldach mit sehr knappem Dachvorsprung auf.

Hans Leuzinger baute für sich, wie sechs Jahre zuvor bei seinem Ferienhaus auf Braunwald, ein zwar dem Neuen Bauen verpflichtetes Haus, das bei näherem Hinsehen starke traditionelle Elemente miteinbezieht.

Jan Capol

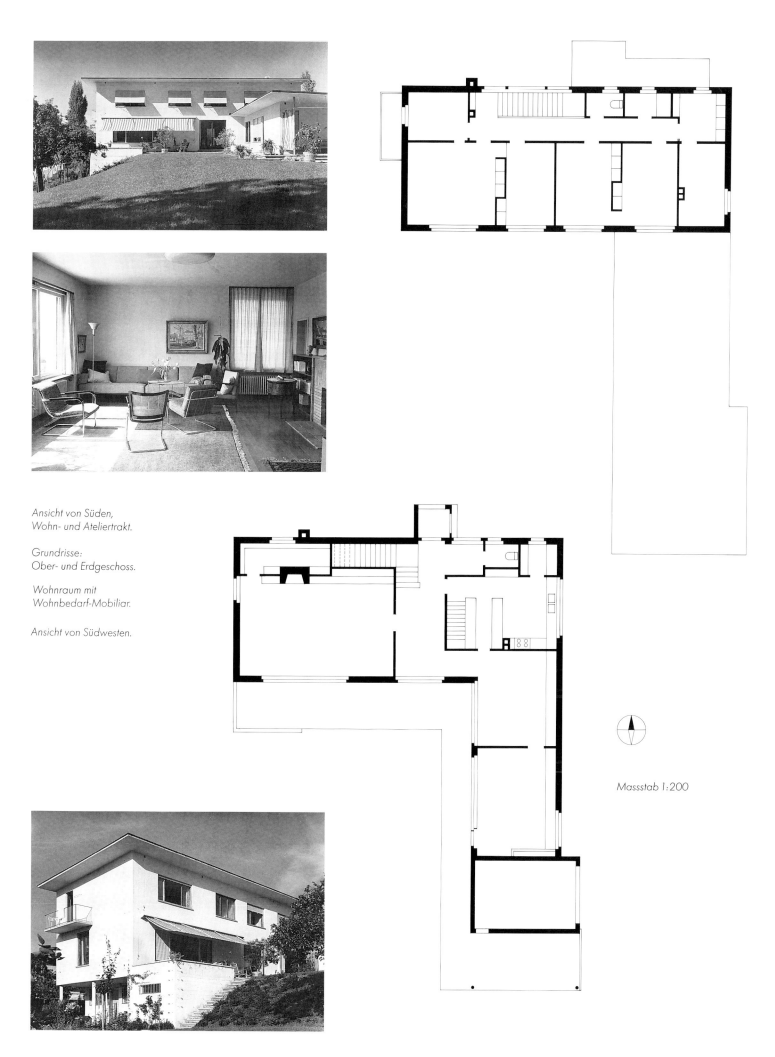

Ansicht von Süden, Wohn- und Ateliertrakt.

Grundrisse: Ober- und Erdgeschoss.

Wohnraum mit Wohnbedarf-Mobiliar.

Ansicht von Südwesten.

Massstab 1:200

Reihenwohnhäuser
Zürich, 1934/35

Die von Max Ernst Haefeli 1927 für die Ausstellung «Das neue Heim» erbauten Musterhäuser an der Wasserwerkstrasse in Zürich zeigten Folgewirkung. Leuzinger errichtete 1934 im eben erst eingemeindeten Stadtteil Höngg eine Siedlung, die jener Haefelis ähnlich ist. An der Ackersteinstrasse, am Südwesthang zur Limmat, entstanden Reihenhäuser in der Formensprache des Neuen Bauens. Leuzinger kopierte Haefelis Musterhäuser jedoch keineswegs. Er war über die Entwicklungen im Bauwesen gut informiert und wandte die Formen des Neuen Bauens in eigenständiger Weise an. Er übernahm, was er brauchen konnte. Einen sachlichen Ausdruck erreichte er durch die Bandfenster an der Nordostfassade und die grossen, liegenden Fenster an der gegenüberliegenden Fassade (alle mit Jalousien ausgerüstet). Das Pultdach verstärkt die moderne Haltung, doch dürfte das relativ grosse Vordach über der Südfassade einem Puristen des Neuen Bauens ebenso ein Dorn im Auge sein, wie die relativ tief eingeschnittenen Fenster mit den fast behäbigen Fenstersimsen.

Leuzingers pragmatischer Gebrauch von neuen Formen fand eine Parallele in der Konstruktion. Er übernahm auch hier nur das, was ihm sinnvoll erschien, ohne jedoch in ein starres Prinzip zu verfallen. Die Giebelseiten sowie die Brandmauern bestehen aus Backsteinen, die Längsmauern mit ihren grossflächig ausgeschnittenen Fenstern sind jedoch in armiertem Beton erstellt.

Die Reihenwohnhäuser entstanden während der Wirtschaftskrise. Die Bauherrschaft ging Konkurs. Leuzinger führte in der Folge die Baustelle in eigener Regie weiter; er hatte dafür freie Hand, seine eigenen Vorstellungen zu verwirklichen. Er baute die Häuser für gutsituierte Leute: vier 6-Zimmer-Wohnungen mit insgesamt 86 Quadratmetern Fläche, mit Balkonen und geräumigen Kellern. Die Eckhäuser bekamen zusätzlich eine Autogarage, neben der sich das sogenannte Mädchenzimmer befand. Leuzinger gebrauchte zwar die Formen des Neuen Bauens; es war jedoch nicht seine Absicht, die Wohnung für das Existenzminimum zu realisieren. Sachlichkeit und Funktionalität, mit der die radikalen Vertreter des Neuen Bauens die soziale Frage zu lösen versuchten, sind für Leuzinger eher Teil eines Veredelungsprozesses, um von historischen Modeströmungen wegzukommen: «Den Schlagworten der Schlichtheit und Sachlichkeit konnte sich auch das Bürgerhaus nicht entziehen. Man empfand es als taktvoller, Reichtum nicht protzig zur Schau zu stellen...». Die Baukosten von 51.– Franken pro Kubikmeter lagen auch deutlich über dem Durchschnitt von 43.20 Franken. Gemäss Zürcher Index der Wohnbaukosten wäre das heute ein Kubikmeterpreis von 612.– Franken bei einem Mittel von ungefähr 520.– Franken.

Die Grundrisse von Erd- und Obergeschoss aller vier Wohnungen sind identisch. Von Nordosten her, über eine kleine Brücke (wie bei Haefelis Musterhäusern) erreicht man den eingezogenen Eingangsbereich, durch den man in die kleine Vorhalle gelangt. Links davon befindet sich die Toilette, zwei Schritte weiter der Vorplatz, der die Küche, die Treppenanlage, das Wohn- und das Esszimmer erschliesst. Im Obergeschoss sind gegen Südwesten zwei grössere und gegen Nordosten zwei kleinere Schlafzimmer angeordnet, getrennt durch die Treppenanlage und das Badezimmer. Die Grundrissaufteilung ist sehr geschickt. Leuzinger kommt mit einer minimalen Verkehrsfläche aus: Der kleine Vorplatz im Obergeschoss beispielsweise erschliesst fünf Räume. Die beiden grösseren Schlafzimmer haben Zugang auf den Balkon, welcher die ganze Fassadenlänge einnimmt. Das Pultdach neigt sich gegen den Hang zur Ackersteinstrasse und öffnet den Bau gegen das Limmattal. Die Badezimmer und Treppenanlagen werden über kleine Dachaufbauten von Nordosten her belichtet und belüftet. Deren kleine Pultdächer neigen sich gegenläufig zum Hausdach. Auffallend ist Leuzingers sorgfältiger Umgang mit Details. Die kleine Vorhalle wird durch eine kleine, transparente Schiebetüre bei Bedarf zum Windfang. Die grossen Fenster an der Südfassade des Erdgeschosses können aufgrund eines Faltmechanismus vollständig geöffnet werden.

Die gestalterische Leistung Leuzingers an der Ackersteinstrasse liegt nicht in der Realisierung einer programmatisch dem Neuen Bauen verpflichteten Siedlung, sondern vielmehr im gezielten Weglassen von Ornamenten, Gesimsen und Ziergliedern sowie in der sorgfältigen Ausgestaltung der Details.

Jan Capol

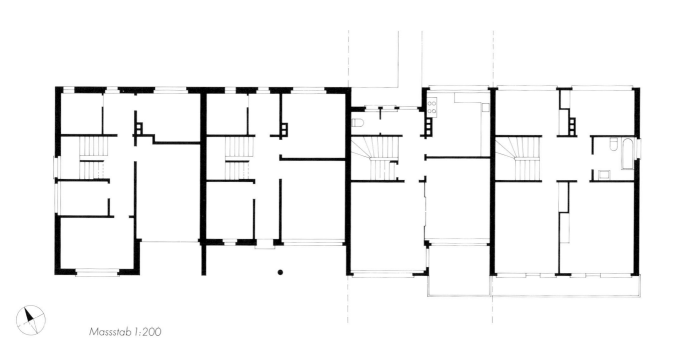

Massstab 1:200

Ansicht von Südwesten.

Grundrisse: Unter-, Erd- und Obergeschoss.

Ansicht von Nordwesten.

Skihütte «Draussen Wohnen»
Basel, 1935

Diesem Bau kommt eine Sonderstellung innerhalb von Leuzingers Schaffen zu. Es handelt sich um ein Fertighaus, bestehend aus einem längsrechteckigen Kubus in Holzkonstruktion. Dieser steht auf massivem Unterbau, ist mit einem Pultdach gedeckt und weist eine an seiner Traufseite offene, übereck gestellte und eingezogene Loggia auf. Im Schlafbereich ist er zweigeschossig. Die Skihütte «Draussen Wohnen» war der Beitrag Hans Leuzingers 1935 für die in Basel vom Schweizerischen Werkbund (SWB) organisierte Ausstellung «Land- und Ferienhaus, Einfaches Bauen und Wohnen für Wochenende, Ferien und Alltag».

Vier parallel zur Traufe angeordnete Binder gliedern das Innere hinsichtlich der Nutzungen. Vorfabrizierte Tafeln – aus je einer äusseren und einer inneren gehobelten Schalung von 22 mm Stärke mit Holzwollefüllung – bilden die Wände, ähnlich konstruierte Bauplatten das Dach. Dieses wird von einer weiteren Schalung und einem Klebe- oder Kupferdach gedeckt. Klapp- oder Schiebeläden schützen die doppelverglasten Fenster. Bei einer Serienherstellung sollten sich die Kosten für den Holzkubus auf 6300.– Franken belaufen, ohne Mobiliar und Fundament. Der Kubikmeterpreis von 40.– Franken lag damit knapp unter dem damaligen, allerdings für Wohnbauten berechneten statistischen Mittelwert.

«Draussen Wohnen» war als Fertighaus konzipiert, das bei Bedarf überall aufgestellt werden konnte, um – wenn sich die Bedürfnisse änderten – wieder abgebrochen und an einem neuen Ort errichtet zu werden. Nur der Sockel aus Bruchstein war an den Ort gebunden; er hatte «Adapterfunktion» und vermittelte zwischen Fertighaus und dem jeweiligen spezifischen Ort.

Leuzinger entwickelte die Skihütte aus dem Einraum, genauso wie er die Skihütte Elmerberg neun Jahre zuvor aus dem kleinsten Typ der alten Bauernhäuser hergeleitet hatte. Doch sowohl in der Anordnung der Räume, wie auch im äusseren Erscheinungsbild unterscheiden sich die beiden Holzbauten frappant. War der Elmerberg typologisch und formal noch eindeutig der bäuerlichen Tradition verpflichtet, so orientiert sich «Draussen Wohnen» klar am Neuen Bauen: Statt des Satteldaches deckt ein Pultdach den Bau, welches hier parallel zum Hang verläuft; die Laube wird aus dem Hauptvolumen herausgeschnitten und nicht als Sekundärkörper seitlich an den Hauptbau gestellt. Im Gegensatz zum Blockbau ist die Hütte aus vorfabrizierten Tafeln gebaut. Die Fenster sind zum Teil als Fensterbänder zusammengefasst. Einzig die vier runden, horizontal angeordneten Geländerstangen mit Vorstössen erinnern an die Laube der Elmerberghütte.

Die Erschliessung erfolgt über die Laube in einen grossen Vorraum. Dieser dient zugleich als Abstellraum für Skier. An seinem Ende befindet sich das WC, gesonderte Sanitärinstallationen fehlen. Vom Vorraum gelangt man in den Hauptraum. In der hintersten Raumschicht befindet sich das zweigeschossig angeordnete Pritschenlager. Der mittlere Gebäudeteil umfasst die gegen den Aufenthaltsraum offene Kochstelle und ist durch die unterschiedliche Fussbodenbehandlung ausgezeichnet. Der Wohnraum ist zum Tal hin orientiert und dreiseitig befenstert.

1930 waren an der WOBA (Wohnbauausstellung) in Basel erstmals vorfabrizierte Holzhäuser in moderner Formensprache zu sehen. Ein Ideenwettbewerb, den Lignum (Schweiz. Arbeitsgemeinschaft für das Holz) zusammen mit dem Schweizerischen Werkbund 1932 ausschrieb, setzte sich ebenfalls zum Ziel, neuzeitliche Holzhäuser zu entwickeln. 1935 schliesslich rückte der schon 1929 von Sigfried Giedion in seinem Büchlein *Befreites Wohnen* proklamierte Slogan von «Licht, Luft, Öffnung» ins Zentrum des Interesses. Den Veranstaltern der Ausstellung ging es vor allem darum, die von dem neuen Bedürfnis nach dem «Draussen sein» gestellten baulichen Aufgaben wirtschaftlich gesund und hygienisch einwandfrei zu gestalten. Leuzinger sah die Aufgabe vermutlich schon darin erfüllt, dass der zweite Wohnraum (die Loggia) seiner Hütte wortwörtlich draussen liegt.

Hatte Leuzinger die hölzerne Ski- oder Sporthütte bereits mit dem Bau des Ortstockhauses modern umgesetzt, so ging er bei «Draussen Wohnen» noch einen Schritt weiter. Das Ortstockhaus war weder präfabriziert noch zur seriellen Fabrikation bestimmt, doch die Verkleidung mit Eternitplatten wies bereits auf diesen Aspekt hin. «Draussen Wohnen» nun war gänzlich als präfabriziertes, seriell hergestelltes Holzhaus gedacht. Denn Leuzinger beabsichtigte, die Hütte im Alpenraum zu verbreiten. Der Versuch scheiterte, vielleicht weil es einfacher war, ein Holzhaus von einem Handwerker vor Ort bauen zu lassen, als eine vorfabrizierte Hütte in zwei Autofuhren aus Oberhofen oder Glarus in die Alpen zu transportieren. Es blieb bei dem Prototypen, den die Herstellerfirma, Joh. Frutigers Söhne aus Oberhofen-Thun, 1942 auf dem Sigriswiler Grat aufstellen liess. *Inge Beckel*

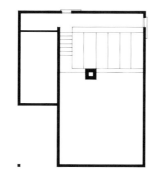

Massstab 1:200

Skihütte auf dem Sigriswiler Grat.

Hütte an der Ausstellung in Basel 1935.

Grundrisse: Erdgeschoss und Obergeschoss.

Wohnraum und Küche,
links Treppe ins Obergeschoss.

Blick in den Wohnraum.

Ferienhaus Akelei
Braunwald, 1940/41

Anfang der vierziger Jahre entstand das Ferienhaus Akelei in Braunwald. Der Bauherr Dr. Peter Tschudi, Initiant für den Bau des Ortstockhauses von 1931, wünschte ein gehobeneren Ansprüchen genügendes Ferienhaus, das das ganze Jahr über bewohnbar war.

Der Bau liegt am hinteren Berg am Rande einer Waldlichtung, nur unweit der anderen Ferienhäuser (Leuzinger, Pallavicini und Schaeppi), und ist über einen Fusspfad erreichbar. Es handelt sich um einen zweigeschossigen, hochrechteckigen Holzbau auf einem massiven Betonsockel, der von einem flach geneigten Pultdach gedeckt wird.

Im Grundriss folgt der Bau einem traditionellen Holzhaus-Typ, dem einraumtiefen Doppel- oder Grosshaus: Zwei separate Hausteile gliedern sich um die zentral angelegte Erschliessungszone. Diese fungiert gleichzeitig als Gelenk zwischen den abgewinkelt zueinander stehenden Baukörpern. Leuzinger hatte diese Anordnung erstmals beim Ferienhaus Fuhrhorn 1930 und beim Bau der Planurahütte realisiert. Im Haus Akelei sind im südwestlichen Gebäudeflügel hangseitig die Küche mit vorgelagerter Veranda untergebracht, im Obergeschoss befindet sich das Mädchenzimmer und ein Gästezimmer. Der südöstlich ausgerichtete Flügel umfasst im Erdgeschoss den Wohnraum, während Schlaf- und Studierzimmer im Obergeschoss hintereinandergereiht sind und Austritt auf den vorgelagerten Balkon haben. Dass es sich hier um ein komfortables Wohn- und nicht bloss um ein temporär benutztes Ferienhaus handelt, beweist zudem die Existenz eines vollflächig ausgebauten Kellergeschosses.

Das Ferienhaus Akelei besitzt drei Lauben: zwei davon im Erdgeschoss auf der Südseite vor der Küche und auf der Nordseite beim Eingang. Die Erschliessung des Kellergeschosses führt über einen loggiaartigen, eingezogenen Eingang, der optisch das leichte Schweben des Holzkörpers gegen das Tal hin evoziert. Der Balkon vor dem Schlaf- und dem Studierzimmer im Obergeschoss verläuft südostseitig übereck.

Das raffinierteste Moment in der Gliederung der Volumen aber zeigt sich dort, wo beide Flügel aufeinanderstossen: das Balkongeländer beispielsweise stösst just auf die abgedrehte Wand des hangseitigen Flügels und inszeniert das Thema der gegenseitigen Verzahnung dialektisch.

Im Gegensatz zu den Bauten um 1930, denen durch ihre betonte Horizontalität eine gewisse dynamisierende Wirkung nicht abzusprechen ist, wird beim Ferienhaus Akelei der ruhende Körper mit seinen präzis definierten Umrissen betont. Keine liegenden, expressionistisch anmutenden Fensterbänder mit Schiebeläden strukturieren den Bau, sondern punktuell gesetzte Öffnungen mit Roll- oder Klappläden. Die Bretter der Horizontalschalung werden nicht geschuppt, sondern mittels Nut und Kamm flächig montiert. An den Ecken werden sie nicht gestossen, sondern von einer sie bremsenden Vertikallattung gefasst. Mit seiner Betonung von Fläche und Kubus orientiert sich dieser Bau klar am Neuen Bauen.

Die freiliegenden Partien des Fundaments hingegen sind mit einzelnen Bruchsteinen verkleidet. Leuzinger rustikalisierte somit den Betonsockel wieder – um den modernen Holzkörper symbolisch in der Region zu verwurzeln. Dennoch, der schmale, hochrechteckige, körperhafte Bau mit den scharfen Kanten und dem allseitig vorkragenden Dach, der zudem quer zum Hang steht, erinnert volumetrisch an prominente Vertreter der Schweizer Moderne. In der Art etwa, wie das feine, aber markant «fliegende» Dach seitlich weit über den hochrechteckigen Holzkörper hinausragt, liegt ein Vergleich mit Hans Fischlis Haus Schlehstud in Meilen aus den frühen dreissiger Jahren nahe. Im Mikrobereich hingegen, d.h. in der Detailgestaltung, bleibt Hans Leuzinger pragmatisch: Die Balkenköpfe der Dachkonstruktion, der auskragenden Loggien und des Balkons bleiben sichtbar (wohl als Folge der Landi-Architektur); die Klappläden weisen die traditionellen ausgeschnittenen Figürchen auf, und der Betonsockel erhält ein regionales Kleid.

Inge Beckel

Ansicht von Südosten.

Ansicht von Nordosten.

Ansicht von Nordosten mit eingezogener Loggia.

Grundrisse: Erdgeschoss und Obergeschoss.

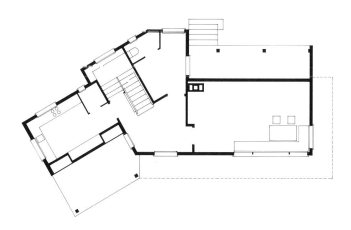
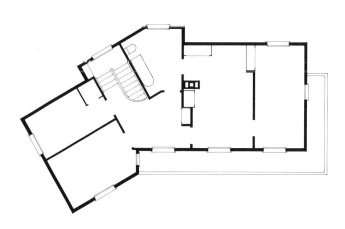

Massstab 1:200

Wohlfahrtsgebäude Erlenhof
Schwanden, 1947/48

1947/48 baute Hans Leuzinger für die Therma AG in Schwanden, Fabrik für elektrische Heiz- und Küchenapparate, eine neue Fabrikkantine, weil das Personalrestaurant im ehemaligen Hotel Bahnhof zu klein geworden war. Als Bauplatz stellte die Therma AG einen Teil der fabrikeigenen Landreserve Hintere Erlen im Norden der Produktionsstätten zur Verfügung. Auf diesem Terrain, das sich aufgrund seiner dreieckigen Form nicht zur Überbauung mit Industrieanlagen eignete, konzipierte Leuzinger einen zweiflügeligen Bau, der sich in einen zweigeschossigen Haupttrakt entlang der Sernftalstrasse und einen eingeschossigen Nebentrakt mit offener Liegehalle gliedert. Haupt- und Nebentrakt führte Leuzinger als schlichte, kompakte Kuben in Massivbauweise aus, die er so zusammenfügte, dass der niedrige Trakt leicht aus der Gebäudeflucht des Hauptbaus vorspringt und somit den Haupteingang an der Südecke akzentuiert. Die schmalen, tief eingeschnittenen Fenster erzeugen einen ruhigen Rhythmus der Fassaden. Das Flachdach, eine Auflage der Bauherrschaft, setzt unmittelbar über den hohen Fenstern an. Die weit auskragenden Vordächer mit den gut sichtbaren Sparrenköpfen stehen ganz in der Tradition der Landi-Architektur von 1939. Über dem Haupteingang zieht Leuzinger das Dach weit über den Treppenvorbau hinaus, unterfängt es mit einem wuchtigen hölzernen Unterzug, den er mit schlanken gebündelten Holzpfeilern auf der Bruchsteinmauer der Treppe abstützt. Mit der offenen Liegehalle, die den Arbeitern als Erholungsort zur Verfügung steht, erstellte Leuzinger zwar einen typischen Vertreter des Neuen Bauens, verlieh ihm aber aufgrund der verkleideten, ungestrichenen Holzkonstruktion das Aussehen der Landi-Architektur. In einer sanften Biegung ragt die Liegehalle wie ein Arm in die Gartenanlage hinein und bildet die architektonische Verbindung zwischen Arbeit und Freizeit.

Der klaren äusseren Gliederung des Erlenhofes entspricht die übersichtliche Raumfolge im Innern. Von der grosszügigen Eingangshalle in der Südecke gelangt man in die zwei Speisesäle, die getrennt nach Angestellten und Arbeitern, in den beiden Trakten untergebracht sind. Die Ausstattung dieser Räume ist auf das Notwendigste reduziert und entbehrt jeglicher Ausschmückung. Die Kunst- und Natursteinplatten des Bodens, die hell verputzten Wände und die auf Sicht belassenen Unterzüge vermitteln zusammen mit dem konventionellen Mobiliar aus Holz eine nüchtern sachliche Atmosphäre. Auf der Nordseite folgt die langgezogene Küche der winkelförmigen Anordnung der Speisesäle. Mit neuesten firmeneigenen Erzeugnissen ausgerüstet, ist sie nicht nur leistungsfähiger Kern des Personalrestaurants, sondern war damals auch gern gezeigtes Beispiel einer modernen, durchorganisierten Grossküchenanlage. Die im Obergeschoss befindlichen Personalräume und das Sitzungszimmer wurden mit viel Holz «zweckmässig und heimelig eingerichtet». Eine Sonnenterrasse mit Mini-Liegehalle auf dem Dach gehört ebenso zum architektonischen Regenerationsprogramm wie die Badeeinrichtungen im Keller.

Mit dem Bau des Wohlfahrtsgebäudes Erlenhof wandte sich Leuzinger einer verhältnismässig neuartigen Bauaufgabe zu. Anders als bei üblichen Fabrikkantinen erfüllen die Wohlfahrtsbauten noch zusätzliche Funktionen. «Ein Wohlfahrtshaus hat aber nicht nur Kosthaus, sondern auch ein Heim für Erholung und Entspannung zu sein», meinte Alfred Roth, der damalige Redaktor der Zeitschrift *Werk*, 1949 zu diesem Problem. Neben diesen beiden Funktionen stand der Erlenhof auch der Gemeinde Schwanden als Lokalität für gesellschaftliche und kulturelle Anlässe zur Verfügung. Leuzinger gelang es, den vielfältigen Anforderungen Rechnung zu tragen und sie in einem differenziert gestalteten, einheitlichen Gebäudekomplex zu vereinen. Es entstand ein solider Bau mit formalen Anklängen an Fabrik, Schule und Erholungsheim.

Der Erlenhof war Leuzingers letzter Auftrag, den er für die Therma AG ausführte, nachdem er 1941/42 mit dem Verwaltungsgebäude einen markanten Kopfbau mit dynamisch geschwungener Fassade sowie das Direktionswohnhaus entworfen hatte. Die Therma AG und ihr Hausarchitekt Leuzinger waren nicht nur die erfolgreichsten Glarner auf ihrem Gebiet, sondern auch Gesinnungsgenossen. Die Therma AG gehörte zu den Pionieren in der Elektrothermik und war in der Schweiz jahrzehntelang die führende Firma dieser Branche. Sie verdankte ihren Erfolg sowohl der hochstehenden Technik, als auch der schlichten und funktionalen Gestaltung ihrer Erzeugnisse. Die Gestaltungsideologie der Therma AG muss Leuzinger vorbildlich erschienen sein, denn er erwähnt sie 1952 im *Glarner Heimatschutzbüchlein*.

Christina Sonderegger

Gesamtansicht von Süden.

Ansicht von Nordwesten mit Gartenhalle (links).

Grundriss Erdgeschoss.

Arbeiter-Esssaal.

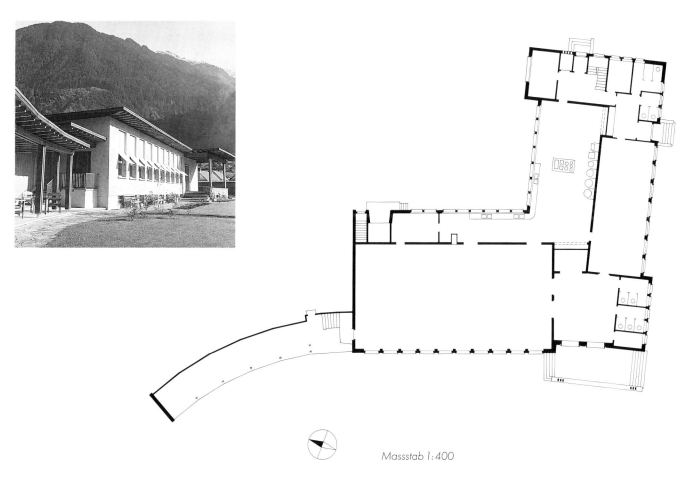

Massstab 1:400

149

Kunsthaus Glarus, 1951/52

In Zusammenarbeit mit Daniel Aebli

Das Museum liegt in unmittelbarer Nähe zum Bahnhof und ist städtebaulich so gesetzt, dass es den Volksgarten und darüber hinaus die Stadt Glarus im Südosten abschliesst. Zwei unterschiedlich grosse Ausstellungstrakte für die zwei Sammlungen des Museums dominieren die im Grundriss L-förmige Anlage. Der eine Trakt beherbergt die Sammlung Schneeli, der andere die Sammlung des Kunstvereins Glarus, die seit 1870 beträchtlich angewachsen war. In letztere integriert waren auch Leihgaben der Gottfried-Keller-Stiftung. Die Pavillons treten als einfachste, geometrische Körper in Erscheinung; dieser Wille zur Reduktion kommt besonders im allseitig verglasten Satteldach und in der Beschränkung auf die Materialien Backstein, Beton und Glas zum Ausdruck. Die Einfachheit der Pavillons kontrastiert demgegenüber mit der Feingliedrigkeit und dem partiellen Detailreichtum der eingeschossigen Erschliessungszone, die als Scharnier die beiden «Musentempel» verbindet.

Dem Bau ging eine lange Planungsphase voraus: Im Jahre 1942 wurde der Kunstverein Glarus von Dr. Gustav Schneeli, einem gebürtigen Glarner aus Mühlehorn, in Kenntnis gesetzt, dass er den Bau eines Museums in Glarus ins Auge fasse und auch finanzieren wolle. Schneeli wollte die richtige Unterbringung seiner eigenen Malerei nach seinem Tode sichergestellt wissen, eine Malerei, die Waldemar George als eine Art «Peinture religieuse» bezeichnete. Schneeli schrieb 1942 an Ernst Kadler: «Es liegt mir daran, dass der Teil [meiner Bilder], den ich für den besten halte, in einer Weise vereint wird, wie er meinen Intentionen entspricht. Deshalb habe ich mir vorgenommen, ihn als Vermächtnis ... einer Gemeinschaft zu hinterlassen und auch den Bau zu stiften, der sie aufnehmen soll, sodass eine Art Gesamtkunstwerk entsteht.» Für den Kunstverein Glarus eröffnete sich damit die Möglichkeit, zusammen mit Schneeli und unter Mitwirkung des Kantons und Museumsfonds einen lange gehegten Wunsch zu erfüllen: einen Museumsneubau.

Erste Projektgrundlagen konnten schon bald mit dem Gönner besprochen werden. Schneeli selbst hatte bei dem Berner Architekten Simmer bereits eine Studie in Auftrag gegeben und diese auch im Modell darstellen lassen. Schneelis Vision ging dahin, seine Sammlung in einem vierflügeligen, überkuppelten, klassizistisch geformten, festlich sakralen Zentralbau unterzubringen. Leuzingers erster Beitrag lag darin, die Bauten für den Kunstverein um diesen Pavillon herum zu arrangieren. Unzählige Varianten wurden geprobt und durchgespielt – ohne Erfolg. Im Jahre 1944 verstarb Dr. Schneeli, und in der Folgezeit einigten sich Ernst Kadler und Schneelis Witwe darüber, den projektierten Pavillon mit dem Hauptgebäude des Glarner Kunstvereins zu verbinden, d.h. planerisch und architektonisch zu einer Einheit zusammenzufassen. Hinzu kam für den Architekten die Auflage, den Bau jederzeit um das doppelte Volumen vergrössern zu können. Wichtigster Punkt bei der Konzeption des Museums wurde die Frage der Lichtführung. Leuzinger konnte sich diesbezüglich auf Untersuchungen von Hans und Kurt Pfister stützen, die diese in Zusammenhang mit der Kunsthauserweiterung in Zürich zusammengestellt hatten. Auch wurde eine Reise nach Basel unternommen, wo Georg Schmidt den Glarnern Red und Antwort stand. Acht verschiedene Entwürfe entstanden in der Folge bis 1946. Weitere vier folgten nach der Reise Leuzingers nach Dänemark und Schweden im Jahre 1947. Leuzinger besuchte dort praktisch alle neueren Museen und fand entscheidende Anregungen.

Der grössere Pavillon mit einem Seitenlichtsaal und einem Oblichtsaal war für den Kunstverein vorgesehen. Der Oblichtsaal im kleinen Pavillon sowie zwei Räume im Kellergeschoss wurden der Schneeli-Sammlung zugedacht. Weitere Räumlichkeiten im Kellergeschoss sollten die Naturhistorische Sammlung des Kantons Glarus aufnehmen.

Der Kunsthistoriker Jacob Burckhardt hätte die einfache, reduktionistische Formensprache des Kunsthauses, die mit dem gotisierenden Bahnhof aus dem Jahre 1903 kontrastiert, wohl geschätzt. Im Zusammenhang mit dem Neubau der Stadtkirche (1864–1866) befürwortete er damals den romanischen Stil, da dieser durch seine ruhigen Massen besser wirke als das Gothische, «das ... wie eine neue Sorte von Zerklüftung aussehen würde».

Christof Kübler

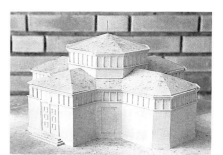
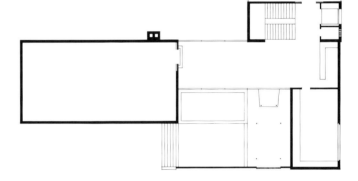

Gesamtansicht von Südosten.

Modell von Architekt Simmer, Bern, um 1944.

Grundriss Erdgeschoss.

Oblichtsaal im Obergeschoss.

Eingangsbereich.

 Massstab 1:400

151

Pavillonschule Niederurnen, 1953/54

Kindergerechtes Bauen und Naturbezug hiessen die Leitmotive im Schulhausbau der Nachkriegszeit. Das neue Selbstverständnis manifestierte sich in der Pavillonschule am deutlichsten. Eine ganze Reihe von teils neudefinierten und teils alten schulhygienischen Anforderungen an den Schulhausbau charakterisierten die neue Haltung im Schulbauwesen:
1. «Kurze und sichere Schulwege» führen zu Quartierschulen.
2. Die Durchsetzung der «freien Bestuhlung» führt zur Quadratisierung des Zimmers und ermöglicht eine flexiblere Anordnung der Schulbänke und damit eine flexiblere Unterrichtsform.
3. «Zusätzliche Spezial- und Arbeitsräume» auch bei kleineren Primarschulen (Singsaal, Turnhalle, Werken).
4. «Einwandfreie Belichtung und Belüftung» der Klassenzimmer werden in der Pavillonanlage mit oft mit zweiseitigen Belichtungen und mit Querlüftmöglichkeiten gewährleistet.
5. Die Forderung nach «kindergerechter Architektur» führt zu einer Aufteilung in kleinere Gebäude, welche in ihrer Gruppenbildung den Aussenraum aufwerten. Die Einpassung der Gebäude in das Gelände und die Schaffung einer parkartigen Umgebung entwickelten sich zu zentralen Gestaltungsaspekten.

Während bis dahin der Bezug zwischen Aussenraum und Innenraum im Klassenzimmer eher als Ablenkung für Schülerinnen und Schüler verstanden wurde, sollte nunmehr die Natur in ihrer beruhigenden Wirkung und in ihrer Vorbildfunktion ganz bewusst auf die Schule einwirken. Viele Pavillonschulen besitzen Aussenplätze für den Freiluftunterricht.

Das neue Verhältnis von Schule und Natur kann als Erweiterung des althergebrachten Sinnspruches «mens sana in corpore sano» begriffen werden. Für den gesunden Geist wird so nicht nur ein gesunder Körper per se gefordert, sondern – ganz im Sinne Pestalozzis – eine gesunde Atmosphäre in der Schulstube, sprich in der gesamten Schulanlage.

Leuzingers Pavillonschule sah einerseits drei Pavillons mit je vier Klassenzimmern und Nebenräumen vor. Anderseits sollte die Schulanlage mit Abwartsgebäude, Kindergartentrakt, Singsaalbau, freistehender Turnhalle sowie Hart- und Rasensportplatz ergänzt werden. Ausgeführt wurde lediglich ein Klassenzimmertrakt mit Vorhalle. Spätere Erweiterungsbauten folgten nicht dem für Pavillonschulen typischen Etappenprogramm.

Die Schule befindet sich im östlichen Teil von Niederurnen. Die in einem stumpfen Winkel an den Klassentrakt angeschlossene Pausenhalle definiert den Pausenplatz und schützt ihn vor dem Wind. Die gedeckte Halle mit ihren typischen Granitbodenplatten ermöglicht den Kindern bei jeder Witterung einen Pausenaufenthalt im Freien. Die gedeckte Verbindungshalle wurde in der Nachkriegszeit zu einem architektonischen Merkmal der Pavillonschulen.

Beim Klassenzimmertrakt handelt es sich um einen zweigeschossigen Pavillon. Durch das leicht abfallende Gelände und durch einen entsprechenden Aushub wird im östlichen Untergeschoss eine direkte Belichtung ermöglicht. Hier befinden sich zwei Werkräume, Luftschutzräume sowie die Heizung. Nebst dem Gang umfasst das Erdgeschoss vier Klassenzimmer, ein Lehrerzimmer sowie Toilettenanlagen. Die Korridore bilden als einbündiges Erschliessungssystem ein nördlich exponiertes Raumsegment. Das Volumen des Korridorbereiches ist als eigener Bauteil mit einer geringeren Gebäudehöhe und einem separaten Pultdach ausgestattet. Die im Grundriss quadratischen Klassenzimmer sind gegen Süden exponiert. Dank grosszügiger Befensterung wird eine gute Belichtung des Klassenzimmers erreicht und die Blendwirkung durch den Kontrast von dunkler Wandfläche und heller Fensterfläche vermieden. Zusätzliches Licht von Norden erhalten die Klassenzimmer durch ein Oberlichtband. Die Berücksichtigung besonderer Belichtungssysteme ist eines der formal und funktional auffälligsten Architekturelemente des Pavillon-Schulbaues der vierziger und fünfziger Jahre.

Das Untergeschoss wurde in einer Eisenbeton-Konstruktion ausgeführt. Das Erdgeschoss ist in Ständerbauweise mit Backsteinwerk realisiert. Eternit kam sowohl bei der Eindeckung der hölzernen Dachkonstruktion als auch bei der Ausgestaltung der Fassaden zur Anwendung.

Der Entscheid Leuzingers, den Schulbau als Pavillonanlage zu lösen, seine besondere Beachtung des Belichtungssystems sowie die gestalterischen Details weisen ihn nicht nur als gut informierten, sondern auch als versierten Architekten seiner Zeit aus. Leuzingers Schulpavillon entspricht funktional und gestalterisch den Schulbaumassnahmen, wie sie von Alfred Roth in seiner international ankerkannten Publikation *Das neue Schulhaus* von 1950 formuliert wurden.

This Oberhänsli

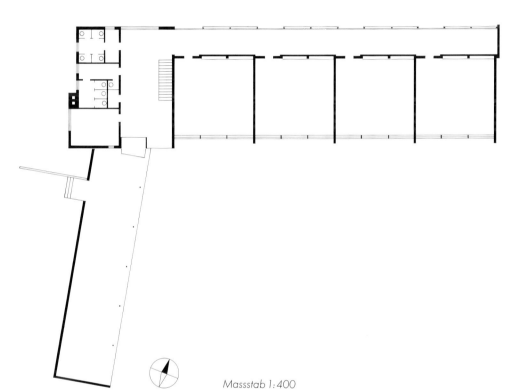

Massstab 1:400

Massstab 1:4000

Eingangsbereich.

Klassentrakt von Norden.

Grundriss Erdgeschoss.

Situationsplan.

Gedeckter Pausenplatz.

Schulzimmer.

Gemeindesaal Jakobsblick Niederurnen, 1955/56

In Zusammenarbeit mit Hans Howald

Für die Abhaltung belehrender Vorträge, Konzerte und für Gemeindeversammlungen, mit dieser philanthropischen Absicht – festgehalten im Erläuterungsbericht des Architekten – machten der Industrielle Caspar Jenny aus Ziegelbrücke und seine Frau der Gemeinde Niederurnen eine Schenkung für den Bau eines Gemeindesaals. 1955 begann Hans Leuzinger mit der Entwurfsarbeit, zusammen mit dem Architekten Hans Howald und dem Ingenieur Gustav Kruck, den er für die Dachkonstruktion beizog.

Als Bauplatz wurde ein Bergsporn über dem Dorf bestimmt, genannt Jakobsblick. Der auf einer künstlich geebneten Geländestufe stehende Saalbau ist in den vom Primarschulhaus Bühl bis zum Aussichtspunkt Schlössli emporsteigende Rebhang, den einzigen des Kantons, gebettet. Die Standorte für erste Entwürfe befanden sich noch unten im Dorf: Hinter dem alten Schulhaus am Bach war beispielsweise eine Enfilade von drei geschlossen wirkenden, flachen Kuben geplant, die sich in ihrer Breite, Tiefe und Höhe talwärts verjüngen sollten. Unter den Studien war auch ein quadratischer, mit einem Pyramiddach eingedeckter Saalbau mit vorgelagerter Kolonnade und seitlichem Annexbau, der mit seiner «klassizistischen» Formensprache ans Glarner Kunstmuseum erinnerte.

Offensichtlich befriedigte aber keines der Projekte. Der Vorschlag des damaligen Gemeindepräsidenten, doch den markanten Bergsporn über dem Dorf zu bebauen, führte schliesslich zu jenem schwebenden «Deltasegler», der dem Treiben der Gemeinde etwas entrückt gegenübersteht.

Der achsialsymmetrische Bau weist einen sechseckigen Grundriss auf, dessen seitliche Flanken sich von der Bergseite gegen das Tal leicht ausweiten. Der First des flach geneigten Satteldaches steigt ebenfalls talwärts schwach an. Eine mit Bruchsteinen gefasste, terrassenartig angelegte Treppe führt vom Schulhaus Bühl auf den Platz vor dem Jakobsblick. Von hier bietet sich ein herrlicher Rundblick auf die gesamte Linthebene bis hinunter zum Walensee.

Die Erschliessung erfolgt talseitig. Über den zentral angelegten, eingezogenen Eingang betritt man das grosszügig dimensionierte Foyer im Erdgeschoss. Eine kleine Plastik von Bernhard Luginbühl schmückt eine der Wände. Die rückwärtige Treppe führt in der Fallinie des Hangs auf ein Zwischenpodest, verzweigt sich dann in zwei Läufe, um entlang der im stumpfen Winkel zueinander stehenden Rückwände ins Obergeschoss weiterzuleiten. Der Hauptsaal fasst bis zu 340 Personen. Im Gegensatz zum Foyer gibt der Saal den Blick auf das Tal nicht frei, da der verputzte Frontschild bis auf das Oblichtband geschlossen bleibt. Der Gemeindesaal öffnet sich auf den Rebhang. Bis auf eine Ausnahme ist der Raum stützenfrei. Der Firstträger, verstärkt durch eine fünfstrahlige Sternkonstruktion, ruht auf der leicht schräg gestellten Stütze, die sowohl im Ober-, wie im Erdgeschoss freigestellt ist. Das Strebensystem der Decke ist farbig bemalt.

Leuzinger versuchte die Aufmerksamkeit der Besucher auf das Geschehen im Raum zu lenken, auf das gesprochene Wort, den Gesang oder den Klang der Musik, wie er in seiner Eröffnungsrede betonte. Die hölzerne Decke erscheint baldachinartig, schwebend. Der Frontpfeiler und die Oblichter verstärken diesen Eindruck. Insbesondere die Lichtführung in diesem grossen, polygonalen Saal evoziert eine festliche, beinahe sakrale Atmosphäre. Während die Architekten bei ihren ersten Projektstudien für ebenes Gelände am Talboden kubische, teils fast rationalistische Formen wählten, so hatte für sie die primär geografische Verschiebung des Bauplatzes von der Talsohle auf den erhöhten Bergsporn offensichtlich auch formale Konsequenzen. Das Projekt orientierte sich fortan an einer expressiveren, organischen Architektur. Der Gemeindesaal von Niederurnen ist zwar kein funkelnder Glaskörper, wie sich etwa Bruno Taut ein Volkshaus um 1920 vorstellte, doch ist dem Saalbau auf dem Jakobsblick kristalline Gestalt nicht abzusprechen. Er legt Zeugnis ab von der Rezeption F. L. Wrights in der Schweiz der fünfziger und frühen sechziger Jahre. Ein Vergleich etwa mit der von Wright erbauten Unitarian Church in Shorewood Hills aus den Jahren 1947–1949 drängt sich auf.

Die Art und Weise aber, wie im Innenraum des Saales das Licht durch das schmale Oberlichtband geführt wird und wie das Dach sich dadurch von der aufgehenden Fassadenwand löst, lässt darüberhinaus an die analoge Situation der Kapelle von Ronchamp denken, die Le Corbusier 1954 fertiggestellt hatte, nur ein Jahr vor Planungsbeginn in Niederurnen.

Inge Beckel

Gemeindesaal in überhöhter Lage.

Ansicht von Südwesten.

Grundrisse: Saal- und Foyergeschoss.

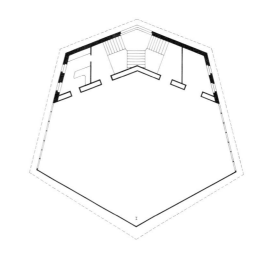

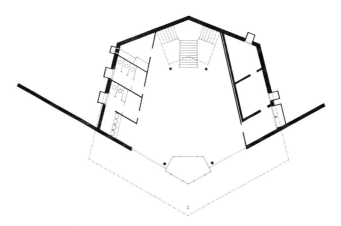

 Massstab 1:400

Saalrückwand mit «hängender» Dachkonstruktion.

Frank Lloyd Wright, Unitarian Church in Shorewood Hills 1947–1949 (USA).

Ansicht von Südosten.

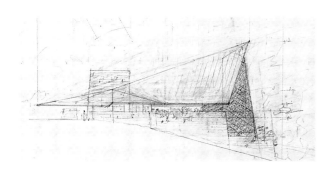

WERKVERZEICHNIS 1917–1958

Bearbeitet von Inge Beckel und Christof Kübler. Das Verzeichnis enthält Aufzeichnungen von Hans Leuzinger. Datierungen beziehen sich auf den ersten Kontakt mit dem Bauherrn. Fett gedruckte Werke sind dokumentiert unter «Ausgewählte Bauten».

1917/1918

Schuler, F., Rüti, Wohnungseinrichtung
Trüb, Fabrikant, Uster, Wohnungseinrichtung
Streiff-Hefti, Schwanden, Wohnzimmereinrichtung
Hefti, H., Schwanden, Möblierung des Arbeitszimmers
Kind, A., Pfarrer, Mitlödi, Wohnungseinrichtung, Grabmal
Jenny-Squeder, Ennenda, Kinderzimmer
Jenny-Squeder, Ennenda, Wohnungseinrichtung
Glarner-Egger, Glarus, Wohnzimmermöbel
Luzern, Wettbewerb Stadthaus
Gemeinde Glarus, Wettbwerb Pfrundhaus
Solothurn, Wettbewerb Stadthaus
Zweifel, Bäckerin, Riedern, Umbau
Jenny-Tschudi, Dietrich, Ennenda, Wohnungseinrichtung
Gallati, Dr. R., Glarus, Berghäuschen
Eidg. Kriegsmaterial Verwaltung, Munitionsbauten, Weesen
Tschudi, Gebr., Schwanden, Skihütte
Leuzinger-Böhny, Glarus, Barackenbau am Zugerberg
Vögeli, Consul, Linthal, Hausanbau
Luchsinger, Regierungsrat, Glarus, Büroumbau
Huber, Prof., Bern, Schlafzimmereinrichtung
Sanatorium Braunwald, Erweiterungsprojekt
Schuler und Co., Rüti, Bürogebäude, Magazine
Gemeinde Glarus, Pissoirhäuschen
Narutovizc, Prof., Zürich, Wasserwerk Buiteras

1918

Leuzinger-Fischer, Glarus, diverse Umbauten
Leuzinger, Architekt, Glarus, Grabmal
Heer-Ziegler, J., Mels, Wohnungseinrichtung
Möbelfabrik Horgen-Glarus, Horgen, Situation
Meier, J., Comestibles, Glarus, Magazinanbau
Eidg. Kriegsmaterial-Verwaltung, Kriegsfuhrwerke
Schuler-Leuzinger, Glarus, Grabmal für F. Schuler
Schweizer, J., Gärtner, Glarus, Geschäftslokalumbau
Leuzinger, H., Architekt, Glarus, Möbelentwürfe
Iselin, Schmidmeister, Glarus, Hofüberdachung
Skiclub Glarus, Sprungschanze Bergli
Hefti-Trümpy, Hätzingen, Garderobe
Kinderkrippe Glarus, Umbau
Oberst Ris, Mollis, Aufzugseinbau
Jenny und Co., D., Haslen, Wohlfahrtshaus, Projekt
Sektion Tödi S.A.C., Grünhorn Hütte
Brunner-Stucki, H., Glarus, Hausrenovation
Gemeinde Netstal, Wettbewerb Postgebäude
Gemeinde Glarus, Wohnhausbauten Untererlen

1919

Gemeinde Glarus, Wettbewerbe und Bebauungen
Therma AG, Schwanden, Doppelwohnhausbau
Gemeinde Netstal, Wettbewerb Schulhaus
Huber, Dr. P., Ennenda, Hausumbau «zum innern Hof»
Huber, Dr. P., Ennenda, Saloneinrichtung
Schweizerische Teppichfabrik, Ennenda, Büroanbau
Therma AG, Schwanden, Einfamilienhaus
Möbelfabrik Horgen-Glarus, Gewächshausumbau, Glaurs
Textil AG, Schwanden, Fabrikumbau
Baer Söhne, C.A., Glarus, Brettermagazin
Gemeinde Ennenda, Kleinkinderschule
Gemeinde Glarus, Wehrmännerdenkmal beim Zeughaus
Freuler-Blumer, Dr., Ennenda, Korridorrenovation
Bebie-Hurst, Ch., Linthal, Verandaumbau
Bebie-Hurst, Ch., Linthal, Kinderzimmer

Arbenz-Schuler, Ennenda, Garage, Garten, Badezimmer
Arbenz-Schuler, Ennenda, Waschküche
Tschudi, Dr., Basel, Wohnungseinrichtung
Jenny, F. und C., Ziegelbrücke, Beamtenwohnhaus
Blumer-Schiesser, S., Schwanden, Fassadenvorschläge
Eternitwerke Niederurnen, Sechsfamilienwohnhaus
Studach-Stüssy, Linthal, Wohnhaus, Vorprojekt
Kunstverein Glarus, Bücherschrank
Zweifel, L., Netstal, Renovation Wohnhaus
Schuler-Ganzoni, J., Glarus, Bibliothekseinbau
Skiclub Glarus, Glarnerhof
Schmid, Geometer, Niederurnen, Einfamilienhaus
Hefti-Trümpy, Hätzingen, Korridorumbau
Knobel-Zweifel, A., Diesbach, Wohnhausanbau
Zweifel, K., Diesbach, Anbauprojekt, Renovation
Spälty und Co., Netstal, Umbau
Gemeinde Glarus, Handwerkerschule
Linthkolonie, Ziegelbrücke, Umbauten, Abortumbau
Luchsinger-Trümpy, Glarus, Anbau
Mercier, Dr. phil., Glarus, Umbau Sanitäranlagen
Berger, Ziegelbrücke, Wohnhaus, Neubau
Möbelfabrik Horgen-Glarus, Hauptgebäude, Glarus
Hefti-Haab, Dr. H., Schwanden, Wohnungsumbau
Hefti-Haab, Dr. H., Schwanden, Schlafzimmeranbau (1924)

1920

Legler, M., Hauptmann, Diesbach, Umbauarbeiten
Gemeinde Glarus, Wettbewerb Schwimmbad
Baer Söhne, C.A., Glarus, Badezimmer
Kinderkrippe Glarus, Verandaumbau
Jenny, Guido, Ennenda, Wohnhaus Renovation
Stiefel, Direktor, Glarus, Haustüre
Wild, Willy, Mitlödi, Umbauarbeiten
Hösli, A., Metzgermeister, Glarus, Veranda
Blumer-Dürst, Schwanden, Arbeitszimmer
Gebr. Jenny, Glarus, Renovationsarbeiten

1921

Sektion Tödi, S.A.C., Fridolinshütte, Neubau
Brauerei Erlen, Glarus, Garage
Kant. Krankenanstalt, Glarus, Um- und Neubauten
 (zusammen mit P. Truniger, 1922–1928)
 Lit. «Ausbau der Kantonalen Krankenanstalt Glarus, Architekten P. Truniger, Wil, H. Leuzinger, Glarus», in: *Schweizerische Bauzeitung,* Heft 14, 1929
Schmid, R., Dr. med., Ennenda, Wohnungseinrichtung

1922

Tschudi, Regierungsrat., Schwanden, Renovation 1923
Vögeli, Geschwister, Braunwald, Wohnhausneubau
Jenny, Direktor, Ennenda, Einfamilienhaus, Projekt
Jenny, F. und C., Ziegelbrücke, Hausumbau
Weber, Schreinermeister, Glarus, Entwurf Fahnenschrank
Kummer, J., Glarus, Holzmagazin
Spälty-Kubli, J., Glarus, Autogarage
Kind, A., Pfarrer, Mitlödi, Anbau, Projekt
Schaeppi, Dr. H., Mitlödi, Erker
Ressnig-Schlittler, F., Niederurnen, Wohnhausneubau
 Lit. «Wohnhaus R.-S. in Niederurnen», in: *Eternit,* Werkzeitschrift der Eternit AG, Niederurnen, Heft 16, 1942
Schulhaus, Engi, Umbauarbeiten
Leuzinger-Fischer, Glarus, Zentralheizung

Schützenhaus, Glarus, Heizung
Gallati, Dr. jur. R., Glarus, Salon im ersten Stock
Diverses: Knöpfe, gedrehte Knöpfe, Möbelentwürfe,
 Ofenentwürfe, dekorative Entwürfe, Beschläge, Griffe,
 Geländer, Kleinmöbel, Kleinkunst, Spenglerarbeiten,
 Eisengitter
Kirchgemeinde Glarus, Freitreppe
Gemeinde Glarus, Gemeindehaus, Umbau
Gebirgs-Sap. Kp. IV/6, Rofla b/Andeer, Brücke
Diverses: Beleuchtungskörper
Diverses: Möbelaufnahmen, Möbeldetails
Ennenda, Wettbewerb Postamt
Becker-Freuler, Ennenda, Ofen- und Windfangeinbau
Jenny-Hässig, Ennenda, Wohnhausrenovation «zur Höhe»
Verband für Wohnungsbau, Diverses
Waisenhaus, Glarus, Freitreppe im Garten
Schäppi-Kölliker, Dr., Mitlödi, neue Windfangtüre
Schaeppi, Dr. W., Mitlödi, Wohnhausumbau
Sanatorium Braunwald, Zimmerrenovation
Becker, Dr., Ennenda, Ofeneinbau
Huber, Prof. E., Bern, Seminar, Wohnung
Heimetli Obersommerie, Thurgau, Diverses
Milt, K., Glarus, Schätzung der Garage

1923–1925

Stadtmühle Glarus, Um- und Aufbau
Kirchgemeinde Ennenda, Orgeleinbau, Renovationen
Brauerei Erlen, Glarus, Badezimmeranbau
Tschudi-Streiff, H., Wiese, Glarus, Gartentorpostament
Oberst Tschudi-Freuler, Schwanden, Hausumbau, Projekt
Anstalt Haltli, Mollis, Bauaufnahmen, Umbauarbeiten
Jenny-Luchsinger, Hätzingen, Einrichtung eines Bades
Jenny, Dr. Ad., Ennenda, Sommerstubenanbau
Spälty und Co., Netstal, Fabrikanbau
Gemeinde Matt, Schulhaus, Umbau und neuer Eingang
Streiff-Jenny, Glarus, Gewächshausumbau
Ferienheim Klöntal, Umbau und Innenausbau
Schuler-Ganzoni, Glarus, Grenzmauer
Trümpy-Schaeppi und Co., Mitlödi, Stickerei
Zweifel, H., Bäckermeister, Glarus, Wohnhausumbau
Leuzinger, H., Architekt, Glarus, Autogarage
Freuler, Schlosser, Glarus, Terrasse
Huber, Dr. P., Ennenda, Terrassenanbau
Sektion Tödi, S.A.C., Broncetafel J. Schiesser, Linthal
Kirchgemeinde Matt, Turmrenovation
Schuler und Co., Rüti, Weberei
Gemeinde Niederurnen, Plakathäuschen
Aebli-Tschudi, Ennenda, Werkstattvergrösserung
Vereinigte Webereien, Sernftal, Mädchenheim
Fritzsche, Dr. med. sen. F., Glarus, Büchergestell
Vereinigte Webereien, Sernftal, Magazinaufstockung
Fritzsche, Dr. med. Rob., Ennenda, Wohnungseinrichtung
Buss, Th., Untererlen, Glarus, Doppelwohnhaus
Hofer, H., Ingenieur, Schwanden, Wohnhausneubau
Jenny, F. und C., Ziegelbrücke, Küche, Speisekammer
Streiff-Jenny, Glarus, Villa Flora, Badezimmer
Jenny-Tinner, Mollis, Zimmerrenovation
Hauser, E., Landammann, Glarus, Aussenrenovation
Engi, Kleinkinderschule
Trümpy-Schaeppi und Co., Mitlödi, Färbereineubau
Luchsinger, Dr., Apotheker, Glarus, Renovation, Möblierung
Gemeinde Matt, Schulhaus Weissenberge, Projekt
Diverses: Dachaufbauten, Grabmäler
Haus Haglen, Umbauprojekt
Gemeinde Winkel, Kleinkinderschule
Brunner, Major, Glarus, Küchenrenovation
Spälty-Bally, Netstal, Zimmereinbau
Vereinigte Webereien, Sernftal, Turbinenhaus

1926

Skiclub Glarus, Neubau Skihütte Elmerberg
 Lit. Richard Heyken, «Zwei Häuser in den Bergen»,
 in: *Die Pyramide,* Heft 10, 1928/1929.
 «Skihütte Elmerberg», in: *Das Werk,* Heft 2, 1931.
 Adolf Behne, *Wochenende und was man dazu braucht,*
 Zürich/Leipzig, 1931.
 «Glarner Berg- und Ferienhäuser», in: *Schweizerische
 Bauzeitung,* Heft 11, 1933.
 Otto Walter-Glutz (Hg.), *Landschaften und Bauten,
 Unser Holz,* Bd. II, Bern/Basel/Olten 1942.
 Paul Artaria, *Ferien- und Landhäuser,* Erlenbach/Zürich
 1947.
Skiclub Glarus, Sprunghügelanlage
Hefti-Haab, Dr. jur. H., Schwanden, Wandkastennische
Liebeskind, Mühlehorn, Gartenlaube
Jenny, Guido, Ennenda, Windschutz auf Terrasse
Jenny, F. und C., Ziegelbrücke, Möblierung
Marti, Hch., Matt, Gartenhäuschen

1927

Fritzsche, Dr. med. E., Glarus, Haus Zum Sonnenhügel
 Lit. «Haus zum Sonnenhügel», in: *Das Werk,* Heft 9, 1928.
 Herbert Hoffmann, *Neue Villen,* Stuttgart 1929
 Moderne Bauformen, Villen-Heft 2, Stuttgart 1929
Glarnerhof, Glarus, Skizzen
Jenny, Agathe, Ennenda, Küchenrenovation
Gemeinde Glarus, Schulhaus im Zaun
Vereinigte Webereien, Sernftal, Websaal im Hinterhof
Leuzinger-Dändliker, Glarus, Fassadenrenovation
Sektion Tödi, S.A.C., diverse Hüttenpläne
Mercier, Dr. phil., Ständerat, Glarus, Garagenbau
Schuler-Ganzoni, Glarus, Wohnzimmer
Stöckle-Antenen, Liestal, Wohnhausprojekt
Fritzsche, Dr. med. R., Ennenda, Wohnhausprojekt
Fritzsche, Dr. med. R., Ennenda, Wohnhaus
Blumer-Dürst, Schwanden, Schlafzimmereinbau
Kirchgemeinde Matt, Heizung
Kadler, E., Direktor, Glarus, Terrassenanbau
Gasthof Raben, Glarus, Umbauprojekt
Anstalt Haltli, Mollis, Umbau und Renovation
Tschudi-Streiff, Dr., Riehen, Korridorschrank
Kirchgemeinde Matt, Pfarrhaus, Waschkücheneinbau
Streiff-Jenny, Flora, Glarus, Zentralheizung
Jenny, F. und C., Ziegelbrücke, Einfahrtstor
Leuzinger, H., Architekt, Glarus, Ferienhaus Braunwald
 Lit. «Ferienhäuschen auf Braunwald Alp»,
 in: *Schweizerische Bauzeitung,* Heft 9, 192.
 Richard Heyken, «Zwei Häuser in den Bergen», in: *Die
 Pyramide,* Heft 10, 1928/29.
 «Ferienhaus auf Braunwald», in: *Das Werk,* Heft 2, 1931.
 «Sporthütten und Ferienhäuser», in: *Der Baumeister,*
 Heft 7, 1931.
 Adolf Behne, *Wochenende und was man dazu braucht,*
 Zürich/Leipzig 1931.
 C.A. Schmidt, *Schweizer Holzbau,* Zürich/Leipzig 1936.
 Paul Artaria, *Ferien- und Landhäuser,* Zürich 1947.
Jenny, Dr. Ad., Ennenda, Abortumbau
Utzinger, Schwanden, Ferienhaus, Braunwald
 Lit. Otto Walter-Glutz (Hg.), *Landschaften und Bauten,
 Unser Holz,* Bd. II, Bern/Basel/Olten 1942.
Schulgemeinde Braunwald, Umbau des Schulhauses
Hefti-Haab, Dr. jur. H., Schwanden, Sofaeinbau
Jenny, Ad., Dr., Ennenda, Ökonomiegebäude, Gartenhaus
Kindlimann-Blumer, Schwanden, Umbau und Renovation
 Lit. «Neues Esszimmer in einem alten Glarnerhause»,
 in: *Das Werk,* Heft 3, 1929.
Benz und Cie., Zürich, Ladeneinrichtung und Umbau
Schuler und Co., Rüti, Unterfangung der alten Fabrik
Trümpy-Schaeppi und Co., Mitlödi, Modellmagazin,
 Neubau

1928

Leuzinger, H., Architekt, Glarus, Reiheneinfamilienhäuser
 Lit. Richard Heyken, «Zwei Häuser in den Bergen»,
 in: *Die Pyramide,* Heft 10, 1928/29.
 «Wohnhäuser am Sonnenhügel», in: *Schweizerische*

Bauzeitung, Heft 7, 1929.
«Innenräume der Siedlung ‹am Sonnenhügel›»,
in: *Das Werk,* Heft 5, 1930.
Richard Heyken, *Neuere Arbeiten von Architekt Hans Leuzinger»,* in: *Das schöne Heim,* Heft 3, 1931.
Hans Eckstein, *Die schöne Wohnung,* München 1934.
Hans Leuzinger, *Das Glarnerland. Ein Heimatschutzbüchlein,* Glarus 1952.

Schaeppi, Dr. H., Mitlödi, Villa Waldegg, Renovation
Jenny-Dinner, Mollis, Terrassenumbauten
Freuler, Schlosser, Glarus, Wohnhausskizze
Jenny, F. und C., Ziegelbrücke, Wohnhausprojekt
Diverses: Teppichentwürfe
Jenny, F. und C., Ziegelbrücke, Haus Tschudi, Niederurnen
Textil AG, Schwanden, Abfallspinnerei, Aufbau
Jenny, F. und C., Ziegelbrücke, Balkonaufbau
Brauerei Erlen, Glarus, Wohnungseinbau
Schulhaus Braunwald, Lehrerwohnung
Brauerei Erlen, Glarus, Anbau Flaschenreinigung
Bosshard-Blumer, J., Glarus, Treppenüberbauung
Huber, Dr. P., Ennenda, Gartenhausneubau
  Lit. «Ein Gartenhaus von Hans Leuzinger», in: *Das Werk,* Heft 5, 1930.
  Richard Heyken, «Neuere Arbeiten von Architekt Hans Leuzinger», in: *Das schöne Heim,* Heft 3, 1931.
Gemeinde Glarus, Archivrenovation
Jenny-Squeder, Ennenda, Badezimmereinbau
Kirchgemeinde Braunwald, Renovation Kirche

1929

Möbelfabrik Horgen-Glarus, Glarus, Tischfabrik, Lager
Tschudi, Landesstatthalter, Schwanden, Umbauarbeiten
Spälty-Bally, Netstal, Wohnung und Garageneinbau
Scherrer, R. und Weiss, H., Schwanden, Wohnhausprojekte
Schuler-Ganzoni, Glarus, Einbau Gästebad
Spelty, Alex, Glarus/Zürich, Ferienhaus Stockbüchel
  Lit. «Ferienhaus Stockbüchel», in: *Das Werk,* Heft 2, 1931.
  «Sporthütten und Ferienhäuser», in: *Der Baumeister,* Heft 7, 1931.
  «Glarner Berg- und Ferienhäuser», in: *Schweizerische Bauzeitung,* Heft 11, 1933.
  Paul Artaria, *Schweizer Holzhäuser,* Basel 1936
Jenny, H., Conditorei, Glarus, Haus Merz, Umbau
Blumer-Kunz, Engi, Wohnzimmerrenovation
Sektion Tödi, S.A.C., Planurahütte
  Lit. «Planurahütte der Sektion Tödi S.A.C.», in: *Das Werk,* Heft 2, 1931.
  «Sporthütten und Ferienhäuser», in: *Der Baumeister,* Heft 7, 1931.
  Paul Artaria, *Ferien- und Landhäuser,* Zürich 1947.
  G. E. Kidder Smith, *Switzerland Builds* (Introduction S. Giedion), New York/Stockholm 1950.
  Lucius Burckhardt/Diego Peverelli u.a., *Moderne Architektur in der Schweiz seit 1900,* Winterthur 1969.
  A. Leuzinger, «Im Bann der Planura», in: *Neue Zürcher Zeitung,* 7. Juli 1983.
  Heinrich Stüssi, «Zuflucht Planurahütte», in: *Neujahrsbote,* Linthal 1986.
Mercier, Dr. Joach., Glarus, Neubau Ferienhaus Grossberg,
  Lit. «Berghaus Grossberg des Herrn Dr. Joachim Mercier», in: *Das Werk,* Heft 2, 1931.
  «Glarner Berg- und Ferienhäuser», in: *Schweizerische Bauzeitung,* Heft 11, 1933.
Sanatorium Braunwald, Waschhausumbau
Jenny-Staub, G., Ennenda, Küchenrenovation
Pension Ryffel, Braunwald, Projekt
Pension Zopfi, Braunwald, Projekt
Blumer-Heberlein, Dr. E., Schwanden, Schwimmbad, Gartenhaus
Tschudi-Streiff, Wiese, Glarus, Renovation
Spelty-Diethelm, Glarus, Windfangrenovation
Gemeinde Schwanden, Altersheim Schwanden
  Lit. «Altersheim Schwanden», in: *Das Werk,* Heft 8, 1934.
Streiff, Dr., Mollis, Windfangabschluss

Woba, Wohnungsausstellung Basel, Projekt und Grundrisse
Braunwaldbahn, Gesellschaft, Diverses
Schulgemeinde Niederurnen, Schutzdach auf der Hofseite
Schweiz. Teppichfabrik, Ennenda, Diverses
Trümpy-Schaeppi u. Co., Mitlödi, Beamtenwohnhaus
Alpenblick Hotel, Braunwald, Umbau Speisesaal
Jenny-Staub, Guido, Ennenda, Badeinbau
Schulgemeinde Schwanden, Turnhalle
Gemeinde Glarus, Wettbewerb Schlachthaus
Ortsgemeinde Mollis, Kleinkinderschule

1930

Anstalt Haltli, Mollis, Renovation
Staeger und Co., Glarus, Garage, Neubau
Blumer, D., Neukirch a/d Thur, Gartenhalle, Neubau
Hefti-Haab, Dr. jur. H., Schwanden, Umbauarbeiten
Jenny-Streiff, C., Braunwald, Badeinbau
Gemeinde Glarus, Gemeindehaus, Saalrenovation
Aebli, R., Fuhrhalter, Ennenda, Wagenschopf
Bircher-Benner, Dr., Zürich, Ferienhaus Braunwald, Einfriedung
Kindlimann-Blumer, Schwanden, Wohnhausrenovation
Junk, Frl., Braunwald, Pension Müllerberg
Schaeppi, Dr. H., Mitlödi, Ferienhaus Fuhrhorn, Braunwald
  Lit. «Ferienhaus Fuhrhorn», in: *Das Werk,* Heft 2, 1931.
  «Sporthütten und Ferienhäuser», in: *Der Baumeister,* Heft 7, 1931.
  «Glarner Berg- und Ferienhäuser», in: *Schweizerische Bauzeitung,* Heft 11, 1933.
  Paul Artaria, *Schweizer Holzhäuser,* Basel 1936.
Walcher-Hefti, Luchsingen, Freitreppe
Fritzsche, Dr. med. sen. F., Glarus, Badeinbau
Hülfsverein Ennenda, Kinderkrippe
Pallavicini, G., Turin, Ferienhaus auf Braunwald
  Lit. Paul Artaria, *Schweizer Holzhäuser,* Basel 1936.
Falke, K., Dr., Feldbach, Wohnhausprojekt
Elektrizitätswerk Linthal, Transformatorenstation Ennetlinth
Trümpy-Schaeppi und Co., Mitlödi, Druckereiumbau
Hösli, Sand, Glarus, Renovation
Sektion Tödi, S.A.C., Glärnischhütte, Umbau
  Lit. Inventar der neueren Schweizer Architektur, Glarus, Bd. 4, Bern 1982.
Gemeinde Schwanden, Neubau Verwaltungsgebäude
Zwickihaus, Mollis, Renovation
Schuler-Ganzoni, Glarus, Garageneinbau
Schuler-Ganzoni, Glarus, Renovation Doppelwohnhaus
Schneider, Posthalter, Braunwald, Badezimmereinbau, Projekt
Schuler-Ganzoni, Glarus, Umänderungen in der Villa
Gerber, Ingenieur, Zürich, Ferienhaus Altberg, Projekt
Frauenverein, Glarus, Alkoholfreies Gesellschaftshaus, Projekt
Gemeinde Ennenda, Wettbewerb Gesellschaftshaus
Rhyner, Math., Elm, Wohnhaus, Neubau
Streiff-Jenny, J.H., Glarus, Grabmal
Tschudi, P., Oberst, Schwanden, Aufnahmen und Renovation
Huber, Dr. P., Ennenda, Kamineinbau, Projekt
Diebold, Coiffeur, Glarus, Geschäftsumbau
Zentner-Marti, Elm, Wohnhausanbau, Projekt
Brauerei Erlen, Glarus, Garteneinfriedung und Dachlukarne
Mercier, Dr. Joachim, Glarus, Waldschlössli, Kaminhut
Fritzsche, Dr. med. E., Glarus, Firmentafel

1931

Arbenz-Schuler, Ennenda, Treppenabschluss im Wohnhaus
Mercier, Dr. Ph., Spielhof Glarus, Fassadenrenovation
Brauerei Erlen, Glarus, Unterkunftshaus Schwammhöhe
Hyspa, Bern, Stand H. Leuzinger
Hyspa, Bern, Stand der Kant. Krankenanstalt, Glarus
Heimetli Obersommerie, Thurgau, Garagenanbau
Morgenthaler, E., Kunstmaler, Zürich, Atelier-Wohnhaus

Tschudi, Dr. P., Schwanden, Ortstockhaus Braunwald
Lit. «Das Ortstockhaus auf der Braunwaldalp»,
in: *Der Baumeister,* Heft 12, 1932.
«Das Ortstockhaus auf der Braunwaldalp», in:
Schweizerische Bauzeitung, Heft 8, 1934.
Hans Leuzinger, *Das Glarnerland. Ein Heimatschutz-
büchlein,* Glarus 1952.
ac 10, Internationale Asbestzement-Revue, Zürich 1958.
Lucius Burckhardt/Diego Peverelli u. a., *Moderne Architek-
tur in der Schweiz seit 1900,* Blatt 6, Winterthur 1969.
Walter Zschokke, «Regionales Bauen und Neues Bauen»,
in: *archithese,* Heft 5, 1985.
Senn, P., Pressi, Glarus, Wohnhausumbau
Fricker, Dr. E., Rapperswil, Ferienhaus auf Braunwald, Projekt
Leuzinger, H., Architekt, Zürich, Bureau Zürich
Jenny-Streiff, E., Morgenberg, Braunwald, Brunnen
Bosshard-Blumer, Glarus, Einbau einer Waschküche
Schuler-Ganzoni, Glarus, Grabmal
Stadthof Glarus, Umbauprojekt
Schuler-Ganzoni, Glarus, Gartenmauer
Blumer-Hausmann, Glarus, Garageneinbau im Zaun
Schulgemeinde Schwanden, Umbau altes Schulhaus
Schulgemeinde Schwanden, Schulhaus, Projekte

1932

Huber, Dr. P., Herrliberg, Wohnhausneubau
Gemeinde Glarus, Platzgestaltung Handwerkerschule
Fritzsche, F., Ingenieur, Zürich, Garagenneubau, Lukarne
Gemeinde Schwanden, Dorfplatzgestaltung mit Brunnen
Tschudi-Streiff, Wiese, Glarus, Grabmäler
Speich-Jenny, Herm., Glarus, Grabmal
Rascher und Co., Buchhandlung, Zürich, Schaufenster
Diverses, Wohnhaustypen
Anstalt Haltli, Mollis, neue Fenster, Doppelverglasung
Fritzsche, Prof. Dr. H., Zollikon, Wohnhausumbau
Gemeinde Glarus, Wettbewerb Schützenhaus

1933

Leuzinger, H., Architekt, Zollikon, Eigenheim
Lit. «Wohnhaus L. in Zollikon», in: *Das Werk,* Heft 6
(S.204), 1935.
«Wohnhaus an der Schlossbergstrasse in Zollikon»,
in: *Das Werk,* Heft 4, 1936.
«Unsere Gärten», (Themennummer), in: *Das Werk,* Heft 9,
1943.
*Switzerland. Planning and Building, Royal Institute of British
Architects,* London 1946.
Max Bill u. a. (Hg.) *Moderne Schweizer Architektur
1925–1945,* Basel 1949.
Hans Volkart, *Schweizer Architektur. Ein Überblick über
das schweizerische Bauschaffen der Gegenwart,* Ravens-
burg 1951.
Robert Winkler, *Das Haus des Architekten,* Zurich 1955.
*Neues Bauen in der Schweiz. Führer zur Architektur der 20er
und 30er Jahre,* Blauen 1985.
Schweizer Architekturführer 1920–1990, Bd.1, Zürich 1992
Freulerpalast Näfels, (1933–1946), Restaurierung
Lit. «Die Renovation des Freulerpalastes in Näfels»,
in: *Schweizerische Bauzeitung,* Heft 11, 1944.
*Switzerland. Planning and Building, Royal Institute of British
Architects,* London 1946.
Benz, O., Ingenieur, Zürich, Wohnhausumbau
Bezirksspital Dielsdorf, Liegehalle, Terrassenüberdeckung
Therma AG, Schwanden, Firmenaufschrift
Möbelfabrik Horgen-Glarus, Glarus, Holztrocknungs-
anlage
Möbelfabrik Horgen-Glarus, Glarus, Schopfausbau
Gemeinde Glarus, Kleinkinderschule
Lit. «Kleinkinderschule Glarus», in: *Das Werk,* Heft 1, 1936.
*Switzerland. Planning and Building, Royal Institute of British
Architects,* London 1946.
Linus Birchler u. a. (Hg.), *Moderne Schweizer Architektur,*
Basel 1939.
Schuler-Ganzoni, Glarus, Umgebungsarbeiten
Diverses, Holzhausbauten, verschiedene Entwürfe
Hofmann-Jenny, G. E., Zürich, Anbauprojekt Stallgebäude
Leuzinger, F., Schwanden, Wohnhausneubau
Gemeinde Schwanden, Kirchturmrenovation
Anstalt Haltli, Mollis, Eingangstor Kerenzerbergstrasse
Jenny, Guido, Ennenda, Toiletteneinbau im Schlafzimmer
Pfeiffer, E., Gemeindepräsident, Mollis, Tor und Geländer

1934

Hösli-Baer, F., Glarus, Zweifamilienhaus, Zürich/Affoltern
Spahn, H., Pfarrer, Winterthur-Töss, Einfamilienhaus und
Kirchgemeindehaus, Projekt

**Leuzinger, H., Architekt, Zürich, Reihenhäuser
Ackersteinstrasse**
Lit. Linus Birchler u. a. (Hg.), *Moderne Schweizer Architektur,*
Basel 1939.
*Switzerland. Planning and Building, Royal Institute of British
Architects,* London 1946.
Blumer, Dr. C., Niederurnen, Wohn- und Musikzimmer,
Umbau
Streiff, Dr. J., Genua, Villa in Varazze, Projekt
Dürst, E., Ennetbühls, Skihütte, Projekt
Verkehrsverein Braunwald, Schwimmbad, Projekt
Heim, Neukirch a.d. Thur, Kleinkinderstube
Leuzinger-Fischer, Glarus, Grabmal
Utzinger, Dr., Zollikon, Wohnhausprojekt
Gemeinde Schwanden, Altersheim, Vorratskeller,
Anbau Garderobe
Dornier, M., Kunstmaler, Uerikon, Wohnhausneubau
Kindlimann-Blumer, C., Schwanden, Umbau Kinderzimmer
Hauser-Müller, F., Näfels, Portalumbau
Kunz, O., Landwirt, Witellikon, Garageneinbau, Projekt
Senn-Kundert, Zürich, Umbau WC und Küche
Schulgemeinde Zollikon, Primarschulhaus, Umbauprojekt
Kirche Niederweningen, Umbauprojekt
Mercier, Dr. Ph., Spielhof Glarus, Innenumbau
Streiff, Gebr., Insel, Glarus, Bebauungsvorschlag
Wirz, Frl., Lehrerin, Schwanden, Wohnhausumbau

1935

Tschudi, Prof. Dr. R., Basel, Wohnhausneubau, Projekt
Hiltbrunner, H., Schriftsteller, Uerikon, Wohnhausneubau
Hefti, Frl., Hätzingen, Möblierung des Erkers und Ess-
zimmers

Ausstellung «Land- und Ferienhaus» Basel, Skihütte
Lit. «Ausstellung Land- und Ferienhaus in Basel»,
in: *Schweizerische Bauzeitung,* Heft 21, 1935.
C. A. Schmidt, *Schweizer Holzbau,* Zürich/Leipzig 1936.
Max Bill u. a. (Hg.), *Moderne Schweizer Architektur,* Basel
1949.
Heer, J., Dr. med., Glarus, Wohnhausneubau
Volksbildungsheim Herzberg, Aarau, diverse Einbauten
Stäubli-Hüni, Horgen, Terrassenumbau, Projekt
Gmür-Glarner, Zürich, Badezimmer, Umbau
Jenny, Dietr., Mollis, Wohnhausneubau
Hefti-Haab, Dr., Schwanden, Esszimmermöbel
Jenny, C., Gossau-Glarus, Wanderhütte
Sanatorium Braunwald, Portierhäuschen
Tschudi-Schümperlin, Schwanden, Waschküche, Umbau
Hefti, Pfr., Hemberg, Wohnhausprojekt, Braunwald
Reimann, Netstal, Einfamilienwohnhaus
Lit. Otto Walter-Glutz (Hg.), *Landschaften und Bauten,
Unser Holz,* Bd. II, Bern/Basel/Olten 1942.
Hösli-Baer, F., Zürich-Affoltern, Dachausbau
Cordey-Streiff, Grabmal

1936

Grimm, Dr. G., Zürich/Herrliberg, Einfamilienwohnhaus
Roth, Aug., Amriswil, Einfamilienwohnhaus
Clerc, Dr., Niederurnen, Projekt Wohnhaus
Tschudi, A., Wiese, Glarus, Fenstergitter

Benz, Zürich, Ferienhaus auf Braunwald
Gemeinde Schwanden, Schulhaus Grund, Renovation
Eichenbrunnen, Glarus, Wetterfahne

1937

Schweizerische Teppichfabrik Ennenda, Appreturanbau
Luchsinger-Trümpy, Glarus, Schaufensterumbau
Schützenhaus Glarus, Um- und Erweiterungsbau
Schweizerische Teppichfabrik Ennenda, Färbereianbau
Jenny, Dietrich, Fabrikant, Mollis, Landhausumbau
Kleinkinderschule Schwanden, «Güetli», Umbauprojekt
Heimatschutz, Gutachten Kirche Bilten
Bass, Dr., Hätzingen, Gartenausgang Wohnhaus
Landesausstellung 1939, Zürich, «Bauen und Wohnen»
  Lit. «Schweizerische Landesausstellung Zürich 1939, Bericht Ende August 1938», in: *Schweizerische Bauzeitung,* Heft 10, 1938.
  «Schweizerische Landesausstellung», in: *Das Werk,* Heft 5 (S.172f.), 1939.
  Verschiedene Beiträge zur Landesausstellung, vgl.: *Das Werk,* Heft 7,9 und 11 (S.197,258,259, 282,333.), 1939.
  «Aus der Abteilung Bauen», in: *Schweizerische Bauzeitung,* Heft 10, 1939.
  G. E. Kidder Smith, *Switzerland Builds* (Introduction S. Giedion), New York/Stockholm 1950.
  Jacques Gubler, *Nationalisme et Internationalisme dans l'Architecture Moderne de la Suisse,* Lausanne 1975
Trümpy-Heer, Frau E., Mitlödi, Umbau

1938

Jenny, F., Zürich, Wohn- und Geschäftshaus
Sponagel, K., Zürich, Brunnen
Höhere Stadtschule, Glarus, Fassadenrenovation
Kant. Krankenanstalt, Glarus, Luftschutzeinrichtung
Anstalt Haltli, Mollis, Dachrenovation
Hösli-Bär, Glarus, Dachzimmerausbau
Waser-Hösli, Zollikon, Garagenprojekt

1939

Streiff-Steiger, Ida, Urnengrab
Streiff, D., Glarus, Wohnhausumbau
Huber, Frau Prof. M., Bern, Schlafzimmerschrank
Gemeinde Schwanden, Bebauungspläne
Streiff, M., Schwanden, Werkstattumbau
Hiltbrunner, H., Uerikon, Cheminée-Einbau, Projekt
Leuzinger, H., Architekt, Zollikon, Windfanganbau

1940–1942

Haab, Prof. Dr. Robert, Basel, Ferienhaus Rigi/Kaltbad
Diverses: Büromöbel
Gemeinde Schwanden, Luftschutzkeller
Tschudi, Dr. Peter, Schwanden, Ferienhaus, Braunwald
Tschudi, A., Schwanden, Luftschutzkeller
Schiesser, Conditor, Linthal, Wohn- und Geschäftshaus
Hauser, Ständerat, Glarus, Glasabschluss
Küstahler, K., Zürich, Luftschutzkeller
Hefti-Haab, Dr., Schwanden, Windfangabschluss
Vogelsanger, Ingenieur, Zürich, Wohnhaus
Therma AG, Schwanden, Bürogebäude
Volksbildungsheim Herzberg, Wohn- und Stallgebäude
Sanatorium Braunwald, Erweiterungsbau Waschhaus
Tschudi, Joachim, Schwanden, Wohnhausumbau
Jenny, Guido, Ennenda, Wohnhausumbau
Leuzinger, Hans, Architekt, Zollikon, Kamindetail
Sanatorium Braunwald, Renovation Dachstock
Gemeinde Mollis, Brunnen mit Umgebung
Blumer, Dr., Ferienhaus in Busskirch
Trümpy, E., Oberdorf, Glarus, Umbauprojekt
Schweizerische Teppichfabrik Ennenda, neue Weberei
Sanatorium Braunwald, Kohlenschuppenanbau
Baldin, S., Zürich, Wohnhausneubau Zollikerberg, Projekt

Therma AG, Schwanden, Umbau Haupteingang
Tschudi, Peter, Braunwald, Erweiterung Obergeschoss
Tschudi, Oberst, Schwanden, Mücheneinbau, Projekt
Kistler-Zingg, E., Reichenburg, Zimmerumbau, Projekt
Rascher, Zürich, Ladenumbau
Leuzinger, Gemeindeschreiber, Mollis, Wohnhausumbau
Wengle-Jenny, H., Ennenda, Wohnhausumbau
V.J.K., Landwirtschaftliche Bauten
Gemeinde Schwanden, Luftschutzposten Grundschulhaus
Huber, Prof. Dr. E., Bern, Grabtafel

1943

Therma AG, Schwanden, Angestellten- und Arbeiterhäuser
Hassler-Künzler, E., Glarus, Ladenaufnahme
Spälty-Bally, Netstal, Wohnhausumbau
Sanatorium Braunwald, Nebengebäude
Kunsthaus Glarus, Neubau
  Lit. «Bauten des Kulturellen Lebens», in: *Das Werk,* Heft 9, 1952.
  Schweizer Architekturführer 1920-1990, Bd.1, Zürich 1992.
Gemeinde Netstal, Bebauungsplanstudien
Streiff-Matter, Küsnacht, Wohnhausumbau
Blumerhaus, Umbau
Gemeinde Schwanden, Ergänzung zum Verwaltungsgebäude
Gemeinde Schwanden, Büro und Magazine
Senn-Schmid, Rüschlikon, Gutachten
Gemeinde Glarus, Bebauungsplanstudien

1944–1946

Schweizerische Teppichfabrik Ennenda, Bürovergrösserung
Dietler, Direktor, Schwanden, Einfamilienhaus, Projekt
Sanatorium Braunwald, Telefonanlage
Gemeinde Schwanden, Schlachthaus- und Waschküche
Therma AG, Schwanden, Direktionswohnhaus
  Lit. Hans Leuzinger, *Das Glarnerland. Ein Heimatschutzbüchlein,* Glarus 1952.
Goldschmid, W., Schwanden, Wohnhaus mit Werkstatt
Zuppinger, Jacq., Schwanden, Badezimmereinbau
Tschudi-Schümperlin, Schwanden, Wohnhausumbau
Wohnhaus Egg, Braunwald, Umbauarbeiten
Schmid-Blesi, E., Schwanden, Büroeinbau
Hotel Schwert, Netstal, Umbau
Schloss Greifensee, Renovation
Gemeinde Schwanden, Berufsschule
Schuler-Ganzoni, Glarus, Verandaumbau
Straub-Streiff, N., Direktor, Mollis, Gartentor
Schuler, E., Glarus, Wohnhausumbau
Bosshart, Dr., Uzwil, Wohnhausumbau Dr. Huber, Herrliberg
Müller-Keller, Umbau Café Pergola
Müller-Keller, Stäfa, Kehlhof, Garageanbau
Benz, O., Zürich, Umbau der Telefonnische
Maurer-Stüssi und Co., Zürich, Geschäftshausumbau
Sanatorium Braunwald, Einbau Toilette in Ärztewohnung
Konservatorium Zürich, Dachstockausbau
Corniotto, Kunstmaler, Schwanden, Atelieranbau
Orsini und Gretler, Zollikon, Wohnhaus und Werkstatt
Fäh, H., Rapperswil, Wohnhausprojekt
Jenny-Hobi, Zürich, Wohnungsumbau
Transformatorenstation Rüteli, Umbau
Im Thon, Schwanden, Strassenkorrektion
Transformerstation Zollikerberg, Neubau
Kant. Krankenanstalt, Glarus, Vorprojekt
Kant. Krankenanstalt, Glarus, Ost- und Westtor
Kant. Krankenanstalt, Glarus, Röntgenanlage
Transformatorenstation Rüteli, Neubau
Schnell, A., Gärtner, Zollikerberg, Wohnungseinbau
Elektrizitätswerk Schwanden, Transformatorenstation Spittel
Hauri, Dr., Glarus, Bauaufnahmen
Therma AG, Schwanden, Fabrikkantine Erlenhof
  Lit. Eine moderne Fabrikkantine, der Erlenhof, Hg. Therma, Schwanden, o.J. (um 1948).
  Alfred Roth, «Wohlfahrtsbauten», in: *Das Werk,* Heft 5, 1949.

Hans Volkart, *Schweizer Architektur. Ein Überblick über das schweizerische Bauschaffen der Gegenwart*, Ravensburg 1951.
Hans Leuzinger, *Das Glarnerland. Ein Heimatschutzbüchlein*, Glarus 1952.
Kleinkinderschule Glarus, Umbauprojekt
Siedlungsbaugenossenschaft Zollikon, Mehrfamilienhäuser
Gemeinde Zollikon, Ortsplanung
Tschudi-Freuler, Christ., Schwanden, Bauaufnahmen
Homberger, Th., Glarus, Siedlung, Mollis
Schuler, Dr., Mollis, Gedenktafel
Knobel, F., Ennenda, Werkstattanbau
Schindler-Beglinger, J., Mollis, Chaletumbau
Luchsinger, Schreiner, Schwanden, Wohnhaus-Werkstattneubau
Zwicky, R., Lehrer, Matt, Wohnhausneubau, Projekt
Oertlyhaus Glarus, Renovation
Roth, Edwin, Amriswil, Garageanbau
Gemeinde Mollis, Bebauungsplan

1947

Kirchgemeinde Obstalden, Kirchturmrenovation
Boissonnas, Prof., Zürich, Umbau
Baer-Wild, E., Glasermeister, Glarus, Erweiterungsbau
Gemeinde Glarus, Zaunschulhaus, Erweiterungsbau
Sanatorium Braunwald, Altbestand
Gemeinde Greifensee, Uferanlage, Gartenbau
Gemeinde Mollis, Bebauungsplan, Bürgerheim

1948

Gemeinde Näfels, Bebauungsplan
Sanatorium Braunwald, Erweiterungsstudien
Kant. Krankenanstalt, Glarus, Schwesternhaus
Kant. Krankenanstalt, Glarus, Infektionshaus
Kirchgemeinde Zollikon, Kirche und Pfarrhaus
Kinderkrippe Schwanden, Neubauprojekt
Hefti, Dr., Landammann, Wohnungsumbau
Kindlimann, K., Zürich, Wohnhausumbau
Gemeinde Greifensee, Schloss, Aussenrenovation
Gemeinde Greifensee, Sportausbildungszentrum, Um- und Neubauprojekt
Gemeinde Schwanden, Asyl, Dachstockausbau
Sessellift Braunwald, Bergrestaurant
Benz, O., Ingenieur, Zürich, Liegenschaft Braunwald

1949

Kant. Krankenanstalt, Glarus, Wettbewerbsvorbereitung
Mercier, Dr., Hätzingen, Vorschlag für Sitzplatz
Volksbildungsheim Herzberg, Erweiterungsprojekt
Ennenda, Villenstrasse, Gutachten

1950

Gemeinde Schwanden, Archiv im Pulverturm
Sernftalbahnstation Elm, Brunnen
Jenny, F. und C., Ziegelbrücke, Siedlungen
Studer, Volketswil, Wohnhausneubau
Sanatorium Braunwald, Erweiterung (Mitarbeit Hch. Strickler)
Gemeinde Schwanden, Sekundarschulhaus, Projekt
Gemeinde Zollikon, Sennhofbrunnen

1952

Streiff-Hefti, Schwanden, Veranda
Glarner Heimatschutz, Auen Linthal

1953

Elektrizitätswerk Linthal, Transformatorenstation
Gemeinde Schwanden, Oberdorfbrunnen

Schulgemeinde Niederurnen, Pavillonschule
  Lit. «Pavillonschule in Niederurnen», in: *Das Werk*, Heft 4, 1956.
Wiesmann, Wallisellen, Projekt Wohnhausneubau

1954

Altersheim Schwanden, Erweiterung (Mitarbeit Hans Georg Leuzinger)
Elekrizitätswerk Schwanden, FARB Verwaltungsgebäude
Jenny, Vc., Ziegelbrücke, Versammlungssaal
Bachmann, Familie, Stettfurt, Grabmal

1955–1958

Tolderhaus Näfels, Platzgestaltung
Land Glarus, Badeanlage (Mitarbeit J. Zweifel und H. Howald)
Gemeinde Niederurnen, Gemeindesaal Jakobsblick (Mitarbeit H. Howald)
  Lit. «Saalbau in Niederurnen», in: *Das Werk*, Heft 5, 1956.
  «Dachkonstruktion für den Saalbau in Niederurnen», in: *Schweizerische Bauzeitung*, Heft 20, 1956.
  «Gemeindesaal in Niederurnen», in: *Das Werk*, Heft 4, 1957.
  Schweizer Architekturführer 1920-1990, Bd.1, Zürich 1992.

SCHRIFTENVERZEICHNIS

Bearbeitet von Jürg Davatz

1. Publizierte Schriften

Abkürzungen:

GN   Glarner Nachrichten
GVH   Glarnerische Vereinigung für Heimatschutz
HV   Hauptversammlung
JHVG   Jahrbuch des Historischen Vereins des Kantons Glarus
NGZ   Neue Glarner Nachrichten
NZZ   Neue Zürcher Zeitung
SHS   Schweizerische Vereinigung für Heimatschutz
SBZ   Schweizerische Bauzeitung

1932

«Der Freulerpalast»; in: NGZ, 13.12.1932.

1933

«Ein Gang durch das zukünftige Heimatmuseum im Freulerpalast»; in: GN, 16./17.11.1933.

1934

Die Freuler und der Freulerpalast in Näfels; Näfels, 1934 (Broschüre). – Leuzinger verfasste den Teil über den Palast, S. 21–35; den Abschnitt über die Freuler verfasste Josef Müller.

1935

«Der Freulerpalast in Näfels»; in: NZZ, 8.3.1935, Nr. 397.

«Auseinandersetzungen mit dem neuen Bauen»; in: GN, 1.6. und 16.9.1935, mit 12 Skizzen von Hans Leuzinger.

1936

«Baut!... Aber im Geiste des Heimatschutzes»; in: GN, 17.4.1936.

«Eine Zeichnung von Alt-Glarus aus der Mitte des 17. Jahrhunderts» (von Jan Hackaert); in: NGZ, 9.5.1936.

«Der Holzhausbau und das Neue Bauen»; in: weiterbauen, Heft 6, 1936, S. 43, 44 (Beiblatt der Schweizerischen Bauzeitung).

1938

«Das Glarner Bauernhaus»; in: JHVG 49, 1938, S. XII–XVI, auch als Sonderdruck (Vortrag vom 4.12.1937).

1939

«Landesausstellung und Heimatschutz»; mit Abb., in: GN, 26.8.1939.

1942

«Von der Erhaltung typischer Bauern- und Bürgerhäuser»; in: GN, 23.2.1942, mit 3 Skizzen von H.L.

«Der Freulerpalast»; Sonderbeilage zum Abschluss der Restaurierung, in: GN, NGZ, 31.7.1942.

1943

«50 Jahre Ski-Club Glarus», Erinnerungen von Hans Leuzinger, Chef 3 (Vortrag vom 21.11.1943), 30 S.

«Der Freulerpalast zu Näfels»; in: Heimatschutz 4, 1943, S. 105–129; auch als Sonderdruck, 24 S.

1944

«Die Renovation des Freulerpalasts»; in: SBZ, 11./18. März, 1944, S. 130–146.

1945

«Braunwald»; in: Armin Meili (Hrsg.), Bauliche Sanierung von Hotels und Kurorten, Erlenbach-Zürich 1945, S. 87–89.

«Bebauungsplan für die Gemeinde Netstal», Bericht zu Handen der Gemeinde, 17.3.1945, 14 S., mit Abb. und 1 Plan.

1947

«Taleraktion des Schweiz. Heimat- und Naturschutzes»; in: GN, 8.3.1947.

1949

«Ortsplanung von Niederurnen», Bericht zu Handen des Gemeinderates und der Stimmberechtigten; von den Architekten H. Leuzinger und J. Graf, 27.9.1949, 19 S., mit Abb. und Plänen.

1950

Eternit in der Hand des Architekten; in: Eternit im Hoch- und Tiefbau, 35, 1950, S. 488–492, leicht abgeändert in: Heimatschutz, 1, 1952, S. 16–23.

1951

«Freuden und Enttäuschungen eines Bearbeiters» (Burgkapelle Glarus); in: Unsere Kunstdenkmäler, 1951/2, S. 24, 25.

1952

(Jubiläum Glarus 600 Jahre im Bund der Eidgenossen) «Gilg Tschudis Häuserverzeichnis im sog. dicken Tagwensbuch»; in: JHVG 55, 1952, S. 336–368.

Der Freulerpalast in Näfels – Museum des Landes Glarus; Glarus o. J. (bebilderter Führer), 13 S., einleitender Text von Leuzinger; den Rundgang durch das Museum verfasste Hans Thürer.

Das Glarnerland – ein Heimatschutzbüchlein; Glarus 1952, 15 S. Text, 56 S. Abb.

1954

«Die Stadtplanung von Glarus in Geschichte und Gegenwart»; in: Plan, Schweiz. Zeitschrift für Schweizerische Landes-, Regional- und Ortsplanung, 1954/1, S. 2–23.

1956

«Das Schloss Greifensee – archäologische Untersuchungen und Aussenrestauration 1948–1953»; in: Zeitschrift für Schweizerische Archäologie und Kunstgeschichte XVI, 1956; als Sonderdruck 1957, 32 S. Text und 14 Tafeln.

1957

«Denkmalpflegerisches aus dem Kanton Glarus» (Elsenerhaus Bilten, Pulverturm in Schwanden, kath. Kirche Linthal); in: Unsere Kunstdenkmäler, 1957/4, S. 68, 69.

1966

«Siedlungs- und Bauformen des Glarnerlandes»; in: JHVG 61, 1966, S. 43–54.

2. Manuskripte

Vorbemerkung: Die meisten Manuskripte Leuzingers betreffen Vorträge. Sie sind in der Regel mit Schreibmaschine geschrieben. Bisweilen liegen zwei bis drei handschriftlich überarbeitete und ergänzte Fassungen vor, die auch die Abfolge der Lichtbilder aufzeigen, sich aber inhaltlich nicht wesentlich voneinander unterscheiden. Hier sind daher verschiedene Fassungen desselben Vortrages nur unter einem Titel verzeichnet.
Standort: Archiv der Glarner Kunstdenkmäler-Inventarisation, Freulerpalasts, 8752 Näfels.

1928

Die neue Wohnung im Lichte der Stuttgarter Werkbundausstellung 1927; vor Mitgliedern des glarnerischen Gewerbeverbandes; 14.2.1928, 30 S.

Um 1930

Ziele des modernen Wohnungsbaues; vor dem Kunstverein Glarus; o. J., 11 S.

Um 1931

«Das sterbende Bauernhaus»; 4 S. (Wie ein Aufruf zur Gründung der GVH)

1932

Einführungsworte anlässlich der Gründungsversammlung der Ortsgruppe Glarus der SHS, 14.4.1932, 9 S.

Renovationsarbeiten am Freulerpalast in Näfels; Bericht zum Kostenvoranschlag, 22.12.1932, 16 S.

1933

Das Bauen im Gebirge; anlässlich der HV der Sektion St. Gallen/Appenzell I.Rh. der SHS; 25.6.1933, 21 S.

Altes und neues Bauen auf Braunwald; 3.8.1933, 17 S., mit stenografischen Ergänzungen.

1935

Die Schönheit des alten glarnerischen Dorfbildes und dessen Gefährdung; anlässlich der HV der GVH, 26.10.1935, 13 S.

1936

Ziele der Heimatschutzbewegung, erläutert an Beispielen aus dem Glarnerland; vor dem Handwerker- und Gewerbeverein Schwanden, 23.5.1936, 23 S.

1938

Bauernhaus und Chalet von heute; Vortrag zur Ausstellung «Das Haus aus unserem Holz» im Kunstgewerbemuseum Zürich, 30.1.–30.3.1938, 21 S., der Ausstellungskatalog enthält keinen Textbeitrag von Leuzinger.

1939

Die Landesausstellung und der Heimatschutz; Manuskript, datiert vom 21.8.1939, 6 S.

Um 1942/43

Freulerpalast in Näfels – Die Restauration 1937–1942; Beschreibung der Renovationsarbeiten, 44 S.

Um 1943/44

Entwicklungsfragen des bäuerlichen Bauens; Vortrag vor der Gesellschaft der Freunde des neuen Bauens und im folgenden Jahr vor einem anderen Publikum, o. J., 31 S., mit handschriftlichen Notizen.

1944

Bebauung für Netstal; Bericht zu Handen der Gemeinde Netstal, 2.6.1944, 15 S. Text, 2 Pläne, 15 S. mit Fotos.

Heimatschutzaufgaben und ihre Lösung durch die Arbeitsbeschaffung in Krisenzeit; Eingabe an die Kant. Baudirektion Glarus durch die GVH, Obmann H. Leuzinger, 21.7.1944, 19 S. Text, 29 Tafeln mit 49 Fotos, gebunden, Landesbibliothek Glarus, N 290.

1945

Bauliche Sanierung von Hotels und Kurorten: Braunwald; Bericht vom 5.2.1945, 26 S. Text, 4 Tabellen und 26 Tafeln mit Fotos, gebunden, Landesbibliothek Glarus, N 192.

Landesplanung und Heimatschutz; anlässlich der HV der GHV; 9.6.1945, 7 S., mit handschriftlichen Stichworten.

Der Ausbau und die Gestaltung unserer Ortschaft als glarnerische Aufgabe der Landesplanung; Notizen für Vortrag zur Ortsplanung in Niederurnen, 27.5. und 17.8.1945.

1946

Ansprache zur Eröffnung des Museums des Landes Glarus; 4.4.1946.

Ortsplanung und Siedlungsfragen in Näfels; 4.7.1946, 22 S., vgl. GN, 6.7.1946, S. 4.

1947

Die Planung von Braunwald als Kurort und Ortschaft; 4.2.1947, 8 S., handschriftliche Notizen zu Lichtbildern.

1948

Ortsplanung Glarus; unter Mitarbeit von Daniel Aebli und Egidius Streiff. – 10.10.1948, 39 S., 30 Tafeln mit Fotos.

Nochmals die Planung von Braunwald: warum und wie; 30.12.1948, handschriftliche Steno- und Stichwortnotizen.

1949

Die Planung von Glarus seit 1861; anlässlich der Jahresversammlung der Regionalplanungsgruppe Nordostschweiz am 15.6.1949 in Glarus. – 9 S., Zusammenfassung in GN, Nr. 151, 1949.

Zwischen 1948–1950?

Der Freulerpalast – Die Baubeschreibung; verfasst nach der Renovation. – Palast 20 S., Nebenbauten 9 S.

1951

Die evangelische Kirche Schwanden; 24.1.1951, 14 S.

Eternit und Heimatschutz; anlässlich der HV der GVH, 1951, 8 S.

1953

Das Glarner Bauernhaus; anlässlich der Tagung der Schweiz. Gesellschaft für Volkskunde in Glarus, 25./26.4.1953, 34 S.

1961

Das alte Glarus und seine Baugeschichte; 32 S.
Das neue Glarus; 29 S.
Zum Modell von Alt-Glarus; 4 S.
Drei Vorträge zum 100. Gedenktag des Brandes von Glarus, 10./11.5.1961.